반도체 투자의 원칙

일러두기

- 본 책에서 이야기하는 기업 소개는 일반적인 사항을 서술하는 내용으로, 실제 투자 시 기업의 영업환경, 밸류에이션, 향후 실적 방향 등을 고루 고민한 후 투자하는 게 좋다.
- 기업 소개를 위해 서술한 내용은 기업분석과 무관하므로 필히 기업분석을 별도로 진행하기 바란다.
- 소개한 기업에 대한 매수 또는 매도의 의견이 아님에 유의하기 바란다.

반도체 투자의 원칙

우황제 지음

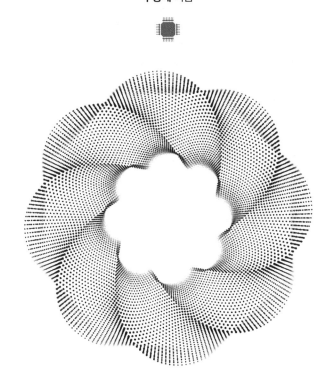

 경이로움

들어가는 글

반도체 산업은 우리나라는 물론이고 전 세계의 가장 핵심적인 산업입니다. 반도체 주식들은 세계 각국 주식시장에서 먼저 주목받습니다. 2020년대에 들어 세계 반도체 기업들의 주가는 고공 행진했고 더욱 많은 투자자가 그 중요성을 인정했습니다. 산업 규모가 크고 관련 기업이 많은 만큼 투자 기회도 빈번할 수밖에 없었죠. 하지만 그만큼 부작용도 있습니다. 산업의 흐름을 파악하는 과정이 날로 어려워지고, 반도체 주식에 잘못된 방법으로 접근하여 손실만 겪는 투자자도 점점 많아지고 있는 것이죠. 이 책은 이러한 기회와 부작용을 모두 폭넓게 담아냈습니다.

오래전부터 제가 블로그에 올린 투자 정보가 큰 호응을 얻으면서, 이를 계기로 저는 첫 책인 『현명한 반도체 투자』를 집필했습니다. 책이 출간되자 더욱 많은 호응을 받았습니다. 감사했지만 반도체 산업을 주제로 책을 쓰는 과정은 예상보다 무척 힘들었습니다. 1,000개 이상의 논문을 살펴가며 사실관계를 검증하고 매우 협소한 영역까지 기술 변화를 파악해야 했죠. 외계어에 가까운 기술 정보를 쉽게 풀어나가는 것도 만만치 않게 어려웠습니다. 일부 목차는 탈고만 20회 넘게 진행했습니다. 6개월로 예정된 원고 집필이 무려 1년 4개월로 늘어났고 새벽 내내 집필을 반복하다 보니 생체리듬이 망가져 건강도 나빠졌습니다. 이러한 수고 끝에 첫 책을 출간한 후 저는 자연스레 반도체를 주제로 다시는 책을 쓸 일이 없었으면 하고 생각하게 되었죠. 실제로 첫 책 출간 이후 출판사, 저널 등에서 집필 제안을 받았지만 모두 정중히 거절했습니다.

그러다 생각이 바뀐 계기가 찾아왔습니다. 시간이 흘러 경이로움에서 출판을 제안하셨을 때 저는 깜짝 놀랐습니다. 제가 그동안 받아온 그 어떤 제안과도 확연히 달랐거든요. 회의 때 건네받은 출판 제안서에는 경이로움의 진심이 가득 담겨 있었습니다. 출간이 필요한 이유부터 기존의 책과 다른 차별화 전략이 자세히 적혀 있었습니다. 제가 두 번 놀란 부분은 목차 구성안이었습니다. 지금껏 존재하지 않은 반도체 투자 책이었습니다. 반도체는 여러 산업으로 팔려나가며, 그 산업들의 흐름 속에서 반도체를 읽어내는 것이 핵심입니다. 목차 구성안대로 이 책이 세상에 나오면 산업별로 중요한 반도체가 딱딱 분류되고 주목해야 할 반도체나 기업, 그리고 산업별 특징까지 손쉽게 파악할 수 있으리란 생각에 처음으로 마음이 흔들렸습니다. 이 출판 제안서만큼은 놓치고 싶지 않았고, 누구보다 완성도 높은 책으로 완성할 수 있으리라는 괜한 자신감도 들었습니다.

당연히 집필을 시작하니 어려움도 있었습니다. 국내 반도체 산업은 물론이고 해외 반도체 산업은 그 규모가 생각보다 거대합니다. 반도체 산업은 세부 산업으로 매우 잘게 쪼개져 있고, 각 영역을 이해하려면 각각 별개의 지식이 필요합니다. 책 한 권 분량에 이러한 내용을 모두 넣겠다는 의지부터가 문제였습니다. 초고 분량이 700쪽을 뛰어넘었고 당연히 출판사로부터 분량을 줄여달라는 요청을 받았습니다.

게다가 분야 특성상 시기를 타지 않는 내용이어야 했습니다. 책을 분기마다 업데이트할 수는 없는 노릇이니까요. 하지만 기술은 가파르게 변하고 기업은 더욱 빠르게 변화했습니다. 일부 주제는 집필 중에 내용을 자꾸 바꿔야 했죠. 고민 끝에 부득이하게 1년 이내에 바뀌지 않을 내용 위주로 구체적으로 기술했습니다. 그 대신 투자자에게 더욱 도움이 될 정보를 고민했습니다. 앞으로 일어나게 될 수많은 산업의 변화에서 반도체 기업들이 어떤 영향을 받을지 조명하고, 기업을 어떤 관점으로 바라봐야 하는지 최대한 담아내고자 했습니다. 100미터 달리기가 아닌 마라톤과 같은 투자 활동에 이 책이 앞길을 비추는 길라잡이가 되기를 바랍니다.

이번 책에 담지 못한 이야기, 즉 최근 기술 변화, 기업 근황, 주가 흐름, 밸류에이션에 관한 이야기는 블로그나 유튜브 채널 등을 통해 다루겠습니다. 이렇듯 최신 정보도 중요하지만 이를 이해하려면 결국 교과서처럼 개념을 짚어주는 책이 꼭 필요합니다. 기출문제만 풀어서는 수능을 결코 잘 볼 수 없을 테니까요.

독자 여러분께서 보내주신 많은 응원 덕분에 이번 두 번째 책을 출간할 수 있었습니다. 심사숙고 끝에 이 책의 출판을 제안하고 기획해주신 경이로움에 감사의 말씀을 전합니다. 이 책을 기획하기 전부터 항상 응원을 보내주신 구독자 여러분께도 감사의 말씀을 전합니다. 제게 보내주신 뜨거운 응원과 격려를 잊지 않겠습니다.

우황제

추천사

이 책은 깊은 통찰을 통해 복잡하고 빠르게 변화하는 반도체 산업을 이해시켜 주는 최고의 안내서다. 사이클의 이해부터 국가별 패권 양상과 투자 전략까지 골고루 다루었으며, 반도체 기업들의 성장 스토리와 반도체 기술의 향후 방향성까지 상세한 설명을 제공해 독서의 즐거움을 선사하고 있다. 금융 시장 속에서 반도체 산업을 어떻게 해석할 것인지 답을 찾고 싶다면 이 책을 꼭 손에 들어 보기를 바란다.

– 김형준, 연세대학교 전기전자공학부 교수

나는 반도체 기업에 투자할 때면 반드시 저자의 조언을 구한다. 투자자의 눈높이에 맞추어 반도체 산업을 저자만큼 잘 설명해 주는 사람을 여태껏 만나보지 못했다. 저자의 오랜 노하우가 고스란히 담겨 있는 이 책은 난이도 높은 반도체 투자의 세계에서 당신이 길을 잃고 헤매지 않도록 도와줄 최고의 안내서가 될 것이다.

– 박성진, 이언투자자문 대표

반도체 투자의 원칙

반도체는 연관 산업에 대한 입체적 시각이 중요하다. 저자는 국내 자본시장 최고의 반도체 산업 전문가다. 여의도에서 보기 드문 전기전자공학 박사이자 오랜 투자자인 저자는 산업 발전 단계에 따라 세계 반도체 기업의 흥망성쇠를 이 책에서 차분히 다뤘다. 이 책은 한국 반도체 산업의 미래뿐 아니라 실리콘밸리와 월가 모두의 관심사까지 다루며 세계 반도체의 미래를 고루 전망한다. 반도체 산업에 관심이 많은 독자는 산업의 방향에 대한 저자의 날카로운 분석에 공감할 것이다. 투자자, 기업인, 학생 등 대한민국 미래에 관심 있는 분이라면 필히 일독을 권한다.

- 이남우, 한국기업거버넌스포럼 회장,
연세대학교 객원교수, 전 메릴린치 한국 공동대표

이 책은 반도체가 쓰이는 다양한 산업부터 시작해 기업들의 투자 아이디어까지 균형감 있게 들어 있다. 지식을 전달하는 것에 멈추지 않고 실제 투자자가 고려해야 하는 투자 포인트를 족집게처럼 짚어준다. 감히 말하건대, 이 책은 반도체에 대한 지식을 얻고자 하는 독자와 반도체 산업에 투자하려는 독자 모두에게 최고의 선물이 될 것이다.

- 송근용, 슬기자산운용 CIO, 네이버 블로그(필명 농구천재)

반도체가 대한민국의 최종병기 활이라면 호돌이 우황제 작가는 그것으로 지식의 깊이를 꿰뚫는 최고의 궁수다. 반도체 산업 어느 곳을 겨냥하든, 단 한 발의 화살로 기본 기술부터 상장사 투자 포인트, 주식 투자 메커니즘까지 관통한다. 그의 방대한 지식과 풍부한 실전 투자 경험이 더욱 빛나는 이유다. 그래서 호돌이 우황제 작가라면 믿고 볼 수밖에 없다. 이번 책도 기대를 저버리지 않는다. 반도체 초보 투자자부터 실전 투자자까지 반드시 집어 들어야 할 책이다.

- 이대호, 와이스트릿 대표

수많은 반도체 전문가를 만나봤지만 반도체 박사 학위 소지자이면서 오랜 투자 경력을 보유한 전문가는 저자가 유일하다. 산업에 대한 지식과 투자 경험까지 두루 갖춘 전문가가 심혈을 기울여 집필했다는 사실 하나만으로 이 책을 읽어야 하는 이유가 성립된다. 인터넷 혁명을 뛰어넘는 AI 혁명에 편승해 부를 축적하고 싶다면 먼저 이 책을 정독해 '반도체'라는 단어에 담겨 있는 투자적 함의를 깨닫길 바란다.

- 이래학, 달란트투자

반도체 투자의 원칙

저자의 체계적인 접근과 실전 투자 경험이 담겨 있어 깊은 통찰력을 제공한다. 반도체 산업에 대한 최고의 안내서로, 이 책을 읽은 뒤 투자 전략을 필요로 하는 이는 물론 고등학생부터 기업 경영자까지 반도체 산업의 과거와 미래를 폭넓게 고민하게 될 것이다.

– 안종현, 가천대학교 AI/SW학부 교수

반도체 산업의 복잡한 퍼즐을 한눈에 꿰뚫는 책이다. 저자는 반도체 산업을 깊이 있게 탐구해 투자자뿐만 아니라 학생과 산업 전문가 모두에게 방대한 지식을 제공한다. 이 책은 단순한 정보의 나열을 넘어서 반도체 산업의 본질을 이해하고 그 안에서 투자 기회를 찾고자 하는 이들에게 실질적인 방향을 제시하며, 저자의 풍부한 경험과 통찰은 반도체 산업의 미래를 엿보고자 하는 모든 이에게 꼭 필요한 가이드가 될 것이다.

– 정용운, 세종대학교 반도체시스템공학과 교수

목차

PART

1 반도체 사업의 개요

반도체 산업은 4차 산업혁명의 중심에 있으며 꾸준한 성장이 기대되는 산업이다. 인공지능, 빅 데이터, 클라우드 컴퓨팅, 사물인터넷 모두 반도체가 없으면 돌아가지 않는다. 하지만 의외로 반도체 산업에 대한 잘못된 인식이 팽배하다. 반도체 산업의 특징을 확실히 파악하지 못하면 넘쳐나는 투자 기회를 제대로 잡을 수 없다.

PART 1

반도체 산업의 개요

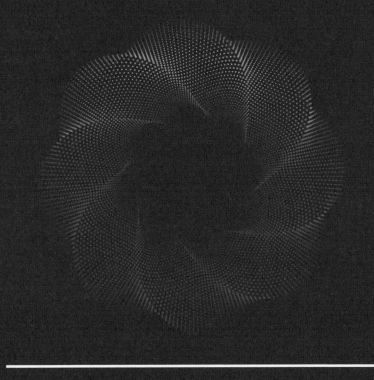

반도체 산업은
왜 성장할까?

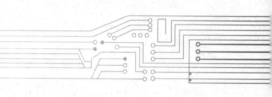

1700년대 후반 제임스 와트가 증기기관을 발명한 이래로 세상은 크게 바뀌었다. 18세기 이전 조선에 살던 사람들은 지금처럼 대도시 한가운데에 초고층 빌딩이 들어서고 고속열차와 지하철이 다니며 화학 제품들이 끊임없이 생산되는 모습을 상상하기 어려웠을 것이다. 산업혁명이 확산되자 몇몇 산업이 본격적으로 성장하기 시작했다. 이들 산업에는 원자재를 바탕으로 제품을 만들어낸다는 공통점이 있다. 화학 산업은 석탄, 석유, 가스를 이용하고 철강 산업은 철광석을 이용한다. 방직 산업은 면과 모 등을 이용해 천을 짜며 건설 산업도 시멘트와 철강재를 활용해 건축물을 올린다. 철도와 항공 산업 또한 원자재의 중요성이 매우 높다.

따라서 산업혁명 시대에는 원자재를 저렴하게 조달하고 제대로 가공하는 것이 중요했다. 이와 관련한 기업들이 눈부신 성장을 거듭했던 이유도 여기에 있다. 이에 반해 앞으로 펼쳐질 4차 산업혁명의 시대는 다르다. 막대한 발전이 예상되는 가운데 과연 어떤 산업이 그 발전의 중심을 지키고 있을까?

4차 산업혁명의 중심, 반도체

산업혁명과 정보화 시대를 거쳐 앞으로 본격화될 4차 산업혁명은 단순히 방직기나 컴퓨터와 같은 새로운 제품의 등장에 국한되지 않는다. 컴퓨터로 시작된 혁신이 기존 산업들과 융합하며 그 산업의 틀을 뒤바꾸는 것이 핵심이다.

4차 산업혁명은 인공지능, 빅 데이터, 클라우드 컴퓨팅, 사물인터넷IoT, 메타버스 등의 기술이 대표적으로 언급된다. 이들 기술은 결코 홀로 존재하지 않는다. 인공지능은 기존 산업으로 흘러들어가 물류 시스템을 통째로 뒤바꾸거나 인력을 대체한다. 연구개발자만 할 수 있었던 신약 개발과 의사만 할 수 있었던 질병 진단까지도 스스로 수행한다. 빅 데이터는 기존에 존재하던 마케팅 전략 대신 데이터에 근거한 새로운 전략을 만들어낸다. 자율주행 산업이 미래 산업으로 주목받는 이유는 그전까지 별개로 인식되던 자동차 산업, 인공지능 산업, 반도체 산업, 배터리 산업, 디스플레이 산업이 모두 융합되는 결정체이기 때문이다.

자율주행 기능에서는 자동차가 단순히 운전만 대신하지 않고 주행 내내 주변 상황을 인지하고 해석한다. 이와 동시에 탑승자는 차량 내부 디스플레이와 각종 첨단 기능을 활용해 시간을 소비할 수 있다. 테슬라의 몸값이 높은 이유도 이 같은 융합에 있다. 이처럼 기존 산업이 융합되면 그 규모와 파급 효과는 더욱 커질 테고, 과거 원자재 관련 사업보다 거대한 산업이 탄생할 수밖에 없다. 조선시대 사람들이 지금의 대도시를 상상하기 어려웠듯, 4차 산업혁명 시대 또한 상상 그 이상일 것이다.

4차 산업혁명은 첨단 기술의 집약을 통해 이루어진다. 원자재를 남들보다 값싸게 대량으로 찍어내는 것이 아닌 기술력, 자본력, 그리고 주변 산업을 총동원해 남들이 만들지 못하는 제품을 집중적으로 찍어내는 것이 중요하다. 그 중심에 반도체가 있다. 인공지능, 빅 데이터, 클라우드 컴퓨팅, 사물인터넷 모두 반도체를 통해 구현되는 기술이다. 인공지능을 예로 들자면, 인공지능의 겉모습은 생각보다 단순하다. 먼저 거대한 건물을 짓고 건물 내부를 반도체로 가득 채운 뒤 반도체의 열기를 식힐 냉각장치를 설치한다. 놀랍게도 여기까지면 인공지능의 겉모습이 거의 완성된 것이다. 이후 이들 반도체가 어떻게 작동하는가에 따라 챗GPTChatGPT가 될 수도 있고 다른 인공지능 서비스가 될 수도 있다. 인공지능은 대부분 반도체로 구성되어 있다. 이처럼 4차 산업혁명이 지속될수록 반도체 산업은 동반 성장할 수밖에 없다.

반도체 산업의 가장 중요한 특징은 꾸준히 성장하는 산업이라는 점이다. 많은 사람이 성장주라 하면 고성장, 단기간 급등하는 주가 및 기업 실적, 매우 높은 밸류에이션 등을 떠올릴 것이다. 실제로 2차전지 산업, 수소 산업, 메타버스 산업, 인공지능 산업, 로봇 산업 등 주식시장에서 뜨거웠던 신성장 산업들을 살펴보면 많은 투자자가 관련주의 고성장에 열광하고 주가가 단기간에 3~4배 급등하리라 당연하게 기대했다.

반면 반도체 산업은 급격히 성장하는 고성장 산업이 아니다. 세계 시장 조사기관들이 매년 내놓는 리포트를 살펴보면 반도체 산업은 향후 10~20년간 연평균 12~15%로 성장할 것으로 예측되며 실제로 지난 10년간 성장률이 이 예측에서 크게 벗어나지 않았다. 연평균 10% 남짓이니 주가 급등과 고성장만 바라는 투자자에게는 턱없이 낮은 수치일 것이다. 실제로 경제학에서는 10% 수준으로 성장하는 산업은 성장기보다는 성숙기에 있다고 말한다. 이 때문에 반도체 산업을 성장 산업보다는 성숙 산업이라 묶기도 한다. 이 정도 성장 속도로 투자 기회가 많이 나오기나 할까?

그러나 그렇지 않다. 반도체 산업의 흥미로운 점은 새로운 전방산업이 꾸준히 등장하며 성장을 이끌어간다는 것이다. 이를 올바르게 이해하는 것이 아주 중요하므로 여러 PART에 걸쳐 자세히 다룰 것이다. 간략히 말하자면 반도체 산업은 컴퓨터 산업, 스마트폰 산업, 서버 산업이 차례로 커질 때 대폭 성장했다. 현재는 새로운 형태의 서버가 대거 등장하면서 반도체 산업이 다시금 가파르게 성장하고 있다. 첨단 산업이 대부분 반도체를 통해 돌아가니 이들 산업이 성장하면 반도체 산업도 함께 성장하는 것이다.

넘쳐나는 먹거리,
그리고 투자 기회

이처럼 새로운 산업이 반도체 산업의 성장을 크게 이끌면 어떤 일이 벌어질까? 반도체 산업은 매우 복잡하며, 그 안에서 또다시 여러 갈래로 나뉜다. 그중에서 새로운 산업에 특화된 반도체 기업이 가파르게 성장한다. 즉 유독 크게 성장하는 반도체 기업이 나타나기 마련이다. 과거에도 반도체 산업의 평균 성장률은 10~20% 남짓에 불과했지만, 새로운 산업 위주로 대비해온 반도체 기업은 연평균 30~50%대 성장률을 보이며 반도체 산업의 새로운 주인공으로 주목받았다. 후술하겠지만 반도체의 종류는 무궁무진하고 그만큼 반도체를 만드는 기업도 다양하다. 그렇기에 반도체 산업 전반이 느긋하게 성장하는 가운데에도 빠르게 성장하는 기업이 많이 있었다. 즉 산업의 흐름을 제대로 읽어낸다면 반도체 산업의 평균 성장률은 그리 중요하지 않다. 앞으로도 새로운 산업이 여럿 성장할 테고, 그 사이에서 혜택을 받을 반도체는 분명 있을 것이다.

더욱이 주식시장에선 꾸준한 성장도 급격한 성장만큼이나 중요하다. 대부분의 투자자는 급격한 성장을 더 좋아하고, 그러한 성장세에 있는 영역에서 부를 빠르게 축적할 것이라 믿는다. 그러나 실상은 그렇지 못하다. 세계적인 투자자들만 보더라도 고성장주에 투자해 성공한 사람보다 안정적인 기업에 투자해 성공한 사람이 훨씬 많다. 이유를 살펴보자면, 우선 급격한 성장일수록 성장 구간이 오래 지속되기 어렵다. 더욱이 투자자의 심리는 시대가 바

뛰어도 변하지 않는데, 대개 급격히 성장할수록 끝물에서 손실을 내는 투자자가 압도적으로 많다. 게다가 높은 밸류에이션을 받는 주식일수록 사소한 위기에도 크게 무너진다. 그 때문에 고성장주에 투자했다가 실패하면 손실이 더욱 커진다. 실제로 2023년 국내 주식시장에서 2차전지 주식이 급등했음에도 연말에 2차전지 주식에서 손실을 기록한 투자자가 더욱 많았다. 고성장 산업이 등장할 때면 반복되던 일이었다.

이에 반해 장기적으로 꾸준히 성장하는 영역은 위험도가 낮아 기대 수익이 높은 편이다. 또한 단순한 아이디어만으로 투자 기회를 자주 포착할 수 있고, 주기적인 투자 기회도 더욱 빈번히 찾아온다. 세계적인 투자자인 워런 버핏Warren Buffett이나 찰스 멍거Charles Munger는 급격한 성장보다 꾸준한 성장을 선호하기도 했다. 꾸준한 성장이 무조건 좋고 급격한 성장이 무조건 나쁘다는 의미가 아니다. 또한 고성장을 피하고 꾸준한 성장에만 투자하라는 뜻도 아니다. 각각의 장점을 고루 살려 투자하는 것이 중요하다. 오직 급격한 성장만 쫓으며 꾸준한 성장을 무시하면 투자 기회를 적잖이 날리는 꼴이 된다. 투자 성향이 각자 다르겠지만 개인투자자라면 꾸준히 성장하는 기업이 대체로 좋은 투자처다. 반도체 산업은 4차 산업혁명의 수혜 한가운데에 있기에 꾸준히 성장하는 산업이며, 그렇기에 주기적으로 좋은 투자 기회를 안겨다준다. 그렇다면 이쯤이면 성장하는 반도체에 주목해야겠다고 생각하는 사람도 있을 것이다. 그러나 반도체 산업에는 성장 못지않게 중요한 또 다른 특징이 있다.

반도체 산업에서는
투자 기회가 왜 자주 나타날까?

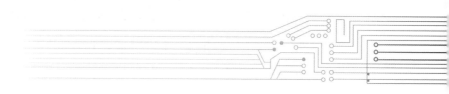

대부분의 소비자는 휴지, 치약, 화장품 같은 생활용품을 기존에 쓰던 것이 거의 다 떨어져갈 때쯤 구입한다. 즉 필요할 때마다 그때그때 구입하는 식이며, 그 결과 생활용품은 시기를 가리지 않고 꾸준히 팔린다. 경기가 어렵다고 휴지를 사지 않거나 양치질을 하지 않는 사람은 없을 것이다.

그러나 반도체는 다르다. 특히 우리가 주식시장에서 접하는 주요 반도체들은 매일 꾸준히 팔리지 않는 대신 특정한 시기에 집중적으로 팔리는 편이다. 여기서는 반도체 산업만의 특별한 사이클을 알아보겠다.

반도체 산업만의
특별한 사이클

반도체 산업은 B2B 비즈니스로 돌아간다. 반도체를 사 가는 주체는 기업이다. 따라서 반도체는 기업의 영업환경이나 이해관계에 따라 판매량이 다를 수밖에 없다. 반도체를 사 가는 기업들은 대체로 경기에 민감하며 그 결과 반도체는 경기의 영향을 받아 잘 팔리는 시기와 그렇지 못한 시기가 구분된다. 더욱이 경기뿐 아니라 수요도 중요한데 수요가 너무 몰려 반도체 가격이 급등하면 반도체 구매 욕구는 점차 꺾이기 시작한다. 가격이 너무 뛰어올라서 이를 사 가는 기업들 입장에서 부담이 되는 것이다. 가령 기술을 집약해 거대한 서버를 구축하는 IT 기업은 반도체 가격이 급등하면 설비 투자에 주춤하기 시작한다. 그러면 다른 기업들도 반도체 수요가 꺾여 가격이 떨어지기를 기다리며 구입을 미루게 된다.

이러한 이유로 반도체 산업은 집중적으로 잘 팔리는 호황기와 그러지 않는 불황기로 명확히 구분되며, 호황기와 불황기가 매우 짧은 주기로 반복하며 사이클을 띤다. 투자자 입장에서 이러한 사이클이 왜 중요할까? 사이클 주식은 특정한 시기에 수익률이 몰아 발생한다. 그 말인즉 시기를 잘 맞추면 큰 수익을 올릴 수 있지만 거기서 벗어나면 손실이 그만큼 크게 발생한다는 뜻이다. 세계적인 펀드 매니저 피터 린치Peter Lynch의 말을 빌리자면 사이클 주식은 다른 주식들에 비해 수익을 내기가 2배로 어렵다고 한다. 수익이 몰아 발생하므로 타이밍을 고려해야 하기 때문이다. 따라서 반도체 산업의 성장성은 생각만큼 중요하지 않다. 성장주에 투자할 때는 기업이 고성장하는지가 가장 중요하지만, 반도체 주식에 투자할 때는 성장성이 낮더라도 사이클만 잘 활용하면 성장주 이상의 수익이 빈번히 나온다.

일반적으로 사이클 주식은 특정한 시기에 몰아 2~3배 이상 급등하며 주기적으로 수익을 가져다준다. 반도체 주식 또한 그러한 모습을 규칙적으로 보였다. 고성장 산업에 초점을 맞추는 초보 투자자와 달리, 경험이 많은 투자자일수록 사이클 산업에서 자주 수익을 얻는다. 다만 반도체 주식에 잘못 접근할 경우, 특히 기업의 기술력이나 밸류에이션만 따지거나 엉뚱한 근거로 투자를 집행하면 손실이 몰아서 발생할 공산이 크다. 자세한 이야기는 PART 7에서 다시 한번 다루겠다.

흥미롭게도 반도체 산업은 지금껏 언급한 성장과 사이클이 동시에 나타난다. 반도체 산업 외에 사이클 산업으로 불리는 산업으로는 대표적으로 화학, 조선, 해운, 항공, 건설, 은행, 증권이 있다. 그러나 이들 사이클 산업은 성장성이 매우 낮아 사실상 성장이 결여된 상태이거나 사이클 주기가 너무 길어 투자 타이밍을 너무 오래 기다려야 하거나 과열된 경쟁으로 사이클이 불규칙해 수익이 충분히 보장되지 않는 경우가 많다.

반도체 산업은 전방 산업 덕분에 꾸준히 성장하는 구조라서 사이클 주기가 짧다. 후술할 과점이라는 변수까지도 짧은 주기에 영향을 미친다. 그래서 잠시 잊을 법하면 투자 기회를 안겨다준다. 실제로 국내 메모리 반도체 산업의 사이클 주기는 약 4~5년으로 평

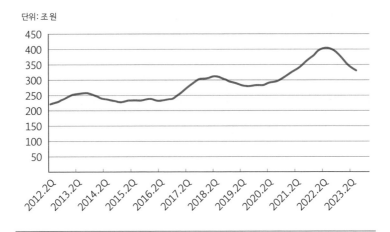

반도체 및 관련 장비 산업 합산 매출액 추이(국제회계기준IFRS 4분기 합산)

단위: 조 원

국내 반도체 상장사의 매출액은 주기적으로 오르내리며 사이클을 보인다. 또한 주기가 반복될수록 매출액 규모가 확대되며 성장한다.

출처: 업계 자료 정리

가받는데, 이는 국내 주식시장의 모든 사이클 산업을 통틀어 가장 짧다. 더욱이 성장하는 사이클이므로 다음 사이클 때는 주가가 전고점을 훌쩍 뛰어넘는 결과가 자주 나타난다. 즉 삼성전자 주식을 사이클 정점 최고점에서 잘못 사서 물리더라도 다음 사이클까지 기다리면 수익으로 매도할 가능성이 매우 높다.

　이러한 특징에 기반해 성장과 사이클을 섞어 투자한다면 매우 다양한 투자 전략을 구현할 수 있다. 필자는 개인투자자는 물론 많은 기관투자자조차 구할 수 없는 주식시장의 방대한 데이터를 활용해 지금껏 3,000여 개의 투자 전략을 만들어왔다. 이처럼 반도체 산업에서 구사할 수 있는 전략은 다른 산업에 비해 놀랍도록 많다. 다만 반도체 기업마다 사업 영역이 다르고 이로 인해 서로 다른 사이클이 나타날 수 있으니 유의해야 한다.

앞으로 설명하겠지만 반도체 종류에 따라 반도체 기업의 영업 환경이나 주가 흐름을 결정하는 변수가 달라질 수 있다. 하지만 반도체 기업의 특징을 고루 이해한다면 그만큼 다양한 사이클 투자 전략을 만들어낼 수 있을 것이다.

반도체 기업들의
경쟁 강도가 낮은 또 다른 이유

반도체 산업은 세부 분야가 복잡하게 얽혀 있고 그 가운데 고유의
영역에서 과점 구조를 형성한 기업이 많다. 또한 반도체 산업은
높은 기술력과 함께 막대한 자본력이 필요하다. 한편 경력이 오래
되지 않은 투자자는 종종 기업 경쟁력을 평가할 때 기술력이 가장
중요하다고 믿는다.

그러나 실제로 주식시장에서 기술력이 가장 중요한 경쟁력이
될 때는 생각보다 많지 않다. 반도체 산업의 경쟁력 또한 다방면
으로 살펴볼 필요가 있다.

반도체 기업의 경쟁력을 결정하는 요소

기업들은 다양한 방법으로 경쟁력을 확보하며, 심지어 기술력이 가장 중요할 것 같은 반도체 산업도 마찬가지다. 반도체 산업의 중요한 경쟁력 요소 중 하나는 자본력이다. 반도체 기업이 막대한 현금을 지출해 대규모 설비를 깔면 그 자체가 하나의 경쟁력이 된다.

새로 등장한 경쟁사가 기존 업체에 도전하기 위해서는 규모의 경제를 갖추어야 한다. 이를 위해 수조 원에 달하는 지출을 감당해야 하는데, 그러한 출혈을 감당해 시장에 진입해도 성공하리란 보장이 없다. 반도체 산업은 극도로 보수적이기에 고객사 확보가 어려우니 더욱 그렇다.

자연스레 반도체 기업들의 규모가 커질수록 아직 시장에 들어오지 못한 기업들은 더욱 진입을 꺼리고 경쟁을 피하게 된다. 동네 한가운데에 대기업이 막대한 비용을 투입해 넓은 마트를 차렸다면 그 옆 건물에 전 재산과 빚까지 끌어와 마트를 차릴 사람은 없을 것이다. 실제로 국내 소재나 원재료 공급 업체 중에 기술력은 다소 미비하지만 막대한 생산 설비로 경쟁력을 갖춘 경우가 자주 보인다.

이러한 경향은 반도체 기업들의 재무제표에서도 나타난다. 삼성전자, SK하이닉스를 비롯한 주요 반도체 기업들의 재무제표에는 독특한 특징이 있다. 매출 원가에서 원재료가 차지하는 비중이 낮지만 설비 투자에 지출되는 비용의 비중은 높다는 것이다. 실제

반도체 투자의 원칙

로 국내 2,500여 개 상장사의 매출 원가를 면밀히 살펴보면 대부분 매출 원가 중 원재료 매입 비중이 약 70%에 달한다. 철강 사업을 하는 포스코, 자동차 사업을 하는 현대차, 2차전지 사업을 하는 LG에너지솔루션은 물론이고 유가증권시장과 코스닥시장의 평균값도 비슷한 편이다. 그러나 삼성전자와 SK하이닉스를 비롯한 반도체 제조사는 원재료 매입 비중이 원가의 20~40%에 불과하다. 제조업에서는 이러한 수치를 기록하는 기업이 흔치 않으며, 심지어 국내 주요 바이오 및 제약 업체들보다도 낮은 수준이다.

그에 반해 설비 투자에는 원재료 매입보다 비용이 더 많이 들

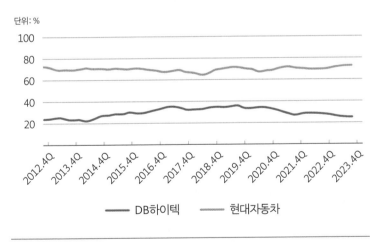

DB하이텍과 현대자동차의 매출 원가 중 원재료 매입 비중 추이

국내 상장사의 매출 원가 중 원재료 매입 비중은 평균 70% 정도다. 반면 반도체 칩 생산을 전문으로 하는 DB하이텍의 원가 구조를 살펴보면 매출 원가 중 원재료 매입 비중은 25~35%에 불과하다.

출처: 업계 자료 정리

어간다. 2차전지 기업이나 자동차 기업도 설비 투자에 큰돈을 쏟아붓지만 원가에서 이들 비용이 차지하는 비중은 5~10%이며 현대자동차만 보더라도 2% 남짓에 불과하다. 반면 반도체 기업들은 약 30%에 달한다. 이것은 무엇을 의미할까? 반도체는 설비 투자가 그만큼 중요한 경쟁력이다. 그러나 설비 투자 직후 투자 비용에 준하는 매출을 바로 뽑아내지 못하면 즉각 시장에서 퇴출될 수 있다. 다른 산업과 비교해 설비 투자 비용을 뽑아낼 여유가 더욱 적은 것이다.

또 다른 대규모 장치 산업인 2차전지 산업은 어떨까? 당연히 설비 투자도 필요하지만 대규모 설비 투자보다는 안정적인 원재료 조달이 훨씬 중요한 경쟁력 요소다. 배터리 제조 원가에서 원재료 비중이 높아 대규모 설비 투자보다는 안정적인 원재료 조달이 중요한 경쟁력 요소가 된다. 실제로 세계 주요 2차전지 업체들의 원가 구조를 살펴보면 원가 중 70% 이상이 원재료 매입 비용이다. 그러한 이유로 현금 여력이 넘치는 자동차 기업들이 배터리 사업까지 넘보곤 한다. 공장 건설 정도는 그리 어렵지 않다고 판단하여 원재료 밸류체인을 직접 만들며 사업 가능성을 탐색하는 것이다.

이처럼 많은 기업의 경쟁력이 재무제표에서 훤히 드러난다. 반도체 기업의 경제적 해자가 막대한 설비 투자라는 점도 재무제표를 살펴보면 금방 알아챌 수 있다.

반도체 산업의
국가별 구도

앞서 말했지만 반도체는 종류가 매우 다양하다. 칩의 종류만 수십만 가지를 훌쩍 뛰어넘고 반도체 제조에 쓰이는 소재와 장비도 무척 다양하다. 그 결과 반도체 산업은 밸류체인이 매우 복잡하게 발달했다. 소수 기업이 산업을 독점하기엔 산업이 너무 방대하기 때문이다.

반도체 제조 영역은 물론이고 각종 원재료와 부속품, 장비, 설비를 공급하는 영역까지 수많은 기업이 고유의 영역에서 강점을 가지며 성장했다. 국가 간 구도도 마찬가지다. 그렇다면 반도체 산업은 국가별로 어떤 구도가 형성되어 있을까?

반도체 시장의
전통 강자, 미국

미국은 세계 최초의 반도체를 여럿 개발한 이래 지금껏 반도체 산업을 주도해 왔으며 현재 반도체 산업 세계 시장에서 50% 내외의 점유율(매출 기준)을 공고히 유지하고 있다. 나머지 국가의 반도체 산업 규모를 모두 합쳐야 미국의 반도체 산업이 될 정도로 미국의 반도체 산업 규모는 거대하다.

그러나 미국이라도 반도체 산업 내 모든 영역에서 역량을 발휘하지는 못한다. 반도체 산업 중에서 미국은 새로운 반도체를 개발하는 영역, 특히 고사양 반도체 개발에 절대적인 경제적 해자를 쌓아왔다. 또한 컴퓨터, 인공지능 서버, 스마트폰 등에 사용되는 연산장치, 통신용 반도체, 전력 반도체, 메모리 반도체를 비롯해 각종 저사양 반도체까지 고루 잘 만들어왔다. 이러한 이유로 새로운 산업이 등장해 반도체 산업의 성장을 이끌기 시작하면 미국의 반도체 기업들이 가장 먼저 수혜를 챙기는 모습이 자주 나타났다. 새로운 산업이 등장하지 않아도 반도체 산업의 꾸준한 성장에 따라 미국의 기존 반도체 기업들이 지속적으로 성장했다.

미국은 반도체를 만들 때 필요한 여러 반도체 장비도 독보적으로 잘 만들어왔다. 반도체 장비 분야에서 세계 시장 점유율의 절반 가까이를 차지해왔는데, 그 결과 오늘날 반도체 산업은 미국산 장비 없이는 고사양 제품을 찍어낼 수 없는 형국이다. 이에 따라 세계 곳곳에 반도체 공장이 들어서면 미국의 반도체 장비 산업이 가장 큰 수혜를 입으며, 관련 기업들의 주가도 크게 상승하곤 한다. 그러나 미국은 칩 제조 부문과 소재 및 원재료 부문에서는 위상이 다소 약하다(물론 못한다는 뜻은 아니다). 그렇지만 비교적 고성능인 반도체까지는 대만과 함께 가장 잘 만들어왔다.

21세기 주요 국가의 반도체 산업 양상

이어지는 내용에서 다루겠지만 반도체는 작고 미세하게 만드는 것이 중요하다. 10nm(나노미터), 5nm, 3nm 등 더욱 작은 패턴을 그려내는 첨단 공정을 거칠수록 더욱 성능 좋은 고성능 반도체가 나온다.

미국은 10~28nm 내외 공정에서 꾸준히 두각을 나타내며, 이 공정을 거쳐야 하는 반도체의 45%가량을 직접 제조하며 높은 점유율을 차지해왔다. 그러나 그 이하의 공정이 필요한 영역에서는 두각을 보이지 못했다. 미국 내 제조 기술이 가장 뛰어난 인텔이 제조 공정 확보에 연이어 실패하며 경쟁력을 내어준 탓이다(뒤에서 자세히 살펴보겠다).

그동안 매우 미세한 공정이 필요한 반도체 제조는 대만이 주도해왔다. 대만은 가장 미세한 공정으로 제조하는 최고 성능 반도체 생산의 90%가량을 싹쓸이하듯 주도했고 뒤이어 우리나라가 나머지 시장을 일부나마 차지해왔다. 2023년에 들어서야 인텔이 7nm

공정에 진입하며 시장 개척을 시도하고 있지만, 여전히 대만과 우리나라를 뒤따라오는 형국이다. 이에 따라 미국을 중심으로 첨단 반도체가 개발되면 이의 제조를 대만이 맡았고, 새로운 고사양 반도체가 등장하면 그 수혜를 대만이 함께 나누어 가졌다.

대만은 10nm 이하뿐 아니라 10nm 이상 공정에서도 미국에 이어 2위의 자리를 유지하고 있으며, 28nm 이상급 반도체에서는 제조 점유율이 가장 높다. 전통적인 제조 강국이라 불리는 이유다. 또한 대만은 반도체 제조뿐 아니라 미국처럼 각종 신형 반도체 개발에도 두각을 나타냈다. 특히 반도체 제조를 잘한다는 강점을 설계 기업 육성에 적극 활용했다. 이의 사례로 4장에서 미디어텍 MediaTek을 자세히 다룰 것이며 미디어텍을 비롯해 리얼텍, 노바텍, 하이맥스 등이 각종 첨단 반도체를 대거 개발하는 대만의 대표 기업들이다. 세계 최상위 반도체 설계 기업 중 약 60%가 미국 기업이고 나머지는 대만 기업이 포진해 있다.

대만의 영향을 가장 많이 받는 나라는 중국이다. 중국은 전통 산업에서 자립하는 데 성공한 뒤 반도체 등 첨단 산업의 자립도 달성하겠다는 포부를 밝혀왔다. 2014년쯤에는 '반도체 굴기'라는 표현도 등장했는데 자국 반도체 산업을 세계적인 수준으로 육성해 산업을 선도하겠다는 뜻이다. 실제로 중국은 많은 성과를 이루었다.

중국의 반도체 굴기는
어떤 영향을 주었을까?

반도체 산업이 생각보다 폭넓고 반도체 종류도 다양한 만큼 중국 입장에서는 여러 시장을 공략할 수 있다. 예컨대 미국이 지배하는 비메모리 반도체 시장, 대만이 주도해온 반도체 전공정·후공정 시장, 그리고 한국이 지배하는 메모리 반도체 시장 등이다. 그러나 중국이 이들 시장을 모두 뺏을 수는 없다. 자본과 인적 자원의 한계가 명확하기 때문이다.

그래서 중국이 아무리 반도체 굴기를 외쳐도 삼성전자와 SK하이닉스 등 국내 주요 반도체 기업이 받는 영향은 매우 제한적이었다. 삼성전자와 SK하이닉스는 고사양 반도체를 집중적으로 찍어내는데, 현재 중국은 기술 수준이 높고 제조가 까다로우며 막대한 자본이 필요한 D램이나 CPU 같은 칩을 단기간에 찍어내기 어렵다. 그러나 기술력이 비교적 낮은 영역에서는 이야기가 달라진다.

실제로 비교적 기술 장벽이 낮은 제품을 만들어온 일부 국내 반도체 기업은 중국 반도체 산업의 영향을 직접적으로 받아왔다 (자세한 내용은 후술하겠다). 또한 중국은 새로운 반도체 개발 외에도 대만이 제조한 첨단 반도체를 가져다 후공정을 통해 완성하는 데 집중해왔다. 대만은 고사양 반도체 칩은 직접 제조까지 끝마치는 편이지만 저사양 제품은 중국 기업에 후공정을 맡겼다. 중국은 2000년대 초반만 해도 반도체 산업에서 존재감이 미미했으나 2020년대에 들어 후공정 부문에서 세계 1위로 올라섰다. 이외에

28nm 이상의 공정을 활용하는 반도체 제조에 많은 공을 들이고 있으며 10nm 공정까지 진출하고자 한다. 2024년 초 기준 28nm 이상의 칩 제조에서 대만이 가장 앞서고 있으나 중국의 매서운 확장 속도로 판단하건대 판도가 빠르게 바뀔 것으로 보인다.

반도체 산업의 부흥을 꿈꾸는 일본

대만과 중국 못지않게 반도체 산업에서 주목받고 있는 국가는 일본이다. 일본은 메모리 반도체 산업에서 퇴출된 이래 반도체 산업의 부흥을 꿈꾸고 있다. 1980년대 후반 잠시나마 미국을 제치고 반도체 산업 1위를 기록했던 일본은 2023년 기준 반도체 산업 규모 3위를 자랑한다. 반도체 제조나 설계 부문에서는 주춤하는 모양새지만 장비와 소재 경쟁력이 뛰어나서 막대한 영향력을 행사하고 있다. 일본은 미국에 이어 반도체 장비 산업을 움켜쥐고 있다. 반도체 장비 세계 시장의 약 1/3을 차지하기에 미국 장비 업체처럼 세계 곳곳에 반도체 공장이 늘어날수록 큰 수혜를 입는다. 미국과 일본은 반도체 장비 세계 시장에서 약 75%의 점유율을 차지하며, 여기에 우리나라와 네덜란드 장비 업체들의 점유율까지 합치면 90% 이상이다.

또한 일본은 반도체 소재와 부속품 부문에서 막강한 경쟁력을 자랑해왔다. 반도체 칩의 필수 원재료인 웨이퍼wafer는 일본 업체들의 점유율이 55~60%에 달한다. 특히 고성능 웨이퍼는 최고 성능의 칩을 찍어내려면 꼭 필요하다. 그 외 포토레지스트photoresist, 불화수소, 극동박 등의 첨단 소재도 일본의 점유율이 70~100%에 달한다. 소재와 부속품은 판매량이 꾸준히 증가한다. 따라서 안정적인 장기 투자를 원하는 투자자 중에 일본의 소재 기업을 자주 찾는 사람도 있다.

그 외에 키옥시아, 소니, 르네사스 등 일부 일본 기업들이 낸드 플래시nand flash, 카메라용 이미지 센서CIS, 차량용 반도체 등 제한된 영역에서 칩 개발 경쟁력을 갖추어왔다. 그러나 일본의 칩 제조 경쟁력이 쇠퇴한 이래 제조 부문에서는 경쟁력을 되찾지 못하고 있다. 28nm 이상의 공정에서는 10% 남짓의 점유율을 보이며 반도체 자급을 이루어내고 있지만 그 이하에서는 신통치 못하다. 일본 기업들이 너무 잘게 쪼개지는 바람에 자본력을 갖추지 못한 탓이다. 이에 따라 일본 정부의 지원 하에 소니, 도요타, 키옥시아, NTT 등의 8개 대기업이 연합해 합작사를 출범시켜 제조 부흥을 노리고 있으나 대만, 우리나라, 미국과 대결해 경쟁력을 확보하기는 만만치 않을 전망이다.

반도체 산업에서 우리나라의 위치는 어디쯤일까?

그렇다면 우리나라는 반도체 산업에서 어느 정도의 위치에 올라서 있을까? 필자는 국내 투자자에게 국내 반도체 산업이 평가 절하되는 모습을 수없이 봐왔다. 실제로 반도체 산업에 종사하는 투자자와 그렇지 않은 투자자의 시각은 매우 다르다.

평가 절하된 의견 중 하나는 국내 반도체 기업이 성숙기에 접어들어 성장이 어렵고 메모리 반도체에 의존하는 탓에 경쟁력이 없다는 것이다. 그러나 우리나라 반도체 산업은 전 세계 반도체 산업 내에서 비중이 지속적으로 증가하며 세계 2위라는 자리를 공고히 지켜왔다. 2010년대 초중반만 해도 국내 반도체 산업은 세계 반도체 산업 대비 비중이 15% 이하에 불과했으나 근래에는 17~20%를 차지하며 미국을 뒤잇고 있다.

대만의 TSMC가 워낙 경쟁력이 뛰어난 관계로 대만의 반도체 산업을 유독 치켜세우는 투자자도 흔히 볼 수 있는데 반도체 산업 점유율만 따지면 대만의 점유율은 우리나라의 절반밖에 되지 않는다. 그 비결은 메모리 반도체와 각종 칩의 제조 경쟁력에 있다. 이 세상에 메모리 반도체 없이 동작하는 비메모리 반도체는 없다. 즉 새로운 산업이 반도체 산업의 성장을 이끌 때 미국과 대만뿐 아니라 우리나라의 메모리 반도체 산업도 이득을 본다. 고사양 칩이 발달할수록 메모리 반도체의 중요성이 커지는데 메모리 반도체도 새로운 형태의 칩이 꾸준히 등장하며 고사양화가 거듭 이루어지기 때문이다(뒤에서 자세히 설명하겠다). 최근에는 세메스를 비롯해 국내 반도체 제조 장비 업체의 위상이 높아지며 장비 부문의 영향력 확대도 큰 보탬이 되고 있다.

이렇듯 반도체 산업은 보기보다 복잡하며 국가 간 구도와 경쟁력이 나뉘어 있지만 그만큼 투자 기회가 다양하게 찾아온다. 이 때문에 반도체 산업의 성장 흐름, 경쟁 구도, 산업 사이클, 제품 특징 등을 포괄적으로 이해하는 것이 중요하다. 또한 산업 내에서 많은 일이 반복해 일어났기에 과거 흐름까지 이해하면 금상첨화일 것이다. 당연히 미래를 전망하려면 과거도 어느 정도 함께 공부할 필요가 있다. 이 책에서는 이에 대해 집중적으로 분석하며, 가장 전통적인 산업인 컴퓨터 산업부터 살펴보도록 하겠다.

반도체 산업은 컴퓨터 산업, 특히 PC 산업과 함께 성장했다. 과거 PC 산업의 흐름을 살펴보면 반도체 기업의 성장 과정뿐 아니라 앞으로 펼쳐질 반도체 산업의 흐름을 살펴볼 수 있다. 이 장에 등장하는 반도체 기업의 몇몇 과거 사례는 현재까지 반복되고 있다. 따라서 그저 옛 일에 그치지 않고 투자에 앞서 큰 도움을 준다. 또한 일부는 이후에 소개할 다양한 반도체의 흐름을 이해하는 필수 배경지식이 될 것이다.

PART 2

PC 산업과
반도체

인텔이 세계 1위 반도체 기업으로 거듭난 배경

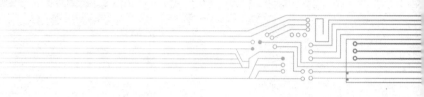

컴퓨터의 가장 중요한 부품은 머리 역할을 하는 CPUCentral Processing Unit다. 컴퓨터의 동작 속도를 결정짓는 가장 핵심적인 부품인 만큼 CPU는 높은 가격을 자랑하며 당연히 성능이 좋을수록 비싸다. 2000년대 초부터 출시된 CPU는 여러 개의 코어로 구성되어 있다. 즉 머리를 구성하는 뇌가 여럿 들어 있는 것이다. CPU는 이러한 코어들을 바탕으로 1초에 무려 60억 번 이상의 연산을 수행한다. 이러한 연산 횟수를 '클럭 스피드'라고 부르며 클럭 스피드가 높을수록 CPU는 더욱 빠르게 동작한다.

CPU의
탄생

세계 최초의 CPU는 인텔이 개발한 '인텔 4004'Intel 4004로 1971년
출시되었다. 초기 CPU는 성능이 지금보다 좋지 못했다. 참고로
인텔 4004 출시 당시에는 CPU란 표현은 사용되지 않았고 그 대
신 마이크로프로세서microprocessor라 불렀다. 이후 마이크로프로세
서 기술이 매우 빠르게 발전하며 CPU란 표현이 등장했다. 이 책
에서는 제품 출시 시기에 따라 마이크로프로세서와 CPU를 혼용

인텔 4004

요즘의 CPU가 1초에 수십억 번 연산하는 것과 달리 인텔 4004는 1초에 약 74만 번 연산
을 수행할 수 있었다.

출처:위키피디아

해 사용하겠다. 둘을 같은 개념으로 이해해도 무방하다.

시장에서는 새로운 제품을 발명한 기업이 현재까지 1등을 차지하는 경우가 종종 있다. 인텔도 그랬다. 마이크로프로세서를 세계 최초로 상용화한 후에 인텔은 고성능 마이크로프로세서를 꾸준히 출시하며 세계 1위 CPU 기업으로 올라섰다. 하지만 이것만이 인텔이 세계 1위로 거듭난 이유는 아니다. 인텔 4004 출시 직후 텍사스 인스트루먼트Texas Instruments, 제너럴 인스트루먼트General Instrument, 모스 테크놀로지MOS Technology, 모토로라Motorola와 같은 기업들도 연이어 CPU를 출시했고 마이크로프로세서 경쟁은 가속되었다. 이러한 경쟁에도 끝내 인텔이 완승한 데는 컴퓨터 시장의 특수성이 숨어 있다.

본격적인
PC 시장의 개화

1975년 스티브 워즈니악Steve Wozniak과 스티브 잡스Steve Jobs는 집 차고지에서 '애플 1'Apple I이라는 새로운 컴퓨터를 개발한다. 애플 1에는 모스 테크놀로지사가 개발한 '모스 테크놀로지 6502'MOS Technology 6502라는 마이크로프로세서가 탑재되었는데 성능도 적당하고 가격 경쟁력도 뛰어나서 그 덕에 애플 1은 가격 대비 성능이 뛰어난 컴퓨터가 되었다. 또한 애플 1은 고유의 아담한 디자인으로도 유명했다. 이처럼 애플 1이 여러모로 경쟁력을 갖추자 입소문이 빠르게 퍼졌고 스티브 워즈니악과 스티브 잡스는 투자자를 쉽게 유치할 수 있었다. 이후 애플은 세계 일류 컴퓨터 기업으로 거듭났다.

다만 애플 1의 치명적인 단점이 있었는데 모든 부품을 일체형으로 조립한 탓에 사용자가 부품을 마음대로 바꿀 수 없었다는 것이다. 즉 정해진 부품과 고정된 성능으로만 작동하는데 이러한 구조의 컴퓨터를 '폐쇄형 컴퓨터'라고 부른다. 폐쇄형 컴퓨터는 사용자가 마음대로 성능을 업그레이드할 수 없으며 작동 방식도 설정된 대로 따라야 한다. 작동 방식을 외부에 공개하지 않기 때문에 오직 애플만 동일한 컴퓨터를 생산할 수 있다.

IBM과 인텔의
역사적인 공생

애플의 성공 이후 IBMInternational Business Machines은 이러한 폐쇄형 컴퓨터에 반기를 들며 1981년 새로운 컴퓨터를 출시한다. 개방형 컴퓨터를 표방한 이 컴퓨터에 탑재된 부품들은 모두 고유의 표준에 따라 크기, 모양, 작동 방식이 정해져 있었다. 그래서 이 표준에 맞추면 컴퓨터의 부품을 다른 부품으로 바꿔 끼워 성능을 높일 수 있었다. 또한 다른 기업이 IBM 컴퓨터의 부품만 바꾸어 더욱 성능 좋은 컴퓨터로 재탄생시켜 판매할 수 있었다. 부품 업체는 표준만 맞추면 비슷한 부품을 찍어낼 수 있었고 컴퓨터 동작 방식도 모두 공개되어 누구라도 프로그램을 마음껏 개발할 수 있었다. IBM은 이러한 개방형 컴퓨터를 '개인용 컴퓨터'personal computer, 즉 PC라고 부른다. IBM은 PC 시장을 본격적으로 개화시킨 주인공인 것이다.

IBM은 PC가 기존의 폐쇄형 컴퓨터와 다르다는 것을 강조하며 PC 마케팅을 확대했다. 그 결과 지금은 PC라는 단어가 컴퓨터와 사실상 동일하게 쓰인다. 증권사 애널리스트가 작성하는 반도체 산업 리포트를 읽다 보면 'PC 시장'이라는 말이 자주 등장한다. 컴퓨터 시장에서 쓰이는 반도체를 PC용 반도체라고 부르기 때문이다.

한편 자사 PC에 어떤 마이크로프로세서를 채택할지 고민하던 IBM은 최종적으로 인텔 제품을 선택한다. 이후 인텔은 IBM PC의 폭발적인 판매 증가세와 IBM 표준을 따르고 인텔 마이크로프로세서를 채택하는 PC 제조 업체가 늘어나면서 세계적인 반도체 기업으로 거듭났다. 인텔의 성장 배경에는 세계 최초의 CPU 개발 기업뿐 아니라 IBM에 마이크로프로세서를 공급하는 기업이라는 타이틀이 가장 주요했다. 실제로 IBM이 인텔의 마이크로프로세서를 탑재하지 않았다면 인텔이 지금처럼 거대 기업으로 성장하지 못했을 것이란 의견이 지배적이다.

이처럼 아무리 반도체를 잘 만들어도 전방 시장이 사주지 않는다면 무가치하다. 전자기기에 탑재되는 부속품에 불과하기 때문이다. 실제로 IBM은 인텔의 마이크로프로세서를 채택하기에 앞서 모토로라의 마이크로프로세서를 먼저 고민했다. 만약 모토로라가 IBM의 제안을 거절하지 않았다면 인텔과 모토로라의 역사는 바뀌었을 것이다. 따라서 반도체 산업 투자에 있어 전방 산업이 무슨 제품을 채택하는지 주의 깊게 살펴보는 것이 무엇보다 중요하다.

컴퓨터에 필요한 트랜지스터는 과연 무엇일까?

CPU 시장은 인텔과 AMD가 과점을 형성하며 두 기업 간 경쟁 구도가 만들어졌다. 이들 기업은 약 1년 주기로 새로운 CPU를 출시한다. 그 덕분에 우리가 사용하는 컴퓨터의 성능도 대략 1년마다 좋아진다. 그런데 CPU의 성능은 어떻게 개선될까?

전구 하나를 켰다 끌 때와 전구 1,000개를 각각의 스위치로 제각각 켰다 끌 때 무엇이 다를까? 전구 하나일 때는 그저 주변이 밝아졌다 어두워질 뿐이지만 전구가 1,000개쯤 있으면 스위치를 각각 조작해 일부 전구만 켜 단순한 숫자부터 '감사합니다' 같은 다양한 메시지를 만들어낼 수 있다.

CPU도 이와 같다. 요즘 출시되는 CPU 내부에는 무려 수십억에서 수백억 개에 이르는 스위치가 존재하며, 이것들은 지속적으로 켜지거나 꺼지면서 무수히 많은 신호를 만들어낸다. 이러한 신호들을 어떻게 조합하느냐에 따라 모니터에 사진, 동영상, 인터넷 브라우저로 나타나는 것이다. 이러한 스위치를 가리켜 트랜지스

전구가 하나뿐일 때는 켰다 끄기를 반복해도 아무런 의미가 없지만 전구가 수백 개라면 몇 개 전구만 켜서 다양한 메시지를 만들어낼 수 있다.

터transistor라고 부른다. 반도체 산업을 공부할 때면 증권사 리포트나 기사를 통해 트랜지스터란 용어를 자주 만났을 것이다.

CPU 성능의
척도

다시 본론으로 돌아와서 CPU 기업들은 성능이 더 좋은 CPU를 어떻게 만들까? CPU 성능을 높이는 방법은 크게 두 가지다. 첫 번째는 트랜지스터를 더욱 많이 만드는 것이다. 공항의 전광판은 큰직한 만큼 전구가 많아 훨씬 다양한 정보를 보여준다. CPU도 이와 같다. 다만 트랜지스터를 더욱 많이 만들려면 트랜지스터가 더욱 작아야 한다. 그래야 칩 하나에 더 많은 트랜지스터를 촘촘히 배열할 수 있기 때문이다. 칩의 크기를 키워도 더 많은 트랜지스터를 탑재할 수 있겠지만 일반적으로 칩은 크기 제약이 있다. 그래서 트랜지스터를 반드시 더 작게 만들어야 한다.

CPU의 성능을 끌어올리는 두 번째 방법은 트랜지스터의 동작 속도를 높이는 것으로, 같은 시간에 더욱 많은 작업을 처리할 수 있다. 이 방법 역시 트랜지스터를 더 작게 만들어야 가능하다(이 책에서는 그 이유와 제조 방법보다는 그에 따른 영향을 주로 살펴보겠다).

반도체 기업들은 이 두 방법을 모두 사용해 CPU 성능을 끌어올린다. 즉 트랜지스터 크기를 더욱 줄여 트랜지스터 자체의 성능을 끌어올리면서 동일한 면적에 트랜지스터를 더 많이 배열해 추가적으로 CPU 성능을 끌어올린다. 이러한 이유로 고성능 반도체 칩일수록 트랜지스터를 더욱 작게 만들기 어렵고, 제조 과정에 각종 첨단 공정이 총동원된다. EUVExtreme Ultraviolet Lithography[*] 공정이나 원자층 증착법ALD; Atomic Layer Deposition[**]이 대표적이다. 첨단 공정

---

[*] 트랜지스터를 더욱 작게 만들려면 파장이 매우 짧은 빛이 필요하며, 파장이 극도로 짧은 자외선을 EUV라 한다.

[**] 트랜지스터를 더욱 작게 만들려면 첨단 물질을 미세하게 형성하는 기술이 필요하며 ALD는 물질을 나노미터 단위로 정교하게 형성해주는 첨단 공정이다.

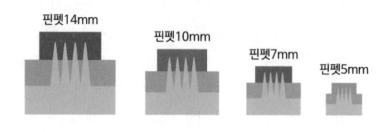

공정 기술 발달로 점차 작아지는 트랜지스터

핀펫14mm

핀펫10mm

핀펫7mm

핀펫5mm

반도체 칩의 성능을 지속적으로 끌어올리려면 트랜지스터를 더욱 작게 만들어야 한다. 이 과정에서 첨단 공정의 비중은 날로 늘어난다.

뿐 아니라 첨단 소재도 대거 동원된다. 따라서 반도체 장비 업체는 첨단 공정을 실현할 첨단 장비를 개발하고 소재 업체도 첨단 소재 개발에 몰두한다. 실제로 반도체 산업을 공부할 때면 10nm 공정에서 점차 5nm, 3nm, 2nm 공정으로 공정명이 바뀌는 것을 확인할 수 있다.

1965년 인텔의 공동 창립자인 고든 무어Gordon Moore는 〈일렉트로닉스Electronics〉라는 잡지와의 인터뷰에서 CPU의 트랜지스터 밀도('집적도'라고 한다)가 매년 2배씩 늘어날 것이라 전망했다. 놀랍게도 이후 수년간 이 예측은 정확히 맞아떨어졌다. 그 결과 이 말은 반도체 산업에서 가장 유명한 법칙인 '무어의 법칙'Moore's law이 되었다. 그러다 트랜지스터 밀도를 매년 2배씩 높이기 어려워진 1990년대부터는 2년에 2배로, 근래에는 사실상 2~3년에 2배로 무어의 법칙이 몇 차례 수정되었다.

반도체 투자의 원칙

무어의 법칙은 많은 반도체 기업의 생존과 직결되었다. 2~3년 마다 CPU의 트랜지스터 수를 매년 2배씩 늘리지 못하면 시장 경쟁에서 도태되고 결국 기업 몰락까지 처할 수 있었기 때문이다. 무어의 법칙은 참으로 맞아떨어지는 수학 공식이 아니라 반도체 기업들의 노력을 통해 참으로 만들어낸 법칙이다.

인텔에 위기가
찾아온 이유

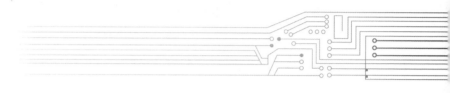

인텔은 1980~1990년대 동안 성능이 더욱 좋은 CPU를 주기적으로 출시하며 승승장구했다. CPU의 트랜지스터 밀도도 꾸준히 증가했다.

그러나 인텔은 고민 또한 계속해서 늘어났다. 트랜지스터의 크기는 더욱 작아져야 하는데 제조 난이도나 제조 공정 비용이 점점 높아졌던 것이다. 결국 2020년대에 들어 인텔에 위기가 드리운다. 인텔은 이대로 몰락하게 될까? 아니면 이 피할 수 없는 위기를 어떻게 극복해가고 있을까?

CPU 시장 지배를 위한
인텔의 '틱톡 전략'

트랜지스터 공정에 어려움을 겪던 인텔은 2006년에 새로운 CPU 전략을 발표한다. 그전까지는 출시하는 신제품마다 트랜지스터가 더욱 작아졌다. 하지만 2006년부터 첫해에는 기존 방식처럼 트랜지스터를 더욱 작게 만들어 CPU 성능을 높인 신제품을 출시하고 그다음 해에는 트랜지스터를 더 작게 만들지 않고 출시한다. 그 대신 트랜지스터 위치를 재배치하고 작동 방식을 개선해 CPU 성능을 향상했다. 이를 어려운 표현으로 '아키텍처를 개선한다'고 한다. 즉 트랜지스터를 작게 만들지 않고 오직 아키텍처 개선을 통해 CPU 성능을 끌어올리는 만큼 제조의 어려움을 수월하게 극복할 수 있다.

이처럼 2년 주기로 서로 다른 개선법을 통해 CPU 성능을 향상하는 인텔의 전략을 틱톡Tick-Tock 전략이라 한다. 틱Tick은 트랜지스터 크기 변화를, 톡Tock은 설계 변경을 의미한다. 틱톡 전략을 이용하면 트랜지스터를 더욱 작게 만드는 작업을 1년씩 미루면서도 CPU 성능을 매년 개선할 수 있다. 이를 통해 제조 비용을 절감하면서도 매년 성능 좋은 제품을 출시할 수 있었다.

인텔은 틱톡 전략으로 CPU 시장을 더욱 주무르기 시작했다. 2000년대 초반 CPU 시장에서 60% 이상의 기록적인 점유율을 기록했고 이후 틱톡 전략에 힘입어 2010년대 초반까지 경쟁사인 AMD와 격차를 크게 벌리는 데 성공한다. 2016년까지 점유율을

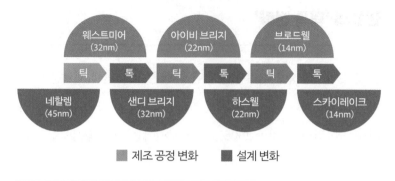

인텔은 트랜지스디를 미세회히는 '틱'괴 이키텍치를 개선히는 '톡'을 매년 번갈아 진행하는 틱톡 전략을 내세웠다.

출처: computerkiezen.nl

80%까지 끌어올리며 사실상 독점에 준하는 지위를 누린다.

인텔 위기의
시작

그러나 인텔은 승리에 과도하게 도취했다. 2013년에 새로운 CEO로 발탁된 브라이언 크르자니크Brian Krzanich는 부임 전부터 인텔의 승리를 과신했다. 그리고 인텔의 제조 경쟁력보다는 다른 곳에 눈을 돌려 웨어러블용 반도체, 5G 네트워크용 반도체 같은 신사업을 적극적으로 추진하기 시작했다. 그러나 이들 신사업은 인텔만 해당될 뿐 이미 여러 반도체 기업이 뛰어든 레드 오션이었다. 안타깝게도 크르자니크는 신사업에서 성과가 즉각 나오지 않으면 팀을 해체하거나 신사업 성과 촉진을 위해 기존 사업의 비용을 본격적으로 절감하기에 이른다. 결국 CPU 사업의 핵심 인력까지 해고하는 초강수를 두자 더욱 작은 트랜지스터를 만들어줄 인력들이 AMD 등 경쟁사로 대거 빠져나갔다. 인텔은 제조를 중시하던 분위기가 쇠퇴하고 제조 부서보다는 재무 부서가 영향력을 행사하기 시작했다.

이는 점차 결과로 나타나기 시작했다. 인텔은 크르자니크 부임 다음 해인 2014년에 14nm 공정을 이용한 CPU를 출시했다. 그렇다면 2년 뒤인 2016년에도 틱 전략을 다시 이용해 트랜지스터를 작게 만들 차례이지만, 이는 이루어지지 못했다. 그 대신 앞으로는 3년 주기로 트랜지스터를 작게 만드는 PAO 전략을 발표한다. P과 A는 'process'와 'architecture'의 약자로 각각 기존의 틱과 톡과 흡사하다. 새로 추가된 O는 'optimization'의 약자로 지난 2년 동안 확보한 새로운 기술들을 또 한 번 최적화하는 전략을 의미한다. 쉽게 말해 PAO 전략은 기존 틱톡 전략에 O 전략을 추가하면서 트랜지스터를 더욱 작게 만드는 주기를 2년에서 3년으로 늘리겠다는 것이다. 무어의 법칙이 또 한 번 수정되는 순간이었다.

이 소식이 알려지자 시장 일각에서 트랜지스터를 작게 만드는 데 실패한 것이 아니냐는 비판이 일기 시작했다. 그럼에도 인텔은 여유가 넘쳤다. 경쟁사인 AMD는 시장 점유율이 20% 수준으로 기업 존폐까지 언급되고 있었기 때문이었다. 2016년 인텔은 O 전략을 이용한 차기 CPU를 출시한다. 지난 2년간 나온 제품들

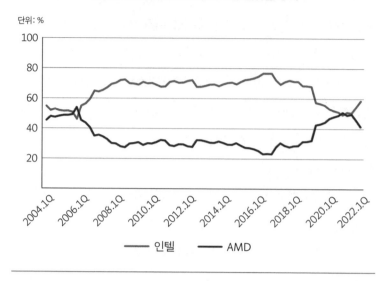

인텔과 AMD의 컴퓨터 세계 시장 점유율 추이

단위: %

인텔은 2000년대 중반 이후 PC용 CPU 시장에서 AMD와 시장 점유율 격차를 크게 늘리며 늘리며 승승장구했다. 그러나 이 과정에서 자만하고 만다.

출처: Wccftech.com

과 마찬가지로 14nm 공정으로 만들었지만 제조 공정 최적화(O 전략)를 거쳐 완성도가 좀 더 높아졌다. 인텔은 이를 가리켜 14nm 가 아닌 14nm+ 공정을 이용한 제품이라 소개했다. 그렇다면 다음 해인 2017년에는 P 전략을 사용해야 한다. 즉 트랜지스터 크기를 줄여 CPU 성능을 높여야 했으나 기대와 달리 인텔은 다시 기존 14nm 공정을 통해 CPU를 출시한다. 트랜지스터가 작아지지 않은 것이다. 그제야 인텔이 10nm 공정 개발에 실패했다는 사실이 알려지기 시작했고 소비자들의 반응은 점차 냉담해졌다. 심지어 다음 해에도 10nm 공정 개발에 실패했으며 2019년과 2020년에 출시된 대부분의 CPU도 14nm 공정을 이용해 완성했다. 즉 한 해도 아니고 무려 수년간 10nm 공정 개발에 실패해 트랜지스터가 작아지지 못한 것이다. 일부 제품군에 한해 10nm 공정을 도입했지만 수율을 확보하지 못해 의미가 없었다.

그럼에도 인텔은 무너지지 않았다

인텔이 어려움을 겪자 인텔 제국이 몰락할 것이라는 비관론이 점점 커졌다. 그러나 쉽게 무너지지는 않았다. 인텔의 남다른 강점인 제조 노하우 덕분이었다. 앞서 말했듯이 트랜지스터를 작게 만들수록 CPU 성능을 높이기 유리하다. 즉 나노미터 숫자가 작아야만 유리해 보인다. 그러나 이는 일부는 맞고 일부는 틀린 이야기다.

더욱 미세한 공정이 필요한 이유는 트랜지스터의 성능을 향상하고 트랜지스터를 더욱 많이 만들기 위해서다. 그런데 인텔은 유별난 강점을 가졌다. 다른 기업들보다 트랜지스터 크기가 큰데도 불구하고 한 번에 더욱 많은 트랜지스터를 만들어온 것이다. 놀랍게도 인텔은 경쟁사에 비해 나노미터 수가 높은 공정을 이용해도 칩의 트랜지스터 집적도가 경쟁사 제품과 비슷했다. 즉 경쟁사가 한 수 앞선 7nm 공정으로, 인텔은 한 수 뒤처진 10nm 공정으로 칩을 제작해도 칩의 트랜지스터 수가 비슷하다는 것이다. 그 비결은 인텔의 제조 공정 노하우에 있다.

트랜지스터를 무조건 작게 만든다고 다가 아니다. 비행기 내부를 상상해보자. 승객을 더욱 많이 태우고 싶어 비행기 내부 공간을 모두 좌석으로 채우면 무슨 일이 벌어질까? 통행로가 없어져 결국 승객이 탑승하지 못할 것이다. 트랜지스터도 마찬가지다. 트랜지스터를 많이 만드는 것도 중요하지만 트랜지스터 간 간격을 유지하고 서로 전기 신호를 주고받을 수 있도록 수많은 배선을 이어주는 것도 중요하다. 인텔은 그 어떤 기업보다 배선 제조 기술이 뛰어났는데 공정 경험이 축적된 덕분도 있지만 새로운 배선 기술 형성에 많은 노력을 기울여왔기 때문이다.

그 결과 인텔은 트랜지스터 크기가 상대적으로 커도 트랜지스터가 매우 오밀조밀하게 배치된다. 비행기로 따지자면 내부 공간을 매우 효율적으로 활용해 좀 더 큰 좌석을 그 어떤 비행기보다 조밀하게 배치한 것이다. 그 결과 인텔은 10nm 공정을 이용하고 경쟁사는 7nm 공정을 이용해도 인텔의 트랜지스터 밀도가 10% 이상 높다. 이는 5nm, 3nm, 2nm 공정에서도 반복된다. 따라서 단순히 공정 숫자만 비교하는 것은 잘못된 방법이다. 트랜지스터 밀도, 칩의 최종 성능, 제조 단가 등 실질적인 요소를 모두 비교해야 우위를 판별할 수 있다.

그럼에도 많은 투자자는 공정 이름의 숫자만 보고 낮은 숫자일수록 무조건 기술력이 좋다고 평가하곤 했다. 이러한 평가에 억울해하던 인텔은 결국 자사의 공정 이름을 개편해 10nm 공정이면 '인텔 7'Intel 7이라는 식으로 이름을 붙였다. 이는 자사의 10nm 공정이 타사의 7nm 공정에 준하는 경쟁력을 갖추었음을 의미한다. 많은 사람이 숫자만 비교하니 자사의 10을 7로 부르게끔 공정 이름을 개편한 것이다. 마찬가지로 인텔은 자사의 7nm 공정을 '인텔 4'Intel 4로, 5nm 공정은 '인텔 3'Intel 3로 명명했다.

인텔의 기술력 과시는 2020년대 중반이 지나며 재차 확대될 것으로 보인다. 과거처럼 다시금 공정 개발에 집중하면서 2nm 이하급 공정에 필요한 차세대 EUV 장비를 웃돈 주고 남들보다 먼저 구입하는 등 두드러진 위기 극복 방안이 실행되고 있기 때문이다. 물이러한 노력이 성과로 이어질지는 추가적인 시간이 지나야 확인할 수 있을 것으로 보인다.

인텔과 AMD, 누가 영원한 승기를 잡을까?

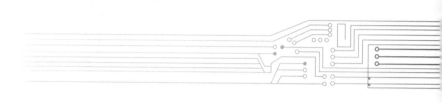

AMD는 인텔이 설립된 지 1년 뒤인 1969년에 설립되었으며 2020년대에 들어 인텔이 어려움을 겪자 약진하는 모습을 보였다. 그렇다면 두 기업 간 경쟁 구도는 언제부터 바뀌기 시작했을까?

AMD의
초기 성장

AMD의 사명 Advanced Micro Devices에는 더욱 혁신적인 반도체 칩을 개발하겠다는 뜻이 담겼다. 그러나 사명과 달리 설립 직후엔 인텔을 모방하는 회사에 가까웠다. 그 배경은 인텔이 1978년에 출시한 마이크로프로세서인 인텔 8086에 있다. 인텔은 이 제품부터 후속 제품에 이르기까지 마이크로프로세서의 동작 방식을 통일했다. 쉽게 말해 후속 제품도 인텔 8086과 동일한 방식으로 작동한다는 뜻이다. 그리고 그러한 고유의 동작 방식을 'x86'이라 불렀으며 전문적으로는 'x86 아키텍처'라 통칭한다. 반도체 산업을 공부할 때 아키텍처란 표현이 나오면 많은 투자자가 공부 의욕을 잃기도 하는데 아키텍처는 칩이 작동하는 방식으로 대략 이해해도 무방하다.

아무튼 당시에는 인텔이 마이크로프로세서 시장에서 압도적인 1위였다. 그러니 컴퓨터 제조 업체들은 인텔 프로세서 작동 방식에 따라 컴퓨터를 만들어야 했다. 이는 AMD에 좋지 않은 소식이었다. 새로운 방식으로 작동하는 마이크로프로세서를 개발해도 팔리지 않을 테니 일단 인텔의 x86 아키텍처 방식을 따라 만들 수밖에 없었다. 이에 따라 당시 마이크로프로세서 업체들은 인텔에 라이선스를 받은 뒤 인텔 프로세서와 흡사하게 작동하는 모방 제품을 찍어내는 데 집중해야 했다. AMD도 마찬가지였다.

그러나 언제까지 인텔 제품을 따라 만들기만 할 수는 없었다. AMD는 언젠가 독자 개발한 마이크로프로세서가 인텔을 능가하기를 바라며 벌어들인 현금을 독자 제품 개발에 쏟았다. AMD 외에도 인텔 마이크로프로세서를 따라 만드는 기업이 몇 있었다. 일본 반도체 기업들이 대표적이었다.

그러나 일본 기업들은 AMD와 달리 독자 마이크로프로세서 개발이 어려웠다. 메모리 반도체 사업을 병행하고 있었기 때문이다. 메모리 반도체 산업은 경쟁이 과열되어 경쟁력 확보에 큰돈이 들었고 호황과 불황이 심하게 반복되었다. 그리고 불황이 올 때마다 많은 기업이 휘청였다. 그러나 일찍이 메모리 반도체 사업을 그만둔 AMD는 일본 업체들과 기술 격차를 벌려나갔다. 1990년대에 들어서는 인텔과 버금가는 수의 기술 특허를 출원했을 정도로 기술 개발에 몰두했다.

AMD의 결실은 무려 10년 후인 1991년 독자 개발한 제품인 'AM386' 출시로 드러나기 시작했다. AM386은 당시 인텔의 주력 제품인 인텔 80386보다 6년 후에 출시되었기에 완전한 구형 제품이었지만 의의가 컸다. 인텔에 라이선스를 받지 않고 오직 AMD의 자체 기술로만 개발했기 때문이다. 성능이 똑같은 제품을 6년이나 지나 출시했으니 시장에서 소외될 법도 했지만 PC 시장은 환호성을 지르기 시작했다. 그동안 인텔의 독점을 두려워했던 PC 시장에서 적극적으로 AMD 제품을 구입했고, AMD는 자신감을 얻어 들어오는 현금을 연구 개발에 더욱 쏟았다. 인텔은 이에 대응해 인텔 80486 등 성능이 더욱 좋은 제품을 출시했다. 이러한 신제품에 모두 대응하기는 어려웠던 AMD는 인텔 신제품이 성능은 좋아도 비싸다는 점을 노려서 가격 경쟁력을 앞세웠다. 제품을 싸게 내다 팔며 AMD의 시장 점유율은 한 자릿수 중반대까지 빠르게 늘어났다.

반도체 투자의 원칙

애슬론의
급격한 성장

AMD 제품이 시장에서 인기를 얻자 인텔은 AMD에 시비를 걸기 시작했다. AMD의 AM386이란 제품명이 자사의 인텔 80386과 비슷하다는 이유로 소송을 걸었지만 숫자는 상표가 될 수 없다는 이유로 패소한다. 이에 인텔은 후속 프로세서인 인텔 80586을 '펜티엄'으로 변경해 출시했다. 인텔이 펜티엄 마케팅을 본격화하자 의외로 소비자들은 새로운 CPU의 등장이라며 환호했고 386컴퓨터, 486컴퓨터는 구형으로 취급받기 시작했다. 펜티엄 브랜딩은 고작 비슷한 반도체 칩인데 제품 브랜딩이 얼마나 중요한지 보여주는 사례다. 이후 다른 많은 반도체 기업도 자사의 칩에 유별난 이름을 붙여가며 브랜드 강화에 많은 비용을 쏟게 된다.

AMD 또한 시류를 거부할 수 없었다. 1999년에 AMD는 후속 제품을 출시하며 '애슬론Athlon'이라는 새로운 이름을 붙이기로 결정한다. 그런데 시장을 둘러보니 이미 소비자들에게 컴퓨터는 곧 펜티엄이라는 인식이 너무나 강했다. 이제 와서 새 브랜드를 내세워봤자 펜티엄을 뒤쫓는 모양새가 될 수 있기에 AMD는 강력한 한 방을 노리며 인텔보다 클럭 스피드가 높은 CPU를 출시하기로 결정한다. 소비자들이 CPU를 살 때 실제 성능보다는 사양에 집중하는 경향을 공략한 것이다.

연구 개발에 매진해온 덕분에 AMD는 클럭 스피드를 높이는 전략을 실현하며 세계 최초의 1GHz CPU(1초에 10억 번 연산하는

CPU)인 애슬론을 시장에 화려하게 등장시켰다. 이 전략은 단숨에 PC 시장을 뒤흔들었고 다들 인텔의 칩을 따라 만들기만 하던 AMD가 인텔보다 뛰어난 CPU를 출시했다며 놀랐다. AMD는 본격적으로 인기를 누리며 인텔의 경쟁 상대로 인식되기 시작했다. 애슬론은 5% 남짓에 불과했던 AMD의 시장 점유율을 단번에 20%대로 끌어올렸고 이후 수년간 40%대까지 늘렸다. AMD 주가 또한 승승장구했다.

그러다 2000년대에 들어 컴퓨터 성능을 더욱 향상하기 위해 CPU의 동작 방식을 바꿀 필요가 생겼다. AMD는 이를 노리고 AMD 고유의 아키텍처를 발표했다. 인텔도 새 아키텍처를 발표했지만 최종적으로 AMD가 개발한 'AMD64'라는 이름의 아키텍처가 PC 시장에서 주력 아키텍처로 채택되었다. 그러자 CPU 경쟁의 승기는 AMD로 더욱 기울었고 투자자들은 AMD 주식을 주워 담는 데 여념이 없었다.

AMD가 인텔을 누르고 CPU 시장을 주도할 것이라는 이야기도 이때 집중적으로 나왔다. 시장 점유율도 인텔을 바짝 뒤쫓기 시작했다. 비상에 걸린 인텔은 AMD를 저지하기 위해 적자까지 감수하는 초유의 전략을 내세웠다. 그러나 AMD의 시장 점유율은 40%대를 기록하며 꾸준히 증가했고 인텔은 꾸준히 감소했다. 인텔의 실적 악화는 날로 심해져 인텔 주가는 불과 2년 만에 80% 이상 폭락했다. 실적이 꺾일수록 인텔의 종말이 언급되었고 시장은 AMD의 역전을 더욱 굳게 믿었다. 주가 흐름은 말할 것도 없었다. 모두가 AMD 주식 매수와 인텔 주식 매도를 외쳤다.

누가 이기리라
확신할 수 있을까?

여기까지 이야기를 들으면 AMD 시대가 본격화되어 AMD 주식을 뒤늦게라도 따라 사야 하지 않을까 싶을 것이다. 아쉽게도 AMD는 딱 거기까지였다. 이후 AMD는 40%대 점유율을 끝으로 기세가 급격히 기울기 시작한다. 당시 거의 모든 투자자가 인텔의 종말을 확언했지만 모두의 예측을 정확하게 빗겨나간 것이다. 반도체 산업을 고루 살펴보면 인텔과 AMD처럼 기업들이 가장 치열하게 경쟁할 때 오히려 예측이 가장 무의미해진다.

실제로 반도체 산업 말고도 기술 경쟁이 활발한 산업에서는 확신이 투자를 위험하게 만든다. 임상 시험 결과에 따라 기술 우위가 급격히 변하는 바이오 산업에서는 더욱 두드러지게 나타나며 기술 변화가 빠르게 일어나는 스마트폰 부품주들은 연례행사처럼 이러한 현상을 겪는다. 따라서 기술 변화가 빠른 영역일수록 자신의 판단이 틀릴 가능성에 대비해야 하지만 많은 투자자는 오히려 과잉 확신을 갖는다. '기술'을 하나하나 이해할수록 남들보다 '기업'을 더욱 깊게 이해하고 있다고 착각하기 때문이다.

당시 AMD의 몰락을 예측한 이는 아무도 없었다. 인텔의 틱톡 전략이 두 기업의 운명을 완전히 바꾸리란 것을 예측한 이도 없었다. AMD는 연구 개발을 무기 삼아 인텔을 추격하는 데 성공했지만 2000년대 중반에 들어 클럭 스피드 경쟁이 슬슬 막을 내리기 시작한다. CPU의 클럭 스피드를 높일수록 칩이 너무 뜨거워져서 오히려 성능이 떨어졌기 때문이다. 당대 일부 CPU는 너무 뜨거운 나머지 효도 선물로 살 만한 난방기구라 놀림받기도 했다. 그 결과 CPU 경쟁은 클럭 스피드 대신 코어 수를 늘리는 방향으로 바뀌기 시작했다.

2006년 인텔이 출시한 듀얼코어, 즉 코어가 2개 달린 CPU는 CPU 시장을 뒤흔들어버렸다. 기존 인텔과 AMD의 모든 제품군을 압도하는 성능을 보였기 때문이다. 가격 경쟁력 또한 매우 뛰어났다. 당시 모든 투자자가 AMD 열풍에 휩싸여 아무도 이를 예상하지 못했다. 심지어 제품 출시 직후 이를 믿지도 않았다. 경쟁 제품을 내놔야 했던 AMD는 안타깝게도 코어 경쟁을 충분히 준비하지 못해 제품 개발에 실패했다. 성능이 너무 떨어졌기에 제품 출시를 포기하고 한 제품을 건너뛰는 초강수를 두었지만 다음 해에 출시한 제품마저 성능이 여러모로 뒤처졌다. 결과는 참혹했고 AMD의 시장 점유율과 주가는 급락하기 시작했다.

AMD의
패착

AMD의 가장 큰 패착은 코어 경쟁을 제대로 준비하지 못한 것이다. 그러나 패착은 이뿐만이 아니었다. 인텔을 추격하며 큰 자신감을 얻은 AMD는 CPU 외에 반도체까지 제품군을 늘리겠다는 전략을 추진한다. 그 결과 인텔을 따라 코어 수가 2개인 CPU를 출시해야 했을 2006년에 AMD는 GPU_{Graphics Processing Unit, 그래픽 처리 장}치 사업을 영위하던 ATI 그래픽스_{ATI Graphics}를 무려 54억 달러를 주고 인수한다. 당시 AMD가 보유한 현금의 2배에 달하는 금액이었기에 막대한 차입까지 끌어왔다. AMD는 듀얼코어라는 새로운 변화에 대응하기 위해 기술 확보에 열을 다해도 부족할 시기에 인수합병에 모든 자원을 쏟은 꼴이 되었다.

반도체 산업에서는 투자 여력이 곧 신제품 성과로 이어진다. 그런데 인수합병 현안에 시달리고 코어 수 증가보다 GPU와의 플랫폼 통합에 더욱 관심을 가지면서 AMD의 CPU 개발 역량이 분산되었다. 만약 AMD가 인수 자금을 쓰지 않았다면 첫해에는 준비가 늦었더라도 그다음 해에 막대한 자금을 이용해 더 나은 제품을 출시했을 것이다. 그러나 AMD는 다음 제품이라도 성공시켜야 했을 시기에 자금이 더욱 부족해지는 상황을 맞이했다.

더욱 흥미로운 점은 AMD가 ATI 그래픽스를 인수해 자금이 바닥난 그해부터 인텔은 틱톡 전략을 선보이며 원가 절감을 확대하기 시작했다는 것이다. 이제는 인텔 제품이 성능도 뛰어난데 더 싼 형국이 되었다. AMD의 점유율은 이후 10년간 하락하며 20% 초반대까지 떨어진 반면, 인텔의 점유율은 80%대를 향하며 다시금 전성시대가 펼쳐지기 시작했다. 이 과정에서 AMD의 주가는 주당 40달러 수준에서 1달러 수준으로 역사적인 폭락을 거듭한다. AMD가 인텔을 능가할 것이라 확언했던 투자자들은 재산을 거의 다 날렸다.

AMD는 불과 1~2년 사이에 제품 개발은 물론이고 제조 공정 확보에도 어려움을 겪으며 2009년에 결국 CPU의 직접 제조를 포기한다. 지금껏 CPU 설계와 제조를 병행했지만 앞으로는 설계 사업에만 집중하기로 결정하며 제조 부문을 분사시킨 것이다. 새롭게 떨어져 나온 이 회사에는 글로벌파운드리GlobalFoundries라는 이름이 붙었고 다른 설계 업체들의 칩을 제조 대행해주는 파운드리foundary 사업만 전문으로 담당하기 시작했다. 글로벌파운드리는 2020년대에 들어 파운드리 세계 시장에서 1위 TSMC, 2위 삼성전자에 이어 3위 파운드리 기업으로 자리 잡았다. 물론 AMD가 가장 중요한 고객사 역할을 해왔다.

인텔 vs. AMD
과연 누가 웃을까?

한편 2010년대 후반에는 인텔이 어려움을 겪기 시작했다. 10nm 공정을 확보하지 못한 탓이다. 이번에는 또다시 AMD가 시장 점유율을 급격히 늘려나갔다. AMD의 시장 점유율이 인텔에 근접하자 투자자 사이에서는 '이제는 AMD의 시대다' '인텔의 시대가 끝났다'는 이야기가 끊이지 않았다. AMD의 시장 점유율이 50%에 육박하던 2021년경에는 유튜브에 AMD 주가가 앞으로 10배 이상 더 오를 것이라는 영상이 도배되듯 올라왔다. AMD 강성 주주가 눈에 띄게 급증했고, AMD 인기몰이에 편승하지 않는 이들은 맹비난에 시달려야 했다.

그런데 정말 그렇게 될까? 결코 알 수 없는 일이다. 매년 신제품이 출시되는 이 시장은 무엇이든 확신할 수 없다. 다만 투자 경력이 긴 투자자라면 '기술이 빠르게 변하는 영역일수록 과잉 확신을 갖고 투자했던 투자자가 더욱 쉽게 망했다'는 사실에 공감할 것이다. 많은 투자자가 주변에서 환호하면 함께 따라 환호한다. 주가가 오르면 그 자체를 긍정적인 신호로 받아들인다. 주가가 상승했으니 좋은 기업이라는 논리다. 특히 시장 점유율이 최고조에 달했을 때 이러한 경향이 극심해진다. 그러나 과거 AMD와 인텔의 역사를 살펴보면 시장 참여자 모두가 확언할 때가 가장 위험했다. 그리고 두 기업은 서로 위기를 주고받으며 그 누구도 영원한 승리를 얻지 못했다.

5년 뒤에 출시될 인텔과 AMD의 CPU 성능을 예측할 수 있는 사람이 있을까? 또 그러한 예측이 가치 있기는 할까? 두 기업이 매년 새로운 기술을 준비하고, 새로운 표준을 만들어내고, 상황에 따라 가격 및 마케팅 정책을 달리 펼치는데 이 모든 여건을 맞추는 것은 그저 찍기에 불과하다. 과거 AMD가 애슬론으로 성공하리란 것도, 인텔이 듀얼코어로 앞서가리란 것도 정확히 예상한 이는 없었다. 주식 투자에는 여러 방법이 있지만 과도한 확신에 기반한 투자법은 위험하다.

인텔과 AMD의 엎치락뒤치락은 앞으로도 반복될 테고 상황이 하루아침에 뒤바뀌지는 않을 것이다. 그러나 위기를 겪는 시기에 기회 요인은 없는지, 호황이 지속될 때 되려 위기 요인은 없는지 관심을 가지는 것이 투자자의 역할이라 생각한다.

AMD 주가 상승의 배경, 칩렛

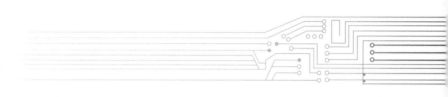

인텔이 듀얼코어 경쟁에서 승기를 잡은 뒤 2010년대 초중반까지 승승장구하자 AMD는 고역 같은 시간을 보냈다. 인텔은 더 이상 AMD를 경쟁사로 생각하지 않았고 스마트폰 시장이 등장하자 스마트폰용 반도체를 만드는 기업들을 경쟁사로 생각했다.

2012년 AMD 부사장으로 영입된 리사 수Lisa Tzwu-Fang Su는 AMD의 처참한 모습을 봐야 했다. CPU 사업과 GPU 사업 모두 크게 밀리고 있었고 경쟁 방안이라곤 자사 제품 가격을 더욱 낮추는 것뿐이었다. 그러나 리사 수는 추후 전 세계 데이터 사용량이 폭발적으로 늘어날 것이고, 이에 고성능 프로세서가 필수적이라 내다봤다. 따라서 회사의 모든 자원을 제품 성능 향상에 집중해야

반도체 투자의 원칙

한다고 신신당부했다. 오직 기술 개발에 집중하는 전략이 시작된 것이다. 다만 당장 회사가 적자까지 곤두박질친 상황이었기에 단기 성과가 필요했다. 리사 수는 먼저 CPU 사업과 GPU 사업이 함께 시너지를 낼 수 있는 분야를 공략했다. 당시 AMD는 CPU와 GPU의 기능을 통합한 APUAccelerated Processing Unit를 출시한 직후였다. IBM에서 근무할 때 게임기용 CPU를 개발한 경험이 있던 리사 수는 게임기용 APU 시장을 먼저 공략했다. 게임기 업체가 원하는 사양대로 맞춤형 APU를 만들어주되 게임기 내부 공간을 절약하고 성능도 극대화하는 방안을 제시했다. 그 덕에 AMD는 안정적인 흑자 구조로 들어서게 된다. 제품 개발에 집중할 수 있는 원동력이 생긴 것이다.

기회를 잡기 위한
AMD의 혁신, 칩렛

2017년, AMD에 드디어 기회가 찾아왔다. 인텔은 10nm 신규 제조 공정을 확보하지 못해 틱톡 전략을 PAO 전략으로 바꾸는 등 시장에 실망을 연이어 안겨주었다. 이 틈을 타 리사 수는 연구 개발에 집중했던 결과물을 처음 공개했다. '라이젠'Ryzen이란 이름의 CPU였다. 여전히 인텔에 비해 제품 성능이 떨어졌고 중간 가격대 CPU를 겨냥했지만 인텔 제품보다 더욱 많은 코어를 탑재하며 코어 마케팅을 병행했다. 같은 해 서버용 CPU인 '에픽'EPYC 제품군도 출시하며 브랜드를 추가로 구축했다. 그러나 시장은 여전히 인텔만 주목했다. 인텔은 연이은 제품 개발 실패에도 불구하고 80%에 육박하는 점유율을 자랑했다. AMD는 인텔을 쫓기 위해 고성능 CPU 시장에 진출해야 했다.

AMD는 성능과 가격 경쟁력이 모두 뛰어난 혁신적인 제품이 필요했다. 또한 라이젠이 그저 인텔을 따라가는 모양새가 되면 안 되기에 이미지도 쇄신해야 했다. 즉 20년 전 애슬론을 출시했을 때와 같이 묵직한 한 방이 필요했다. 그 결과 AMD는 더욱 코어 수에 집중했다. 인텔보다 공격적으로 CPU의 코어 수를 늘리자는 전략을 세웠는데 여기에는 앞으로 데이터 사용량이 늘어나면 코어가 더 많아지는 방향으로 고성능 CPU 시장이 성장하리라는 판단이 깔려 있었다. 이러한 이유로 라이젠과 에픽은 첫 제품부터 추후 코어 수를 쉽게 늘릴 수 있는 구조로 설계되었다.

그런데 문제가 있었다. 코어 전략을 펼치면 앞으로 코어 수는 16개, 32개, 64개와 같이 비약적으로 커질 것이다. 반면 CPU 제조 기술은 날로 어려워지므로 수율이 점점 떨어질 수 있다. 코어가 16개인 CPU를 만든다고 상상해보자. 만약 16개의 코어 중 한 코어 영역에 국소적인 불량이 발생하면 판매가 불가능해지는 것은 물론이고 다른 15개 코어도 영향을 받아 CPU 성능이 전반적으로 떨어진다. 추후 코어 수를 늘릴수록 이러한 불량은 더욱 많아질 것이다. 만약 코어 수가 100개 이상이 되면 온전한 제품을 만드는 것이 거의 불가능해진다.

그래서 AMD는 새로운 방식으로 CPU를 만들기로 결정했다.

바로 칩렛chiplet이다. 예컨대 수백 개의 계란을 옮기는 방법으로 큰 박스에 모두 한 번에 담는 방법과 작은 박스 여러 개에 나누어 담는 방법이 있다고 해보자. 다들 많은 계란을 한 박스에 담으면 위험하다고 인식할 것이다. 계란 하나만 깨져도 다른 계란이 모두 더러워질 수 있어서다. CPU 성능이 높아지고 코어 수가 많아진다는 건 박스에 담을 계란이 늘어나는 것과 같다. 계란이 많아질수록 필히 수율 저하로 이어진다. 계란 1개쯤은 얼마든지 깨질 수 있는데 그로 인해 박스 안에서 손상될 수 있는 계란도 많아질 것이기 때문이다.

칩렛이란
과연 무엇일까?

반도체 칩은 작게 만들수록 수율 확보가 유리하다. 즉 박스 크기를 줄일수록 수율을 더욱 높일 수 있다. 칩렛은 이에 주목한다. 그전까지 CPU는 하나의 커다란 칩으로 만들었다. 반면 칩렛은 칩 하나를 여러 조각으로 쪼개어 따로 만든다. AMD는 이처럼 여러 개의 코어를 한 번에 만들지 않고 여러 조각으로 쪼개어 만들려 했다. 예를 들어 32개의 코어를 한 칩에 한 번에 만들지 않고 작은 칩 조각당 코어를 8개씩 만든 뒤 조각들을 이어 붙여 32코어 칩으로 최종 완성하는 것이다. 이처럼 하나의 고성능 칩을 여러 개로 쪼개어 만드는 기술을 칩렛이라 한다. 칩렛 자체가 'chip'과 'let'의 합성어로 칩 조각이라는 뜻이다(초콜릿을 떠올리면 쉽다). 투자 관점에서 칩렛이라고 하면 칩을 쪼개어 만든 뒤 잘 붙이는 방식까지 포괄적으로 의미한다. 칩 조각들을 레고 블럭처럼 조립해 붙인다 해서 '레고 같은 패키지'Lego-like package라는 별명도 붙었다.

칩렛의 가장 큰 장점은 수율 향상이다. 이는 원가 절감으로 이어진다. 앞서 설명했듯 1개 코어에만 불량이 생겨도 코어 전체를 불량 처리해야 한다. 그러나 4개의 칩렛으로 쪼개어 칩렛당 8코어를 만들면 손실을 줄일 수 있다. 불량이 생긴 칩렛만 불량 처리하므로 오직 8코어만 버려진다. 또 다른 장점은 기능별로 구역을 따로 만들 수 있다는 것이다. CPU 내부에는 코어 외에도 여러 기능을 처리하는 자잘한 구역들이 만들어진다. 그래픽을 전문으로 처리하는 그래픽 영역, 각종 임시 데이터를 저장하는 영역, D램과 같은 다른 반도체 칩과 데이터를 주고받는 컨트롤러 영역 등이다. 칩렛 이전까지는 하나의 칩을 만들 때 이러한 구역까지 한 번에 만들었다. 그러나 칩렛을 이용하면 이들 구역을 따로 만들 수 있다. 그러면 어떤 칩렛을 이번 CPU뿐만 아니라 다른 CPU를 만들 때도 교차로 사용할 수 있다.

칩렛을 활용한 AMD의 전략

2009년에 AMD는 세 번째, 즉 3세대 라이젠 CPU를 출시했다.

해당 세대의 제품군은 칩렛으로 만들어졌다. 대표 제품은 3개 칩렛이 하나의 PCB 기판에 붙어 있다. 동일한 작은 칩렛 2개에는 연산 기능을 하는 코어가 각각 8개씩 들어가 있다. 즉 둘이 합쳐 16코어 CPU가 된다. 나머지 큰 칩렛은 통로 역할을 담당하는 칩렛이다(I/O 또는 Input/Output이라 부른다). 이 칩렛은 CPU가 동작할 때 발생하는 대량 데이터의 입출력을 담당한다. 사람으로 비유하자면 뇌 아래 척수 역할을 수행한다고 보면 된다.

AMD는 칩렛을 내세우며 코어 수를 공격적으로 늘려나간다는

AMD의 3세대 라이젠 CPU 도식화

칩렛을 이용해 제작된 라이젠 3세대 제품 중 최상위 제품은 3개의 작은 칩 조각으로 이루어져 있다.

전략을 세웠다. AMD의 전략은 성공적이었다. 앞서 이야기했듯 2017년에 처음 출시한 라이젠은 시장 점유율 향상에 큰 도움이 되지 못했다. 그러나 2년 뒤에 출시한 3세대 라이젠은 급격한 성능 향상 덕분에 성능 면에서 인텔 제품을 앞서며 자연스레 인텔의 고성능 CPU까지도 경쟁 상대가 되었다.

성능 향상에는 TSMC의 7nm 공정도 기여했지만 코어 수 증가가 더욱 효과가 컸다. 그 덕에 AMD는 코어 수와 성능 모두 인텔을 앞서는 상황이 되었다. 트랜지스터 크기도 더욱 작았다. 칩렛을 도입하니 수율이 높아 가격 경쟁력도 뛰어났으며 여기에 코어 마케팅 효과까지 더해지자 큰 인기를 끌었다. 20년 전 애슬론 열풍이 재현되는 순간이었다. 3세대 라이젠 덕분에 30% 언저리에 머물던 AMD 시장 점유율이 단숨에 40%대 중반까지 올랐다. 경쟁 우위에 오른 AMD는 인텔이 거의 독점해온 서버 시장까지 노리기 시작한다.

AMD가 공격적으로 설계 역량을 키울 수 있었던 또 하나의 배경은 오직 설계 사업만 영위했다는 것이다. AMD는 인텔과의 경쟁에서 패배한 뒤 칩 제조를 모두 외부 기업에 의뢰했다. 그 덕에 인텔처럼 제조 공정 확보에 어려움을 겪을 일이 없어졌다. 인텔은 10nm 공정 진입에 실패했지만 AMD는 새로운 공정을 확보한 기업을 찾아 나서기만 하면 되었다. 과거의 실패가 되려 기회가 된 것이다.

물론 인텔이 늘 불리하기만 한 것은 아니다. 칩 제조를 파운드리 기업에 맡겨야 하는 AMD는 파운드리 기업들에 주문이 몰리는 시기에는 더욱 비싼 값을 주어야 한다. 이는 가격 경쟁력 저하로 이어진다. 어느 한쪽이 반드시 좋다고 보기는 어렵지만 인텔이 신제품과 신공정 개발을 모두 수행하지 못하는 상황에서는 AMD의 장점이 부각될 수밖에 없다.

칩렛으로의 기술 변화, 수혜는 누가 볼까?

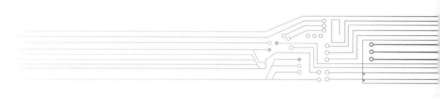

다시 한번 설명하자면 칩렛은 고성능 칩을 쪼갠 뒤 다시 이어 붙이는 개념이다. 칩을 쪼개어 만드는 것은 기존 제조 공정을 그대로 이용하면 되므로 그리 어렵지 않다. 문제는 칩 조각들을 이어 붙이는 공정이다. 칩을 쪼개 만들지 않던 시절에는 조각들을 이어 붙이는 작업이 없었기에 칩렛 시대에 들어서자 반도체 기업들은 작은 칩 조각들을 어떻게 효율적으로 이어 붙일지 고민해야 했다. 그 결과 어드밴스드 패키징advanced packaging이 등장했다. 어드밴스드 패키징은 여러 칩을 잘 이어 붙이는 공법들을 포괄적으로 가리킨다. AMD의 칩렛 기술이 커다란 트렌드로 자리 잡자 TSMC, AMD, 인텔, 삼성전자 등 반도체 선두 기업들은 어드밴스드 패키

　　　　　　　　　　　　　　　　　　　　　　　반도체 투자의 원칙

징 기술 확보에 더욱 열을 올렸다. 자연스레 이에 필요한 소재와 장비의 수요가 늘어났고 일부 기업은 수혜를 입었다.

그런데 어떻게 칩을 기판에 이어 붙일까? 고성능 칩을 기판에 이어 붙이는 일반적인 방법은 범핑bumping 공정이다. 범핑 공정은 칩 하단부에 구슬 모양의 범프bump를 무수히 많이 형성한 다음 범프를 통해 칩을 기판에 직접 부착하는 방법이다. 이후 칩과 기판은 범프를 통해 전기 신호를 주고받는다. 범프는 접착과 통로 역할을 동시에 수행한다. 고성능 칩일수록 칩과 기판 사이에 더욱 많은 신호가 한 번에 오갈 수 있어야 한다. 즉 더욱 많은 범프가 필요하다. 다만 칩 면적이 제한적인 만큼 범프 수를 늘리려면 범프가 더욱 작아져야 한다.

그렇다면 범프는 누가 만들까? 우선 크기가 큰 범프는 외부 업

어드밴스드 패키징 공법 도식화

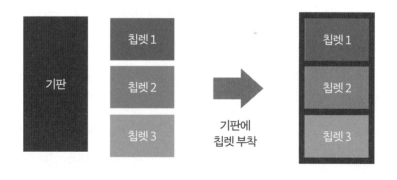

칩렛은 칩을 쪼개어 만드는 개념이지만 투자자 입장에서는 칩을 이어 붙이는 공정이 중요하다. 새로운 수혜가 크기 때문이다.

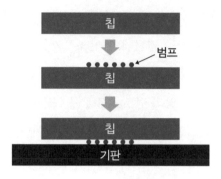

범핑 공정 도식화

칩

범프

칩

칩

기판

범핑 공정에 쓰이는 미세한 범프는 다양한 공정을 통해 제조된다.

체가 범프를 만들어 반도체 기업에 공급할 수 있다. 이후 반도체 기업이 범프를 칩에 일일이 부착한다. 그러나 칩렛에 사용되는 범프는 매우 작다. 따라서 반도체 기업이 어려운 공법을 통해 미세한 범프를 직접 만든다. 이때 포토 공정, 증착 공정, 식각 공정, 리플로우 공정 등을 통해 범프가 완성된다. 이 과정이 매우 어려워서 TSMC, 삼성전자와 같은 소수 반도체 기업만 칩렛용 범프를 만들어왔지만 근래에는 앰코 테크놀로지Amkor Technology 같은 후공정 전문 기업들도 칩렛용 범프를 대신 만들어주는 사업에 도전하고 있다.

칩렛 기술이 확대될수록 범핑 수요는 늘어난다. 따라서 범프 형성 공정에 소재와 장비를 공급하는 기업은 한동안 수혜를 입는다.

칩렛과 범핑에 주목하는
국내 기업들

범프 형성 공정은 서술한 것보다 훨씬 복잡하고 어렵다. 수십 가지 다양한 장비까지 동원되기에 관련 장비를 공급하는 기업은 여기에 열거하기 힘들 만큼 전 세계적으로 수없이 많다. 국내 상장사로 한정해보자면 대표적으로 피에스케이홀딩스가 있다. 피에스케이홀딩스는 범프 제조 공정 중에 포토 공정에 사용되는 디스컴 descum 장비와 리플로우reflow 공정에 사용되는 리플로우 장비를 주로 공급한다. 포토 공정은 빛을 이용해 범프 모양을 미리 잡는 공정이고, 리플로우 공정은 뜨거운 열로 범프 성분을 녹여 범프 모양을 정교하게 빚어내는 공정이다.

디스컴 장비는 포토 공정 중에 발생하는 불순물을 제거하는 용도로 쓰인다. 범프를 만들 때 불순물이 빈번히 생성되는데 불순물로 범프 모양이 왜곡되면 범프 형성 수율이 떨어진다. 칩렛 사양이 높아질수록 범프 크기가 작아지고 수가 많아지므로 수율을 끌어올리려면 디스컴 장비가 더욱 중요해진다. 따라서 디스컴 장비 업체에 수혜가 발생한다. 반면 리플로우 장비는 집필 시점(2024년 초) 기준으로 수혜가 제한적이다. 피에스케이홀딩스의 리플로우 장비는 여러 종류의 리플로우 공법 중에서도 유해 물질(플럭스flux)을 사용하지 않는 특수한 리플로우 공법에 쓰인다. 그런데 이 공법은 칩렛과 같은 고사양 칩 제조에는 거의 쓰이지 못했고 비교적 사양이 낮은 칩의 범핑 공정에 제한적으로 쓰여왔다. 따라서 고성능 칩 전용 장비가 개발되어야 어드밴스드 패키징의 수혜를 입을 수 있는데, 소식이 머지않아 들릴 예정이다. 개발 성공 시 장기적 수혜 가능성이 높으므로, 장비 개발 현황을 주기적으로 알아볼 필요가 있다.

또한 리플로우 장비는 피에스케이홀딩스보다 에스티아이가 주목받기 시작했다. 에스티아이는 본래 장비 사업을 영위하는 기업이 아니었고, 반도체 기업의 공장이 완공된 후에 설치되는 인프라 설비를 주로 공급해왔다. 그런데 인프라 설비 사업은 반도체 기업이 새로운 공장을 지을 때만 매출이 몰린다. 더욱이 기술력을 통한 경쟁보다는 반도체 기업들의 이해관계에 따라 경쟁사와 시장을 사이 좋게 나눠 먹는 구조다. 성장의 한계도 문제로 지적되지만 첨단 사업보다는 건축 사업에 가깝다는 인식이 강해 시장의 관심이 더욱 적다.

에스티아이는 이러한 한계를 극복하고자 2021년에 들어 반도체 장비 사업을 신사업으로 본격 확대했다. 특히 후공정용 장비나 웨이퍼 제조용 장비와 같이 국산화율이 낮은 장비에 주목했으며 이 과정에서 리플로우 장비 사업에 성공적으로 안착했다. 에스티아이는 고성능 메모리 반도체 제조에 필요한 리플로우 장비를 상용화해 2022년부터 SK하이닉스에 공급하기 시작했다. 특히 HBM_{High Bandwidth Memory}이라 부르는 고성능 메모리 반도체를 만들려면 D램 칩들을 수직으로 쌓아야 하는데 여기에도 범프 형성 공정이 필요하다(자세한 내용은 후술하겠다). 에스티아이의 장비는 이 과정에서 필요한 리플로우 장비를 성공적으로 공급하기 시작했다. HBM과 칩렛은 별개의 반도체이므로 에스티아이가 칩렛의 수혜로 엮이는 것은 아니다. 다만 HBM도 칩렛 수준의 고성능 반도체이므로, 추후 리플로우 장비는 칩렛 부문으로 확대될 가능성이 높다.

범핑 관련 기업에 투자하기 전에 알아야 할 포인트

앞으로 칩렛 기술이 더욱 발전하다 보면 더욱 사양 높은 칩을 만들기 위해 칩을 기판에 부착하는 새로운 공법이 꾸준히 나와야만 한다. 또한 고사양 칩일수록 칩과 기판을 이어줄 범프가 더욱 많이 필요하다. 자연스레 범프 크기는 날로 작아질 수밖에 없다.

그런데 기존 범핑 공정으로는 범프를 작게 만들기가 매우 어렵다. 따라서 반도체 기업들은 아예 범프 없이 칩을 바로 기판에 부착하는 하이브리드 본딩hybrid bonding 공법을 개발해왔으며 근래 들어 이 공법을 적용한 칩이 하나둘 늘어가고 있다. 다만 이 공법은 범프 형성 과정이 없으므로 앞서 설명한 피에스케이홀딩스의 장비를 비롯해 범핑 공정용 장비 상당수가 불필요해진다. 그렇다면 이들 기업은 더 이상 수혜를 받지 못할까? 그렇지 않다. 반도체 산업의 특징 중 하나는 지금껏 널리 쓰인 공법이 가장 쉽고 싸다는 것이다. 범핑도 마찬가지다. 하이브리드 본딩은 범프 없이 칩과 기판을 연결할 수 있지만 전공정에서 쓰이는 매우 어려운 기술들을 여럿 거쳐야만 구현이 가능하다. 이러한 공정을 수행할 수 있는 기업은 TSMC, 삼성전자, 인텔과 같은 소수의 주요 반도체 기업뿐이다. 게다가 어려운 공정인 만큼 제조 단가도 매우 비싸다.

따라서 하이브리드 본딩은 범프가 극도로 작아야 하는 최고 사양의 칩에 한해서만 제한적으로 도입되기 시작한다. 이에 반해 칩렛 기술은 아직 시작에 불과하다. 지금은 CPU 등 일부 최고 사양 칩만 칩렛으로 만들지만 향후 칩렛 기술이 보편화될수록 더욱 다양한 종류의 칩들이 칩렛으로 만들어질 예정이다. 그러나 이들 칩은 고성능 칩이기는 해도 CPU처럼 성능이 극도로 높지는 않아서 범프 크기를 반드시 줄일 필요는 없다. 따라서 하이브리드 본딩이 아닌 기존의 값싸고 쉬운 범핑 공정이 여전히 쓰인다. 따라서 범핑 공정의 수요도 날로 늘어날 전망이며 이에 쓰이는 장비와 소재 수요도 장기적으로 늘어난다고 보는 것이 맞겠다.

한편 국내 상장사인 네패스는 후공정을 전문으로 대행해주는 외주 후공정 기업으로, 범핑 공정을 통해 칩을 기판에 붙여주는 사업도 영위해왔다. 그래서 간혹 추후 칩렛의 범핑이 확대되면 네패스도 수혜를 보지 않겠냐고 묻는 사람도 있다. 이에 대한 답은 '나중엔 그럴 수 있겠지만 지금은 아니다'이다. 칩렛은 고사양의 칩을 만들기 위해 도입되었다. 향후 수년간 최고 사양 칩 중심으로 쓰일 예정이며 아직은 적용되는 칩이 제한적이다. 이에 따라 기판에 칩을 붙이는 작업도 가장 어려운 수준으로 이루어진다.

그러나 모든 범핑 공정이 같은 난이도로 진행되지 않는다. 칩 사양이 높을수록 범핑 난이도도 올라간다. 그중에서 범핑 난이도가 매우 높은 칩은 TSMC, 인텔, 삼성전자가 직접 공정을 수행한다. 이에 반해 네패스를 비롯해 외주 후공정 기업들은 비교적 쉬운 범핑 공정을 수행한다. 따라서 칩렛이 최고 사양 칩 중심으로 도입되는 시기에는 이들 후공정 전문 기업에 수혜가 미치지 않는다. 즉 범핑 사업을 영위한다는 이유만으로 칩렛의 수혜를 받지는 못한다.

이야기를 조금 더 덧붙이자면, 먼저 네패스도 칩렛 기술을 확보하며 칩렛 사업으로 진출하기 위해 준비해왔다. 수년 후 칩렛이 점차 보편화되고 적용되는 칩의 종류가 늘어나면 네패스도 어드밴스드 패키징 사업 기회가 올 것이다. 다만 현재까지는 TSMC, 인텔, 삼성전자, AMD 등이 칩렛 공정을 주도하고 있다. 두 번째로 세계적인 후공정 기업인 앰코 테크놀로지 등 선두 기업은 칩렛 사업에 점차 진입하는 추세다. 그럼에도 여전히 많은 후공정 전문 기업은 칩렛 사업 확대에 시간이 필요하다. 따라서 당장의 주가 상승을 기대하기보다는 장기적인 시각에서 수혜 시기를 판단해야 한다.

칩렛과 함께 기판에 주목해야 하는 이유

칩을 기판에 잘 이어 붙이는 과정도 중요하지만, 또 한 가지 중요한 것은 칩을 붙일 기판이다. 기판이 왜 중요할까? 칩렛 이전에는 전기 신호가 칩 내부 여기저기를 자유롭게 오갈 수 있었다. 하지만 칩렛 구조에서는 칩 조각들이 단절되어 있어 신호가 칩렛과 칩렛 사이를 오갈 수 없다. 따라서 칩렛 간에 신호가 오갈 수 있도록 배선 회로를 추가로 만들어주어야 한다. 이러한 배선은 모두 기판에 만들게 된다. 따라서 기판은 단순히 칩렛들을 붙이는 역할 외에도 통로 역할을 함께 수행한다. 문제는 이러한 배선 회로가 아주 많아야 한다는 것이다. 회로가 많을수록 한 번에 많은 신호가 오갈 수 있고 이는 곧 칩의 성능 향상으로 이어진다.

2010년대까지만 해도 칩은 패키지 기판package substrate이라고 부르는 PCB 기판에 붙이는 것이 일반적이었다. 특히 고성능 칩은 고성능 패키지 기판에, 저성능 칩은 저성능 패키지 기판에 붙였다. 그러나 칩렛으로 만든 칩은 칩렛 간에 극도로 많은 신호가 오가야 하다 보니 기존 PCB 기술만으로는 한계가 나타나기 시작했다. PCB 제조 업체들이 기판을 아무리 잘 만들어도 매우 많은 회로를 만들 수 없었던 것이다. 근래 사용되는 최고 성능의 패키지 기판만 해도 내부를 들여다보면 회로가 40층 이상의 다층 구조를 이루며 선폭이 극도로 가늘다. 따라서 고성능 칩렛을 구현하기 위한 새로운 기판이 대두되었다. 그러나 이 기판은 대체로 기존 PCB 업체들이 제조하지 못하며, 그 대신 반도체 기업들이 반도체 공법과 웨이퍼를 이용해 제조한다. 이러한 특수한 기판을 '인터포저'interposer라고 부른다. 그리고 인터포저를 이용해 각종 칩을 붙이는 공법을 아울러 '인터포저 테크놀로지'라고 부른다.

반도체 산업 리포트를 읽다 보면 '2.5D'라는 표현이 자주 보인

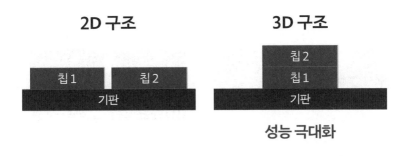

칩을 수직으로 붙인 3D 구조의 기판

2D 구조　　　　　**3D 구조**

칩 1　칩 2

기판

칩 2
칩 1
기판

성능 극대화

하나의 기판 위에 여러 칩을 이어 붙일 때 수직으로 하면 칩의 성능을 더욱 극대화할 수 있다.

다. 고성능 칩을 만들다 보면 하나의 기판 위에 여러 개의 칩을 이어 붙이는 경우가 종종 생긴다(꼭 칩렛뿐만이 아니다). 그런데 칩의 성능을 극대화하려면 기판에 칩들을 수평으로 붙이는 것(2D 구조라 한다)보다 수직으로 쌓아 올리며 붙이는 것(3D 구조라 한다)이 유리하다. 두 칩 사이에 회로를 더욱 많이 만들 수 있기 때문이다. 앞서 말했듯이 회로가 많을수록 한 번에 더욱 많은 신호가 오갈 수있어 속도가 빨라진다.

　그런데 고성능 기판인 인터포저 기판을 이용하면 기판 위에 두칩을 수평으로(2D 구조) 붙여도 두 칩이 수직으로 붙었을 때처럼 고속으로 동작한다. 즉 겉모양은 2D 구조지만 실질적인 성능은 3D 구조에 준한다. 그 외에 몇 가지 이유가 더해져 인터포저 기판에 칩들을 붙인 구조를 2.5D 구조라고 하며 인터포저 기판에 칩을 붙이는 과정을 '2.5D 패키징'이라 일컫는다.

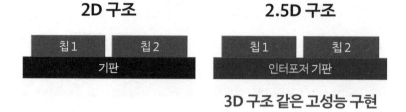

인터포저 기판을 활용한 2.5D 구조

2D 구조	2.5D 구조
칩1 칩2	칩1 칩2
기판	인터포저 기판
	3D 구조 같은 고성능 구현

인터포저를 이용하면 겉보기엔 두 칩이 2D 구조로 붙지만 3D 구조에 준하는 성능을 낸다. 인터포저가 고성능 기판이기 때문이다. 이를 가리켜 2.5D 구조라고 한다.

두 가지만 더 살펴보자. 인터포저는 반도체 기업들이 웨이퍼와 반도체 공법으로 만들기에 매우 비싸다. 인텔은 이를 극복하기 위해 실리콘 브리지silicon bridge 기술을 도입했다. 기존 PCB를 섞어 인터포저를 만드는 방법이다. 즉 기판 일부는 기존 PCB로, 나머지 영역은 인터포저로 구성해 하나의 기판을 완성한다. 기판 내 배선 회로가 가장 많은 일부 공간만 인터포저를 사용하고 나머지는 PCB를 이용하므로 인터포저의 면적을 최소화해 제조 단가를 더욱 줄일 수 있다. 후공정을 공부하다 보면 흔히 나오는 용어이므로 꼭 기억해두자.

한편 PCB 업체 또한 인터포저보다 저렴한 차세대 기판 개발에 열을 올리고 있다. 해당 기판에는 유리와 흡사한 세라믹 소재가 사용되어 글래스 기판glass substrate이라 불린다. 아직은 시제품이 나오는 상황으로 글래스 기판 상용화는 2026~2028년이 예상되지만 인터포저보다 제조가 용이하다는 이유로 많은 PCB 기업과 소재 기업이 이 영역에 도전장을 내밀었다. 국내에서는 SKC의 자회사 앱솔릭스와 삼성전기가 선발대로 도전하고 있으며, 해외 기업으로는 일본의 다이니폰인쇄Dai Nippon Printing와 이비덴Ibiden, 대만의 유니마이크론Unimicron 등이 도전하고 있다. 디스플레이 사업을 영위하던 아이씨디, HB테크놀러지 등의 국내 상장사도 발을 들이고 있다. 수혜 기업은 더욱 늘어날 예정이다.

참고로 칩렛을 만드는 과정에서 인터포저가 반드시 쓰이는 것은 아니다. 극도의 고성능이 필요하지 않다면 기존 PCB 기판을 이용하기도 한다. 이 경우엔 2.5D 패키징이 아닌 2D 패키징에 해당한다. 실제로 AMD가 최초로 내놓은 칩렛 CPU인 라이젠 3세대는 인터포저를 사용하지 않고 기존에 사용되던 패키지 기판을 이용했다. 따라서 2D 패키징이라 불렸다.

애플이 자체 CPU를 개발하면 국내 D램 산업이 위험하다?

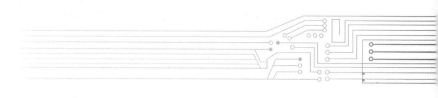

불과 10년 전까지만 해도 CPU 시장은 인텔과 AMD가 양분했고 더 이상의 경쟁사는 없을 것처럼 보였다. 반도체 굴기를 외치는 중국에서조차 CPU 시장 진입에 대한 이야기는 거의 들려오지 않았다. 그러나 2020년 전후로 이러한 전망이 빗나가기 시작한다.

애플은 컴퓨터 사업을 시작한 이래 컴퓨터 시장에 많은 영향력을 행사했으며, 2020년에는 자체 CPU 개발에 성공하며 CPU를 직접 만들겠다고 선언한다. 공개된 칩에는 'M1'이란 이름이 붙었다. 그동안 인텔과 AMD는 고유의 아키텍처를 이용해 CPU를 설계해왔다. x86과 AMD64가 대표적이다. CPU 동작 방식이 정해져 있다는 뜻이다. 그러나 애플은 영국의 설계 전문 업체인 ARM

의 아키텍처를 이용해 CPU를 전혀 다른 방식으로 설계했다. ARM 방식에 따라 CPU를 만든 것이다.

애플은 ARM에서 기초 설계도를 전달받은 후 이를 나름대로 조합하며 더욱 큰 설계도를 만들어나간다. 이 과정에서 애플 고유의 기초 설계도를 또 한 번 완성하는데 애플은 이를 가리켜 애플 실리콘Apple Silicon 아키텍처라 부른다. ARM이 건물을 구성하는 골조를 설계한다면, 애플은 이를 이용해 건물 내부 공간을 고유한 구조로 만들어가고(애플 실리콘 아키텍처) 뒤이어 건물을 완성해 CPU를 출시한다.

애플이 만들어낸
독자적인 CPU, M1

M1이 공개되자 뜬금없이 국내 D램 산업이 망하냐는 질문이 쏟아졌다. 뉴스 기사에서 M1 칩을 'D램 내장형 CPU'로 소개한 탓이다. 기사 내용대로 애플의 M1에는 D램이 내장되었다. 그러나 애플이 삼성전자와 SK하이닉스의 영역까지 침범하는 것은 아니다. 애플이 D램까지 직접 만들진 않았기 때문이다.

M1 칩은 하나의 칩으로 구성된 것 같지만 내부를 자세히 살펴보면 3개의 칩으로 구성되어 있다. 이 중 가장 큰 칩 하나는 애플이 직접 설계한 CPU다. 나머지 작은 2개의 칩은 SK하이닉스가 공급한 D램이다. 하나의 커다란 PCB 기판에 3개의 서로 다른 칩

M1의 내부

애플이 공개한 M1은 겉보기에 1개의 칩이지만 커버를 뜯어보면 3개의 칩으로 이루어져
있다.

출처: 위키피디아

을 부착한 것이다. 그리고 여기에 에폭시 소재를 한 번에 덮어씌
워 하나의 칩으로 완성한다.

　이처럼 하나의 기판에 2개 이상의 칩을 한 번에 올리면 장점이
생긴다. 먼저 칩 간의 거리를 대폭 줄일 수 있다. 칩 사이 거리가
멀어질수록 신호가 오가는 시간이 더 길어지고 한 번에 많은 양의
신호를 주고받기 어려워진다. 고밀도 회로를 길게 만들기 어렵기
때문이다. 또한 M1 기판에는 매우 많은 회로가 새겨져 있어 칩 사

이에 데이터가 오가는 속도가 빠르고 전력 소모도 크게 줄였다.

이러한 장점 덕분에 M1은 기존에 널리 쓰이던 CPU와 비교해 놀라울 정도로 높은 성능을 나타냈다. CPU 사업 경험이 많은 기업이 아님에도 M1의 성능이 우수했다. 그러나 M1도 단점이 없진 않다. 기판에 붙은 칩을 사용자가 자유롭게 교체할 수 없다. 즉 기존 컴퓨터는 사용자가 CPU나 D램만 따로 교체할 수 있지만 M1은 일체형이라서 불가능하다. 따라서 M1은 애플의 폐쇄형 컴퓨터에 적합한 형태다.

여기서 한 가지 주의할 점을 말하자면 하나의 기판에 3개의 칩이 붙어 있는 구조이지만 M1은 칩렛 구조가 아니다. M1은 3개의 칩이 하나의 기판에 붙지 않아도 별개로 동작할 수 있다. 즉 M1은 CPU는 CPU대로, D램은 D램대로 각기 기능을 수행할 수 있다. M1은 사실상 이미 완성된 3개의 칩을 하나의 기판 위에 올려서 일체화한 것이다. 이처럼 이미 완성된 칩들을 단순히 이어 붙인 경우를 MCMMulti Chip Module이라고 한다. 이에 반해 칩렛은 처음부터 하나의 칩을 쪼개어 만드는 개념이다. 따라서 일부 조각이 없다면 완성된 칩으로 작동하지 못한다. 쉽게 말해 M1이 이미 완성된 머리 여러 개를 붙인 개념이라면 칩렛은 머리의 대뇌, 소뇌, 간뇌를 따로 만드는 개념이다. 따라서 칩렛이 MCM보다 더욱 발전된 개념이라 볼 수 있다. 그러나 반도체 산업이 더욱 복잡해짐에 따라 MCM과 칩렛의 경계가 점점 모호해지는 경향도 나타나고 있다.

TSMC의
InFO 기술

애플은 M1을 선보인 지 2년 뒤인 2022년에 M1의 후속 작품으로 'M1 울트라'M1 Ultra를 발표했다. 기존 M1처럼 애플이 직접 설계한 CPU가 중앙에 위치해 있고 주변에 메모리 반도체 기업이 공급한 D램 칩이 8개 붙어 있다.

그런데 애플이 설계한 CPU 칩을 자세히 살펴보면 1개의 칩이

애플의 M1 후속작인 M1 울트라 도식화

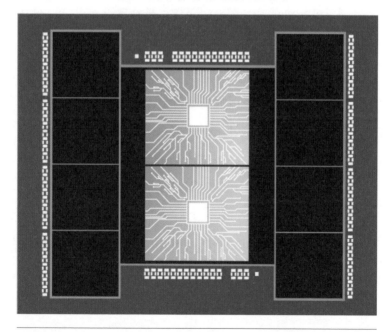

M1 울트라는 MCM과 칩렛이 혼합된 형태로 일부 해외 언론에서는 MCM 구조라고 부르는 반면, 또 일부 언론은 칩렛이라 표현한다.

반도체 투자의 원칙

아닌 두 조각의 칩렛으로 이루어져 있다. 두 칩렛은 고성능 인터포저 기판에 나란히 붙어 있고 인터포저를 이용해 방대한 데이터를 초고속으로 주고받는다.

이러한 M1 울트라의 2.5D 구조는 TSMC가 완성했다. 이 과정에서 TSMC의 첨단 후공정 기술인 InFO Integrated Fan-Out가 쓰였다. InFO는 2개 이상의 칩을 하나의 기판에 올린 뒤 하나의 칩으로 완성하는 기술 중 하나다. InFO의 특징이라면 기판이 다소 특이하다는 것이다. 기판 일부는 PCB 기판으로, 또 나머지는 인터포저로 구성되어 있다. 인텔의 실리콘 브리지와 동일한 구조다. 또한 기판 위에 칩들을 붙이는 과정에서 팬아웃 Fan-out이라는 다소 어려운 기술이 쓰인다(공정 이름에 Fan-Out이 들어가는 이유다). TSMC는 이 특수 기판에 칩들을 이어 붙인 다음 이 기판을 또 한 번 패키지 기판에 이어 붙여 칩을 완성한다. 완성된 칩은 패키지 기판과 특수 기판 위에 칩들이 붙은 3층 구조를 띤다.

이러한 다층 구조에서는 칩과 기판들 사이에 신호가 빠르게 전

TSMC의 InFo 기술을 활용한 3층 구조 기판

TSMC의 InFo 기술은 PCB와 인터포저가 혼합된 특수 기판 위에 2개의 칩을 붙인 다음 이 기판을 패키지 기판 위에 붙여 완성한다.

달되는 것이 가장 중요하다. 그래서 기판 일부에 TSVThrough Silicon Via라는 어려운 기술이 쓰이며 칩과 기판 외부에는 매우 작은 범프를 여럿 형성하는데 매우 어려운 기술에 속한다. 쉽게 말해 M1 울트라는 아주 어려운 후공정 기술을 이용해 제조되었다.

당시 막 상용화하는 단계였던 InFO 기술은 대단히 새로운 기술로 평가받았다. 애플은 TSMC의 첨단 공정을 적극적으로 채용하며 제품 생산 단가를 더욱 낮추어 CPU 경쟁력을 갖출 수 있었다. 이 과정에서 대만의 유니마이크론과 중국의 신싱 일렉트로닉스Xinxing Electronics 등은 고성능 패키지 기판을 공급하며 큰 수혜를 누렸다.

이처럼 여러 개의 칩과 기판을 복합적으로 붙이는 기술은 매우 복잡하며 칩 부착 방법, 사용되는 기판 종류, 칩 부착 모양 등에 따라 다양한 파생 기술이 존재한다. 게다가 새로운 이름의 기술도 지속해 등장한다. 따라서 후공정 기술을 공부하는 게 어렵기만 하다. 그러나 칩들을 기판 위에 잘 이어 붙이는 것, 칩들 간에 방대한 데이터가 초고속으로 오갈 수 있도록 통로를 잘 만들어주는 것이 핵심임을 이해한다면 후공정이 한결 쉽게 느껴질 것이다.

애플이 직접
CPU를 개발한 이유

그런데 아직 의문이 풀리지 않는다. 애플은 왜 직접 CPU를 개발했을까? 인텔이나 AMD의 CPU를 써도 될 텐데 말이다.

애플 제품들은 폐쇄형 제품이 주를 이룬다. 즉 소비자가 컴퓨터 부품을 직접 선택할 수 없으며 오직 애플이 선택한 최적의 부품만 쓸 수 있다. 또한 애플의 컴퓨터는 마이크로소프트의 윈도우가 아닌 애플의 자체 운영체제인 맥MAC을 쓴다. 애플은 이러한 폐쇄형 컴퓨터를 만드는 과정에서 인텔과 AMD의 CPU가 현저히 부족하다는 것을 깨달았다. 인텔과 AMD의 CPU는 범용 제품이다. 즉 어떤 컴퓨터에든 자유롭게 탑재할 수 있으며 각종 컴퓨터에서 다양한 프로그램을 구동할 수 있도록 범용성에 특화되어 있다.

그러나 애플은 자사 컴퓨터에 더욱 특화된 CPU를 원했다. 애플이 최초로 컴퓨터를 개발했을 때는 다양한 기업이 마이크로프로세서를 만들었기 때문에 선택의 폭이 넓었다. 그러나 근래에는 인텔과 AMD가 제공하는 CPU가 대부분이었고 애플은 이것들로 자사 컴퓨터 성능을 100% 끌어올리기 어렵다고 판단했다. 컴퓨터 성능을 끌어올리는 데는 좋은 부품뿐 아니라 부품과 소프트웨어의 조화도 중요하다.

실제로 AMD의 CPU가 탑재된 컴퓨터에선 CPU 성능이 아무리 좋아도 인텔 CPU에 맞추어 만들어진 프로그램에서는 종종 오류가 난다. 마치 자동차 제조 업체가 무조건 성능이 좋은 엔진을 개발하는 것이 아니라 차종 특성에 맞는 엔진을 개발하는 것과 같다. 더욱이 스마트폰 사업을 성공시킨 애플은 자사 스마트폰과 컴퓨터가 함께 연동되는 기능을 확대하고자 했다.

애플은 자체 CPU에 영상 처리에 특화된 기능을 대거 추가했으며 인공지능 기능까지 더욱 특화할 예정이다. 혹자는 인텔이 2010년대 중반에 들어 10nm 공정 개발에 실패했기에 애플이 독자의 길을 걸은 것이라 이야기하기도 한다. 그러나 자체 CPU 개발은 폐쇄형 전자기기가 발달할수록 막을 수 없는 트렌드다. 향후 메타버스와 인공지능 등 새로운 전방 시장이 확대되면 특화된 반도체가 더욱 많이 필요하기에 예견된 수순이기도 했다.

애플이 자체 CPU를 출시하자 일각에서는 삼성전자도 ARM과 협력해 CPU 자체 개발을 본격화해야 한다는 목소리가 늘어났다. 그러나 삼성전자는 컴퓨터와 노트북을 만들어 판매하지만 자세히 보면 외부에서 조달한 부품을 조립해 완성하는 사업에 가깝다. 또한 컴퓨터 운영체제로 마이크로소프트의 윈도우를 사용한다. 윈도우는 인텔과 AMD의 CPU에 최적화되었기에 삼성전자의 컴퓨터 사업은 폐쇄형 컴퓨터를 만드는 애플의 사업과 매우 다르다. 게다가 삼성전자는 고객에게 다양한 사양의 컴퓨터를 판매하는 데 목표를 둔다. 즉 다품종이란 특징이 명확하며 IBM에 뒤이어 개방형 컴퓨터의 장점을 극대화하는 역할을 맡는다.

즉 삼성전자가 맞춤형 CPU를 개발하더라도 인텔과 AMD에 비해 강점을 갖기 어려우며 다양한 컴퓨터에 맞추어 각기 다른 CPU를 개발해야 하는 어려움도 뒤따른다. 따라서 인텔과 AMD의 범용 CPU를 탑재하는 것이 유리하다. 이처럼 애플과 삼성전자가 비슷한 사업을 하는 것 같지만 속내는 전혀 다르다는 것을 이해하자. 다만 앞으로 스마트폰을 이을 폐쇄형 전자기기와 이에 걸맞은 CPU가 더욱 늘어날 것이다. 삼성전자는 이를 위해 ARM와의 협업을 강화하며 컴퓨터용 CPU보다는 폐쇄형 전자기기에 쓰일 칩의 개발을 늘려가고 있다.

또한 애플 CPU는 폐쇄형 CPU이기에 현실적으로 인텔과 AMD의 CPU와 경쟁할 수 없다. 다만 애플이 자체 CPU를 확대하는 과정에서 인텔과 AMD의 CPU 수요가 줄어들 수는 있다. 이는 인텔에 아쉬운 요인이다. 특히 애플은 그전까지 인텔 CPU를 자사 컴퓨터에 탑재해왔는데 이제 인텔 입장에서는 큰 고객을 뺏기는 셈이 된다. 애플 컴퓨터는 컴퓨터 세계 시장에서 7~8%의 점유율을 차지하는 것으로 알려져 있다. 즉 인텔 입장에서는 애플과의 경쟁이 필연적이지는 않지만 어느 정도의 점유율 감소는 감당해야 한다.

PC용 반도체 산업
주요 기업 정리

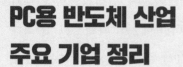

PC 산업은 이미 2000년대에 성장이 끝난 산업으로 평가받는다. 세부적으로 가정, 기업, 학교용 PC로 시장이 나뉘는데, 이들 시장 모두 PC를 충분히 사용하고 있기에 PC 수요가 크게 증가하기 어렵다. 그럼에도 PC 성능은 날로 발전하므로 반도체 칩의 성능도 꾸준히 향상되고 있다. 따라서 산업 성장성보다 기술 변화에 주목하자. 특히 칩렛과 같은 새로운 기술 변화에 대응하는 기업이 수혜를 먼저 가져갈 것이다. 또한 인텔, AMD, TSMC가 어떤 구조의 트랜지스터와 제조 공정을 새로 개발하는지도 주목해야 한다.

아울러 실제로 기업에 투자할 때는 여기에 설명한 내용 말고도 투자 시점의 기업의 영업환경, 밸류에이션, 주가 흐름, 실적 동향 등을 살펴봐야 한다. 매우 빠르게 변화하는 요소인 만큼 필자의 블로그와 텔레그램 채널을 활용해 주기적으로 업데이트하길 바란다.

피에스케이홀딩스

피에스케이홀딩스는 매출 대부분이 디스컴 장비와 리플로우 장비에서 나온다. 특히 디스텀 장비는 칩이 복잡화·고사양화될수록 활용도가 늘어난다. 미세한 범프를 만드는 과정에서 불순물이 필연적으로 발생하는데 범프 크기가 작아질수록 소량의 불순물로도 범프 성능에 큰 영향을 미치기 때문이다.

이에 따라 고성능 칩일수록 발생하는 불순물을 최소화해 줄 디스컴 장비가 더욱 중요하다. 실제로 디스컴 장비는 뒤에서 소개할 TSV 공정이나 HBM 같은 고성능 반도체에도 꾸준히 도입되고 있다. 이외에도 후공정뿐만 아니라 전공정에서도 장비 수요가 지속해 늘고 있다.

이에 반해 피에스케이홀딩스의 또 다른 주력 장비인 리플로우 장비는 '플럭스리스'fluxless라고 부르는 특수한 리플로우 공법용 장비다. 이 장비는 범프를 형성하는 과정에서 유해물질이 적게 발생하지만 기술적 한계로 2024년 초 기준으로는 성능이 가장 높은 칩을 만드는 과정에 적용되지 못했다. 반도체 기업이 고성능 칩에도 플럭스리스 리플로우 공법을 도입하고자 준비하고 있으나 추가적인 장비 기술 발전이 필요한 상황이다. 다만 다양한 영역에서

본 장비 수요가 꾸준히 증가하고 있고, 추후 고성능 장비 개발까지 완료되면 관련 수혜를 얻을 수 있다.

에스티아이

에스티아이는 반도체 공장의 인프라 설비 사업에 주력하다 최근에 반도체 장비 사업도 확대하고 있다. 반도체 공장에는 여러 종류의 고순도 화학 소재들이 각종 장비로 정밀하게 공급되어야 하는데, 이처럼 소재를 정밀하게 원격 공급하는 장비를 CCSSCentral Chemical Supply System라 한다. 에스티아이에서 발생하는 매출의 약 80~90%는 CCSS에서 발생하며 나머지는 주로 디스플레이 제조 장비에서 발생한다.

최근에는 HBM용 리플로우 장비를 확대하고 있는데 전체 매출액에서 차지하는 비중은 여전히 낮으나 수익성이 가장 높아 영업이익에 유의미한 영향을 미칠 것으로 기대되고 있다. 또한 에스티아이는 리플로우 장비를 통해 성장성을 갖추고 있는데 추후 HBM 외 다른 종류의 칩으로, 특히 칩렛 영역으로 확대 도입될 가능성이 높다. 또한 에스티아이는 여러 후공정 장비를 추가로 개발하고 있다. 그러나 아직은 CCSS의 비중이 절대적으로 높으므로 반도체 공장 증설이 축소되기 시작하는 시점에는 매출 감소에 유의해야 한다.

덕산하이메탈

덕산하이메탈은 칩이 설치될 패키지 기판과 외부의 메인보드 기판을 이어 붙이는 솔더볼solder ball을 제조한다. 칩의 성능이 높아질수록 패키지 기판의 성능과 패키지 기판 하단에 붙는 솔더볼도 더욱 발전한다. 기술 발전에 따라 솔더볼의 크기가 작아지고 사양이 높아지며 필요한 개수도 늘어나는 것이다.

칩마다 솔더볼이 몇 개 쓰이는지 정확하게 파악할 필요는 없다. 또한 실적을 정확히 추정하기도 어렵다. 다만 반도체 산업의 트렌드가 솔더볼이 꾸준히 증가하는 방향으로 간다는 점은 명확하다. 과점이 형성되어 있는 솔더볼 세계 시장에서 덕산하이메탈은 점유율 2위를 유지하고 있다.

이오테크닉스

완성된 반도체 칩 표면에는 고유의 시리얼 번호를 새겨 넣어야 한다. 이오테크닉스는 이때 사용되는 레이저 장비인 레이저 마커laser marker를 공급한다. 칩렛 시대에는 칩을 쪼개어 만드는 만큼 레이저 마커 수요도 늘어난다. 따라서 레이저 마커 제조 기업은 칩렛 수혜 기업으로 분류된다. 이오테크닉스는 세계 1위의 레이저 마커 기업이다. 그 외에 더욱 다양한 후공정 장비를 개발하고 있다. 고성능 D램을 만들 때 사용되는 레이저 어닐링laser annealing 장비가 대표적이다. 2020년대에 들어 이오테크닉스는 D램에 레이저 어닐링 기술이 새로 도입되자 실적이 크게 올랐다. 이 외에 칩렛 기술이 발달할수록 칩렛 크기가 더욱 작아지고 정교한 제조가 중요해진다는 점을 공략해 이오테크닉스는 여러 개의 칩을 정교하게 절단해주는 웨이퍼로 된 레이저 커팅 장비도 개발하며 준비해왔다. 반도체 기업이 설비 투자를 늘릴 때 레이저 마커의 매출도 늘어나지만 기술이 빠르게 변하는 과정에서 신제품을 통한 수혜도 자주 나타난다. 이오테크닉스는 신제품을 공격적으로 늘려 외형을 확대하는 기업이므로 신제품이 어디까지 쓰일지 주목하며 분석해야 한다. 그러나 기술을 이해하기 어렵다면 투자가 쉽지 않은 기업에 속하므로 투자에 있어 주의가 필요하다.

인텍플러스

인텍플러스는 검사 장비를 전문으로 제조하며, 반도체 칩이나 소형 부품의 외관이 정상적으로 만들어졌는지 검사하는 장비에 특화되어 있다. 특히 반도체 칩을 범핑 공정으로 기판에 붙일 때 범프들이 올바른 모양으로 만들어졌는지 검사하는 장비가 주력 제품이다. 이외에도 각종 PCB 기판에 반도체 칩이 잘 부착되었는지를 종합적으로 검사하는 장비도 주력 제품으로 공급한다. 앞서 설명한 대로 반도체 산업이 칩렛과 같은 복잡한 기술을 확대할수록 제조에 어려움이 따르며 검사 공정이 더욱 중요해진다. 따라서 인텍플러스는 자연스럽게 수혜를 입는 기업 중 하나다. 세계적인 PCB 기업뿐 아니라 인텔에 장비를 공급하며 기술력을 인정받았으며 삼성전자가 2.5D 패키징 공법을 확대하면서 인텍플러스의 장비를 추가 도입한 바 있다.

인텍플러스는 추후 웨이퍼 레벨 범핑wafer-level bumping 공정에 사용되는 검사 장비까지 사업을 확대할 예정이다. 그리고 이는 시장 규모가 매우 커서 기대감이 높다. 이처럼 검사가 더욱 까다로운 범프를 정밀하게 검사하는 장비를 통해 장기적인 성장 동력을 갖출 예정이다.

삼성전기

삼성전기는 패키지솔루션 사업 부문을 통해 반도체 칩 실장용 PCB 기판을 제조한다. 특히 국내에서 가장 최고 사양의 PCB를 만들어낸다. 2023년부터는 서버용 칩에도 패키지 기판을 공급하기 시작했다. 경쟁사인 대덕전자와 LG이노텍도 PCB를 잘 만들지만 삼성전기의 PCB가 고사양 반도체에 쓰이는 비중이 절대적으로 높다. 특히 PC용 및 차량용 고사양 PCB의 매출 비중이 높다.

다만 주의하자. PCB 산업 또한 공급이 빠르게 늘었다 줄어들기를 반복하며 사이클을 띤다. 게다가 반도체가 잘 팔리는 시기에 수요가 집중적으로 증가한다. 더욱이 삼성전기는 MLCCMulti Layer Ceramic Capacitors와 같은 수동소자 사업과 스마트폰 등 전자기기용 모듈 사업을 병행하고 있다. 따라서 1등 기업이라는 점에만 주목하며 무조건 주식을 사 두지 말고 사이클을 이해하는 투자가 필요하다.

디스플레이 산업은 한때 우리나라 경제 성장의 상징과도 같았지만 이제는 중국과 치열한 경쟁을 펼치고 있고 간혹 사양 산업이 아니냐는 오해도 받는다. 그럼에도 많은 국내 반도체 기업은 여전히 디스플레이 산업을 중요시한다. 어떤 이유가 있는지 알아보도록 하자.

PART 3

디스플레이 산업과 반도체

디스플레이 산업이 앞서 나가면 반도체 기업도 활짝 웃는다

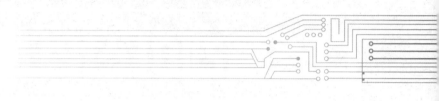

삼성디스플레이와 LG디스플레이는 현재 디스플레이 세계 시장에서 상위권을 차지하고 있다. 그러나 1980년대까지만 해도 디스플레이 산업은 일본의 세이코 엡손Seiko-Epson, 샤프, 히타치, 도시바와 같은 업체들이 주도했다. 차세대 디스플레이 또한 일본 업체들이 주도적으로 개발했다. 1983년에 세이코 엡손이 전자계산기 등에 제한적으로 쓰이던 LCDLiquid Crystal Display 기술을 발전시켜 TV용 컬러 LCD 패널을 개발했다. 이에 따라 두께가 얇은 LCD TV가 본격적으로 쏟아져 나오기 시작했다. 그러나 LCD는 모니터 수준의 패널을 만들기는 수월했지만 더욱 크게 제조하기엔 어려웠다. 그러다 1991년 일본 후지쯔가 TV용 PDPPlasma Display Panel 패널

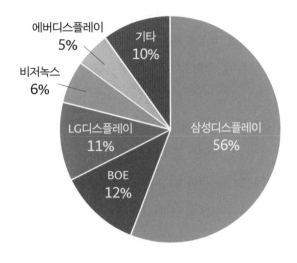

2022년 출하량 기준 중소형 OLED 세계 시장 점유율

- 에버디스플레이 5%
- 비저녹스 6%
- LG디스플레이 11%
- BOE 12%
- 삼성디스플레이 56%
- 기타 10%

과거와 달리 삼성디스플레이와 LG디스플레이가 현재 디스플레이 세계 시장을 주도하고 있다.

출처: 옴디아

을 공개했다. PDP는 LCD와 비슷하게 생겼지만 작동 방식은 다소 다르다. 이처럼 새로운 디스플레이가 등장하자 디스플레이 산업은 LCD와 PDP를 중심으로 재편되기 시작했다.

디스플레이 산업의 역사

1990년대 초만 해도 국내 업체들은 일본 업체들을 따라가기 바빴다. 삼성전자는 1991년에야 뒤늦게 LCD 사업에 뛰어들었고 LG 전자는 더욱 늦은 1999년에야 필립스와의 합작회사를 통해 LCD 사업을 시작했다. 또한 삼성그룹은 삼성SDI를 통해 PDP 사업을, LG그룹은 LG전자를 통해 PDP 사업을 병행했다.

두 기업은 LCD 사업 진입에 늦었던 관계로 일본 업체들보다 더욱 공격적인 목표를 세워 격차를 좁히고자 했다. 특히 패널 면적을 공격적으로 늘리고 PDP보다 LCD에 역량을 집중했다. 일본 업체들이 11.3인치 LCD 생산에 집중할 때 삼성전자는 이보다 소폭 큰 12.1인치 제품을 주력 패널로 채택하는 강수를 두었다. 수요처를 확보하지 못하면 위험한 결과로 이어질 수 있었으나 수요 기업들을 적극 설득한 끝에 패널 공급에 성공하며 새로운 LCD 표준을 주도하기 시작했다. 그러다 1990년대 중반에 들어 전 세계적으로 경기가 어려워지자 LCD 산업도 수요가 줄어 위기를 겪게 되었다. 더욱 치열해진 경쟁에도 불구하고 국내 업체들은 되려 증설로 대응했다. LCD 산업은 사이클 산업이기에 다시금 호황이 올 수밖에 없다고 판단한 것이다.

이에 반해 국내 업체들을 쫓아내기 위해 저가 공세를 펼치던 일본은 증설에 소극적이었다. 1990년대 말에 세계 디스플레이 업계는 언제 불황이 왔었냐는 듯 호황 기조로 돌아섰고 국내 업체들의 증설 효과가 본격적으로 나타났다. 1998년에 삼성전자는 드디어 세계 1위 LCD 업체로 발돋움했다. 삼성전자의 LCD 사업은 이후 사업 분할을 거쳐 현재의 삼성디스플레이가 담당하게 되었다.

2000년대에 들어서도 패권 경쟁은 지속되었다. 삼성전자가

LCD에서 점차 우위를 점하자 일본 업체들은 PDP 사업에 더욱 집중했다. LCD는 대형화가 어렵다는 판단에 따른 것이다. 대부분의 일본 업체가 PDP 대형화에 집중하는 가운데 샤프 외 몇몇 기업만 LCD 기술을 앞세웠다. PDP는 대형화가 쉬워 LCD 대비 크기 경쟁에서 꾸준히 앞섰다. 그러나 어느덧 삼성전자가 40인치대 LCD를 출시하며 LCD 기술의 한계를 점차 극복했으며, 이를 시작으로 LCD 패널도 공격적으로 크기가 커지기 시작했다. 2003년에는 50인치대 LCD가, 2004년에는 60인치대 LCD가 등장했다. 이후 2005년에는 80인치대 LCD가 등장하더니 급기야 2006년에는 100인치대 LCD가 차례로 등장했다. LCD 대형화를 이끈 기업은 삼성전자, LG필립스, 그리고 샤프였다. 이처럼 LCD가 커지자 PDP는 점차 설 자리를 잃기 시작했다.

PDP의 강점은 수월한 패널 대형화와 뛰어난 화질이었다. 그런데 LCD의 화질도 발전을 거듭한 끝에 PDP와 격차가 점차 줄어들었다. PDP는 2000년대 중반까지도 LCD와의 격차를 더욱 벌리기 위해 150인치대까지 크기를 늘려나갔지만 너무 커진 나머지 시장에서 수요를 찾지 못했다. 이에 반해 LCD는 기술이 거듭 발전될수록 더 높은 해상도를 수월하게 구현해냈다. LCD는 SD Standard Definition 해상도를 거쳐 HD High-Definition, FHD Full High-Definition, 4K로 발전해갔지만 PDP는 HD 해상도조차 구현하기 버거웠다. 그 결과 2000년대 후반에 LCD 진영은 승기를 완전히 잡기 시작했다. PDP에 집중하던 일본 패널 업체들은 몰락의 길을 걷기 시작했고 디스플레이 산업은 삼성과 LG가 주도하는 가운데 샤프가 따라가는 구도로 바뀌었다.

OLED 시장의
성장

삼성과 LG는 이에 만족하지 않았다. 중국 업체들도 같은 방법으로 따라올 것이기 때문이었다. 이에 따라 삼성과 LG는 새로운 디스플레이에 주목하기 시작했다. 이미 2000년대 초반부터 일본 업체들이 상용화를 시도하던 OLEDOrganic Light-Emitting Diode였다. 그러나 OLED는 대면적의 패널을 만들기 쉽지 않았다. 그래서 삼성은 핸드폰에 사용되는 디스플레이에 우선 OLED를 도입했다.

이러한 전략은 삼성전자의 갤럭시S가 성공하며 제대로 맞아떨어졌다. 삼성전자가 애플에 이어 세계 2위의 스마트폰 업체가 되자 삼성디스플레이도 세계 1위의 OLED 패널 업체로 자리 잡았다. 이와 달리 LG디스플레이는 핸드폰용 OLED 사업 진입에 실패했다. LG전자가 스마트폰 사업에서 실패하며 공급처를 찾지 못했기 때문이다. 게다가 주요 고객사 중 하나인 애플은 OLED가 아닌 LCD를 선호했다. OLED로 나아갈 이유가 사라진 LG디스플레이는 이후 TV용 OLED에 주목했다. 그러나 TV는 면적이 매우 넓어 OLED 기술을 적용하기 힘들었다. 그래서 LG디스플레이는 전략을 수정해 기존 LCD 기술과 OLED 기술을 융합해 대형화를 이룬다. LCD 기술이 혼합된 만큼 '진짜 OLED'라고 보기엔 한계가 있으나 마케팅으로 이를 상당 부분 극복했다.

LG디스플레이는 이러한 자사의 기술을 가리켜 W-OLED_{White} _{OLED}라 부른다. W-OLED는 LCD에서 사용되던 컬러필터 기술을 그대로 채용하므로 TV에서 나타나는 수많은 색상은 사실 OLED의 색상이라 보기 어렵다. 그럼에도 기존 LCD는 불가능했던 뛰어난 명암비로 어두운 영상을 재생하기에는 탁월하다. 결국 LG디스플레이는 TV용 OLED 패널 시장을 주도하기 시작했다.

이후 LCD만 쓰던 애플이 입장을 바꿔 자사 스마트폰에 OLED 패널을 도입하겠다고 발표한다. LG디스플레이는 뒤늦게 스마트폰용 OLED 사업에 사활을 걸기 시작했다. 한편 삼성디스플레이는 추후 OLED TV 시장이 확대되리라 판단하고 2019년부터 TV용 OLED 패널 사업을 확대했다. 삼성과 LG 모두 서로의 영역으로 확장한 것이다. 그렇다면 반도체는 디스플레이 산업과 어떤 연관이 있을까?

디스플레이 기술 변화는
곧 투자 기회가 된다

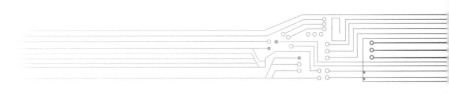

아무리 뛰어난 패널 업체도 결코 혼자서 완벽한 디스플레이를 완성할 수 없다. 디스플레이는 반도체와 함께 작동하기 때문이다. 반도체 칩의 성능이 우수해야 패널의 완성도가 높아진다. 근래에는 디스플레이의 몰입감을 더욱 높이기 위해 패널에 고사양 반도체를 탑재하는 편이다. 따라서 패널 업체들은 반도체 기업의 손을 더욱 빌릴 수밖에 없다. LCD가 꾸준히 화질을 개선해 PDP를 따라잡을 수 있었던 배경에도 반도체 칩이 숨어 있다. 우리가 눈으로 보는 디스플레이는 계속 깜빡이며 새로운 화면을 만들어낸다. 화면을 구성하는 수많은 픽셀이 어떻게 켰다 꺼지는지에 따라 체감할 수 있는 화질이 크게 달라진다.

디스플레이와 반도체의
상관관계

모든 디스플레이는 다음 그림과 같이 수많은 픽셀로 구성되며, 빨강R, 초록G, 파랑B 세 가지 색상이 세트를 이루며 수만 가지 색상을 만들어낸다. 패널에 다양한 색상을 구현하려면 빨강, 초록, 파랑의 영역에 전기 신호를 정밀하게 가해서 색상 강도를 미세하게 제어해야 한다.

이때 전기 신호를 정밀하게 전달해주는 역할을 반도체 칩이 담당한다. DDIDisplay Driver IC라 불리는 칩이 그 주인공이다. 디스플레

수많은 픽셀로 이루어진 디스플레이의 본래 모습

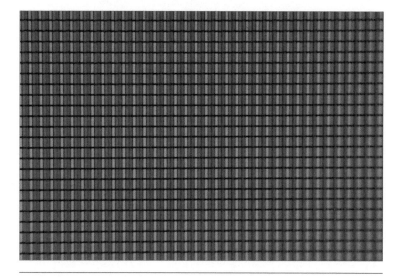

디스플레이를 가까이서 들여다보면 빨강, 초록, 파랑이 한 세트가 되어 하나의 픽셀을 구성한다. 세 가지 색을 섞어 수만 가지 색을 제대로 구현하려면 정밀한 제어가 필요하다.

이는 방송국이나 컴퓨터, 스마트폰 등이 만들어낸 전기 신호를 화면으로 출력한다. 이들 신호는 '00010100110111'처럼 오직 0과 1이라는 숫자로 존재한다. 이를 디지털 신호라 한다. 그러나 디스플레이는 이러한 디지털 신호로 작동할 수 없다. 픽셀 내 빨강, 초록, 파랑의 강도를 정밀하게 제어하려면 0과 1이 아닌 100, 50, 30, 20, 10과 같은 여러 숫자가 입력되어야 하기 때문이다. 즉 디지털 신호가 아닌 아날로그 신호를 통해 작동한다. 이때 DDI는 디지털 신호를 아날로그 신호로 변환해주는 역할을 담당한다.

과거의 DDI는 이처럼 디지털 신호를 아날로그 신호로 변환하는 변환하는 역할만 담당했지만 디스플레이 기술이 더욱 발전하자 역할이 점점 늘어났다. DDI에 기능을 추가해 패널 화질을 개선할 방법이 여럿 등장했기 때문이다. 가령 DDI가 디지털 신호를 더욱 정밀하게 쪼개어 아날로그 신호로 변환하면 색상을 더욱 정밀하게 구현할 수 있어 화질이 좋아진다. 또는 DDI가 신호를 전달하는 방식을 더욱 고도화해 화질을 개선할 수도 있다. 중요한 점은 DDI가 영상을 더욱 깔끔하게 나타내는 역할까지 수행하게 되었다는 것이다. 과거에는 신호를 전달하는 신호등에 불과했으나 이제는 도시 전체의 신호 체계를 관장하는 수준으로 역할이 막중해졌다. 이에 따라 DDI 설계 또한 매우 복잡해졌다. DDI 개발 업체들은 패널 업체들의 요구에 맞춰 칩을 개발하고 고유의 동작 알고리즘을 개발해 노하우를 쌓는 것이 중요한 경쟁력이 되었다.

DDI 사업에 뛰어든
반도체 기업들

삼성 그룹은 디스플레이 사업을 확대하며 DDI 사업도 확대했다. 삼성전자의 반도체 사업은 크게 메모리 반도체 사업과 비메모리 반도체 사업으로 나뉜다. 그리고 비메모리 반도체 사업은 또다시 새로운 칩을 개발하는 설계 사업(시스템LSI)과 다른 기업이 설계를 마친 칩을 대신 제조해주는 제조 대행(파운드리) 사업으로 나뉜다. 이 중 비메모리 설계 사업을 담당하는 시스템LSI 사업부에서 DDI 개발을 주도해왔다. 시스템LSI 사업부는 다양한 종류의 칩을 개발하며, 핵심 제품 중 하나인 DDI의 비중이 가장 높다.

그 결과 삼성전자는 2002년 DDI 세계 시장에서 점유율 1위로 올라선 데 이어 2022년까지 1위를 유지했다. 2020년대에 이르기까지 스마트폰용 DDI 세계 시장 점유율을 50% 이상(스마트폰 외

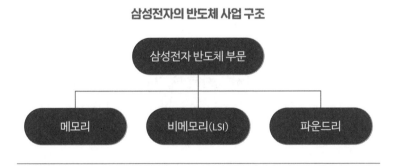

삼성전자의 반도체 사업 구조

삼성전자의 반도체 사업은 메모리와 비메모리로 나뉘며, 비메모리는 또다시 설계와 제조로 나뉜다. DDI는 비메모리 설계 사업의 핵심 제품이다.

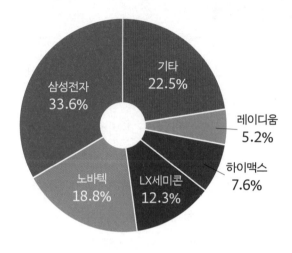

전 세계 DDI 시장 점유율(2022년 4분기 기준)

- 기타 22.5%
- 삼성전자 33.6%
- 레이디움 5.2%
- 하이맥스 7.6%
- LX세미콘 12.3%
- 노바텍 18.8%

삼성전자는 2002년 전 세계 DDI 시장 점유율 1위로 올라선 데 이어 2022년까지 1위를 유지했다.

출처: 옴디아

용도 포함 시 30% 내외) 끌어올리며 DDI 시장의 절대적인 강자로 올라섰다. 이와 달리 LG그룹은 반도체 사업에 손을 뗀 관계로 DDI 사업을 외부 기업에 의존해야 했다. 그 결과 LX세미콘이 DDI 개발을 집중적으로 담당해왔다(다음 목차에서 상세히 살펴보겠다).

이외에 SK하이닉스에서 분사된 매그나칩도 DDI 사업을 주력으로 영위해왔으며 회사 규모가 커지자 2023년에 DDI 사업을 별도로 떼어내기로 했다. 코스닥 상장사인 아나패스도 근래 수년간 중국 업체들을 대상으로 DDI 사업을 확장했다. 이들 기업의 DDI 사업은 우리나라가 디스플레이 강국으로 올라선 덕에 성과를 낼

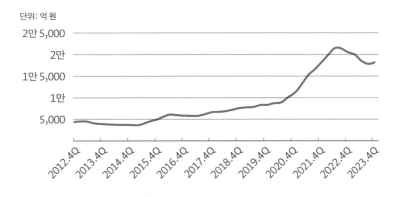

LX세미콘의 매출액 추이

단위: 억 원

2만 5,000
2만
1만 5,000
1만
5,000

2012.4Q 2013.4Q 2014.4Q 2015.4Q 2016.4Q 2017.4Q 2018.4Q 2019.4Q 2020.4Q 2021.4Q 2022.4Q 2023.4Q

LX세미콘은 국내 DDI 시장의 성장에 따라 매출액이 장기간 우상향을 그리며 성장해왔다.

출처: 업계 자료 정리

수 있었다. 참고로 해외 기업 중에도 DDI 사업을 꾸준히 확장해 온 기업들이 있다. 대만의 노바텍과 레이디움이 대표적이다. 대만의 디스플레이 산업 장려 정책에 따라 자국의 안정적인 수요를 바탕으로 성장할 수 있었다.

이들 기업은 DDI가 주력 제품이다. 따라서 디스플레이 업종의 영업환경이 실적에 큰 영향을 미친다. 한편 DB하이텍은 DDI 설계 기업이 설계도를 전달하면 칩을 대신 제조하는 기업이다. 즉 제조 대행 사업(파운드리)을 영위하며, 여러 반도체 기업의 반도체 칩을 고루 제조하는데 그중에서 DDI의 비중이 높다. 특히 중국에서도 DDI를 설계하는 기업이 많아지면서 칩 제조 수요가 늘어났고 DB하이텍이 제조 대행 업체로 늘 우선 언급된다.

특히 중국 기업들은 아직 DDI 기술력이 상대적으로 낮기에 주로 중저가 스마트폰에 들어가는 저사양 DDI에 집중한다. 중저가 시장을 표적으로 하는 DDI는 당연히 성능보다 가격 경쟁력이 중요하다. 따라서 비싼 값을 지불하고 삼성전자나 TSMC에 제조를 의뢰하기가 현실적으로 어렵다. 따라서 오랜 DDI 제조 경험을 가진 DB하이텍이 뛰어난 대안이 된다. 반면 삼성전자의 파운드리 사업부는 고사양부터 중저가 사양까지 다양한 DDI를 제조하며 특히 자사의 시스템LSI 사업부가 개발한 DDI를 모두 책임지고 제조한다. 이를 통해 그룹 내에서 DDI 사업의 수직계열화를 완성할 수 있었다.

국내 DDI 기업은 국내 디스플레이 산업이 성장하는 과정에서 함께 성장 곡선을 그려왔다. 앞서 말했듯이 국내 디스플레이 산업의 성장이 없었다면 이들 기업의 경쟁력은 현재 수준에 미치지 못했을 것이다. DDI는 디스플레이 업체와 손잡고 디스플레이 맞춤형 칩을 빠르게 개발하는 것이 중요하다. 따라서 디스플레이 업체와 가까이 위치할수록 개발하기에 용이하다. 게다가 각국에서 디스플레이 산업을 첨단 산업으로 보호하는 만큼 DDI도 국가 지원을 바탕으로 개발되는 경우가 많다.

따라서 디스플레이 산업을 주도하는 국가는 DDI 기술도 주도할 가능성이 매우 높지만 디스플레이 산업의 패권을 뺏기면 DDI 패권도 뺏길 가능성이 농후하다. DDI는 디스플레이에 한정되어 사용되는 특수성을 띤다. 즉 DDI 개발 기업의 장기 성과는 디스플레이 산업 흐름에 의존할 수밖에 없다. 디스플레이 패권을 무시하고 DDI 기업에 무작정 투자할 수 없는 노릇이다.

이외에도 DDI는 디스플레이의 기술 변화에 민감하다. OLED 시대에 들어 DDI 사양이 더욱 높아진 것이 그 예다. OLED 패널과 함께 쓰이는 DDI는 기존 LCD용 DDI에 비해 설계하기가 월등히 어렵다. OLED 패널의 구조가 훨씬 복잡하기 때문이다.

OLED 시대에 들어도 그동안 패널 업체들과 DDI를 함께 개발해온 기업이 뛰어난 DDI를 개발하기에 유리하다. 즉 중국 반도체 기업이 아무리 OLED용 DDI 개발에 많은 비용을 투자해도 중국 패널 업체들이 OLED 패널을 만들지 않는다면 승부를 보기 어렵다. OLED용 DDI는 칩 자체가 고사양이므로 단가 또한 더욱 높다. 그 덕에 국내 DDI 기업들은 OLED용 DDI를 공급하며 또 한 번 성장 곡선을 그렸다. 종합적으로 DDI 시장은 국내 디스플레이 산업 성장과 디스플레이 기술 변화에 밀접한 관련이 있다. DDI 기업에 투자할 때는 개별 기업의 기술력이 아닌 이러한 흐름에 유의해야 한다.

LX세미콘의 투자 포인트는 무엇일까?

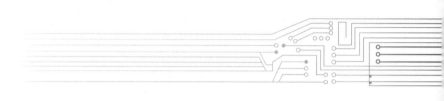

다양한 반도체 기업 중에 칩을 직접 제조하지 않고 설계만 담당하는 기업을 '팹리스'fabless라고 한다. 매출 규모나 시가총액으로나 국내에서 가장 앞서는 팹리스 기업은 LX세미콘이다. LX세미콘은 규모가 큰 만큼 많은 투자자가 팹리스 기업에 투자하려 할 때 가장 먼저 고려하는 기업이다. 주식시장에 팹리스 테마가 뜨면 LX세미콘이 가장 먼저 주목받기도 한다.

투자자가 필자에게 LX세미콘을 물을 때는 질문 요지가 대체로 한결같다. LX세미콘 주식을 매수했는데 기술력이 얼마나 좋은지, 국내 팹리스 기업 1위를 유지할 수 있을지, 중국 기업에 밀리지 않을지 등 기업의 경쟁력과 주가 전망을 연관시키는 것이다. 이러

반도체 투자의 원칙

한 질문은 대부분 반도체 산업에 대한 이해가 다소 낮은 투자자가 2~3년 이내 단기적인 주가 상승을 기대하며 던질 때가 많다. 물론 투자 과정에서 꼭 필요한 내용이기는 하지만 중요한 것은 따로 있다. 여기서는 LX세미콘뿐 아니라 세계 팹리스 기업에 투자할 때 무엇에 가장 주목해야 할지 LX세미콘 사례에 비추어 살펴보도록 하자.

주목해야 할 팹리스 기업, LX세미콘

LX세미콘은 반도체 칩 설계를 목적으로 1999년에 설립되었다. 당시 사명은 실리콘웍스였는데 실리콘을 이용해 많은 칩을 만들어보자는 취지가 담겼다. 실리콘웍스는 설립 당시부터 디스플레이에 사용될 반도체를 개발하는 데 집중했다. 그럴 만도 한 것이 설립 멤버는 LG반도체 출신 인력들이었고 LG와 함께 시너지를 낼 수 있는 사업 아이템을 집중적으로 고민했던 것이다. LX세미콘은 2002년에 LCD 패널의 성능을 더욱 끌어올릴 수 있는 제품(멀티채널 드라이버라고 한다)을 세계 최초로 출시하는 등 성과를 내기 시작했다. 이후에도 디스플레이 구동을 더욱 정밀하게 도와줄 칩이나 디스플레이의 전력 소모를 최소화해줄 칩을 개발하며 디스플레이용 칩의 경쟁력을 차곡차곡 쌓았다.

2010년대에 OLED 시대가 펼쳐지자 LX세미콘도 OLED에 사용될 디스플레이용 칩을 앞서 출시하기 시작했다. OLED 패널의 동작 방식은 LCD와 비교해 월등히 복잡하다. 같은 화면을 출력할 때도 OLED는 더욱 많은 신호가 필요하다. 따라서 이들 신호를 처리해줄 칩의 성능이 높아져야 한다. 그 말인즉 OLED용 칩은 LCD용 칩보다 설계하기도 까다롭고 단가도 높아진다는 것이다. LX세미콘은 OLED용 칩까지 제품을 다각화해 성장 동력을 갖추려 했다.

그러다 2020년에 코로나19 팬데믹이 확산되어 사람들마다 외출이 제한되고 가정에서 머무는 시간이 늘어나면서 전 세계적으로 프리미엄 TV 수요가 급격히 증가했다. 당연히 고부가가치 TV라 불리던 OLED TV도 유례없는 호황 기조에 들어섰다. 이 과정에서 LG디스플레이도 매우 우수한 실적을 기록했지만 OLED용 DDI를 공급하던 LX세미콘도 어닝 서프라이즈를 연이어 기록하며 시장을 놀라게 했다.

이처럼 LX세미콘은 성장하는 과정에서 다른 팹리스 업체들과는 다른 특징을 갖게 되었다. 첫 번째는 디스플레이용 칩에 특화된 팹리스라는 점이다. 설립 이후 현재까지 LX세미콘은 디스플레이에 특화된 칩을 집중적으로 만들어낸다. 2023년 기준으로 LX세미콘은 디스플레이용 칩의 매출 비중이 90%를 가뿐히 넘는다. 두 번째로 제품을 LG에 집중적으로 공급하고 있다. 실리콘웍스는 설립 직후부터 대부분의 제품을 LG디스플레이(당시 사명은 'LG필립스LCD'였다)에 공급하며 성장을 거듭해왔다. 급기야 2014년에는 LG가 실리콘웍스를 인수하며 LG그룹과 한 가족이 되었다. 물론 2010년대에 들어 중국의 LCD 산업이 급격히 성장하자 LX세미콘도 중국으로 디스플레이용 칩 수출을 확대하며 LG에 대한 의존도를 꽤 낮췄으나 여전히 매출의 절반 이상은 LG디스플레이에서 나온다.

LX세미콘
투자 포인트

따라서 LX세미콘에 투자할 때는 기술력이 아닌 앞서 설명한 두 가지 특징을 우선 고려해야 한다. LX세미콘은 전 세계 디스플레이 업황에 매우 민감하게 반응한다. LX세미콘의 기술력이 아무리 뛰어나더라도 매출의 90% 이상이 디스플레이 업체에서 나오므로 LX세미콘의 실적은 디스플레이 산업의 영업환경에 좌지우지된다. 디스플레이 업체들의 성과에 따라 LX세미콘의 칩 판매량이 결정되는 구조인 것이다.

또한 LG디스플레이가 패널을 잘 팔아야 한다. 전 세계적으로 디스플레이 업황이 좋아져도 LG디스플레이향 매출 비중이 가장 높으므로 LG디스플레이가 패널을 잘 팔지 못한다면 LX세미콘의 실적도 저조할 수밖에 없다. 다행히 LG디스플레이가 디스플레이 세계 시장을 주도해왔다 보니 디스플레이 업황이 좋아지면 LG디스플레이의 실적도 개선되곤 했다. 즉 디스플레이 산업의 영업환경만 가늠해도 LX세미콘 주가의 향방을 어느 정도 추정할 수 있다.

LX세미콘에 투자할 때 이러한 특징을 간과한다면 LX세미콘의 제품, 기술력, 특허 동향을 빠삭하게 꿰고 있더라도 투자에 큰 도움을 얻을 수 없다. LX세미콘이 특허를 쏟아낸다 하더라도 디스플레이 업황이 2~3년간 중단기적으로 저물 것이라면 LX세미콘의 실적과 주가도 빠르게 꺾일 것이기 때문이다. 따라서 LX세미콘의 주가 전망이 궁금하다면 디스플레이 업황에 대한 질문이 선행되어야 한다.

LX세미콘은 디스플레이 산업에 의존적인 사업 구조를 탈피하고자 새로운 사업을 여럿 준비하고 있다. 특히 차량용 반도체 개발에 적극적으로 나서고 있으며 백색 가전 등 다양한 가전용품에 사용되는 전용 반도체 개발도 확대하고 있다. 차량용 반도체 사업은 미래에 더욱 성장할 전기차와 자율주행 시장을 목표로 하며 가전용품용 반도체는 LG전자와의 시너지를 목표로 한다. 두 신사업은 장기적으로 LX세미콘의 강력한 성장 동력이 될 가능성이 높다. 그러나 10년을 바라보는 장기 변수임을 이해해야 한다. 많은 투자자가 이보다 훨씬 짧은 기간에 수익을 거두길 원하기 때문이다. 신사업에서 아무리 성과가 나더라도 여전히 디스플레이 사업 비중이 가장 높을 때는 LX세미콘의 실적은 디스플레이 산업 환경에 크게 연동될 수밖에 없다.

지금까지 살펴본 LX세미콘은 하나의 사례에 불과하다. 투자자가 가장 많이 저지르는 실수 중 하나는 기업이 돈을 어떻게 벌어들이는지 고민하지 않고 기술력만 분석하는 것이다. LX세미콘의 기술력이 세계에서 정확히 몇 등인지, 칩에 사용되는 기술 원리가 무엇인지, DDI 성능이 구체적으로 어떻게 더 좋아지고 있는지 등에 집중하는 것인데 이러한 접근법은 투자 기간 동안 주가를 움직이는 핵심 변수가 아니다.

투자는 투자다워야 한다. 기업 주가가 무엇을 따라 움직이는지 핵심 변수를 파악하는 것이 우선이다. 기술 분석은 그 뒤에 부차적으로 진행해야 한다. 필자가 교류한 뛰어난 투자자 중에 테크 주식에 투자해 성과를 낸 투자자들은 대부분 전통 산업에도 여럿 투자해서 성과를 수없이 내왔다. 이들은 테크 주식을 그저 하나의 주식으로 생각한다. 즉 테크 주식에서만 큰 성과를 낸 투자자는 찾기 어렵다. 투자다운 투자를 하려면 테크 주식이라 해서 기술력 분석에 목을 맬 것이 아니라 기업이 돈을 버는 구조와 호황, 불황 시기부터 집중적으로 파악해야 한다.

아나패스 주가 부진 배경과
한국과 중국의 반도체 경쟁

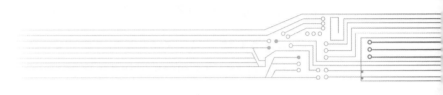

중국은 2000년대 전후로 디스플레이 산업을 전략 산업으로 인식하고 국가 차원에서 육성 정책을 펼쳤다. 자국 기업이 중국 땅에 디스플레이 패널 공장을 세우면 막대한 설비 투자 비용을 대주며 지원했고 기업들의 제조 수율이 떨어져 적자 판매가 불가피할 경우에는 보조금을 지원해 사업을 유지할 수 있게 도왔다. 또한 판매 경쟁력을 높일 수 있게 세금 혜택을 주기도 했다. 중국은 이 같은 정책에 힘입어 2012년에 일본을 처음으로 제쳐 디스플레이 산업에서 3대 국가로 자리 잡았고 현재는 1위 국가로 올라섰다.

그러나 중국이 디스플레이 산업에만 경쟁력을 갖추었다고 생각하면 오산이다. 그 어떤 디스플레이 패널도 반도체 칩 없이는

반도체 투자의 원칙

중국 LCD 패널 생산 비중 추이 및 디스플레이 산업 육성 로드맵

단위: %

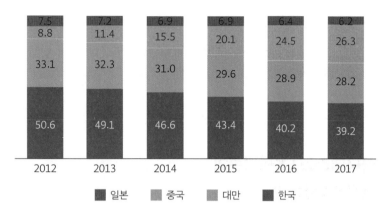

	2012	2013	2014	2015	2016	2017
한국	7.5	7.2	6.9	6.9	6.4	6.2
대만	8.8	11.4	15.5	20.1	24.5	26.3
중국	33.1	32.3	31.0	29.6	28.9	28.2
일본	50.6	49.1	46.6	43.4	40.2	39.2

■ 일본 ■ 중국 ■ 대만 ■ 한국

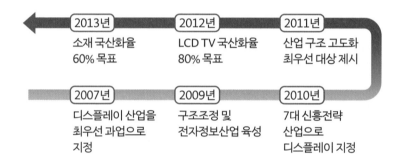

2013년
소재 국산화율
60% 목표

2012년
LCD TV 국산화율
80% 목표

2011년
산업 구조 고도화
최우선 대상 제시

2007년
디스플레이 산업을
최우선 과업으로
지정

2009년
구조조정 및
전자정보산업 육성

2010년
7대 신흥전략
산업으로
디스플레이 지정

출처: IHS 리포트

동작할 수 없다. DDI 같은 칩들과 손발이 딱딱 맞아떨어져야 성
능이 극대화되고, 반도체가 좋아야 화질과 해상도가 뛰어난 패널
을 만들 수 있으며 전력 소모도 더욱 낮출 수 있다. 따라서 중국
정부도 패널 경쟁력뿐 아니라 디스플레이용 반도체 개발에 막대
한 노력을 기울였다.

그 결과 중국 반도체 산업은 디스플레이와 관련 깊은 칩들이 우선 발전했다. 이에 따라 국내 업체 중에서 D램 등의 고성능 칩을 만드는 삼성전자보다 디스플레이용 칩을 만드는 중소 반도체 기업이 먼저 타격을 입을 수밖에 없었다. 그렇다면 국내 반도체 기업이 위기 속에서 어떻게 경쟁력을 확보하고 있을까?

아나패스는 LX세미콘과 어떻게 다를까?

아나패스는 2002년에 설립된 코스닥 상장사다. 2000년대 초반은 국내 디스플레이 산업이 세계 1위로 오르며 빠르게 성장하던 시기였다. 자연스레 국내 반도체 기업들은 디스플레이용 칩을 개발하며 성장 동력을 얻었다. 요즘 주식시장에서는 인공지능 반도체, 차량용 반도체가 유망하다고 손꼽지만 당시에는 디스플레이용 반도체를 만들겠다고 하면 성장이 보장된 것처럼 여겼다. 아나패스는 LX세미콘과 유사하게 설립 초기부터 디스플레이용 칩 개발에 집중해왔다. 물론 큰 차이점도 있었다.

첫째, 두 기업의 제품군이 다소 다르다. LX세미콘은 DDI 중심의 사업 구조였고 아나패스는 '타이밍 컨트롤러'T-con라는 반도체를 중심으로 사업을 확대했다. 타이밍 컨트롤러는 디스플레이의 수많은 픽셀이 켰다 꺼지기를 반복할 때 부자연스러워 보이는 현상을 최소화하는 반도체다. 즉 픽셀들의 작동 시간을 조절해 디스플레이가 매끄러워 보이도록 한다. 디스플레이 패널에는 DDI 뿐 아니라 타이밍 컨트롤러가 필수로 사용된다. 아나패스는 설립한 지 3년 만에 타이밍 컨트롤러를 구동하는 핵심 기술(아나패스는 'AiPi'Advanced Intra Panel Interface라 칭한다)을 개발해 인정받은 데 이어 2008년부터 삼성그룹에 타이밍 컨트롤러를 대거 공급하며 급격히 성장했다.

둘째, 두 기업의 제품을 사가는 주체가 각각 다르다. 앞서 말했듯이 LX세미콘은 LG디스플레이와 함께 성장했다. LG그룹은 1999년에 반도체 사업을 매각해 사업에서 손을 완전히 뗀 만큼 LX세미콘 외에는 대안이 마땅치 않았다. 그만큼 LX세미콘은 안정적인 고객사를 둘 수 있었다. 반면 아나패스는 사업 초기부터 삼성그룹에 칩을 공급하며 성장했다. 삼성전자가 여러 종류의 LCD TV를 제조하며 다양한 크기의 LCD 패널을 공급받을 때 아나패스는 이들 패널에 사용되는 타이밍 컨트롤러를 주로 담당했다.

그렇다면 이 점이 왜 중요할까? LG그룹은 반도체 사업을 직접 영위하지 않으므로 LX세미콘에 대한 의존도가 높을 수밖에 없었다. 그러나 삼성그룹은 사정이 달랐다. 반도체 사업을 직접 영위하는 삼성전자는 메모리 반도체 사업이 주력이지만 비메모리 반도체 사업도 꾸준히 확장해왔다. 국내 디스플레이 산업이 성장하자 비메모리 반도체 설계 사업부(시스템LSI) 또한 디스플레이용 칩이 주력 제품으로 자리 잡았다. 즉 아나패스와 삼성전자는 서로 경쟁 관계에 있던 것이다. 이 때문에 LX세미콘은 LG디스플레이가 성장할수록 큰 수혜를 얻었지만 아나패스는 삼성전자의 시스템LSI

사업부와 수혜를 나눠 가져야 했다.

또한 아나패스는 여러 종류의 패널 중에서도 LCD TV용 패널에 사용될 타이밍 컨트롤러 중심으로 제품을 공급했다. 그런데 2010년대에 들어 삼성그룹의 LCD 패널 사업은 빠르게 정체 국면으로 들어섰다. TV 시장에서 LCD 침투율이 충분히 높아진 점이 주효했고 중국의 LCD 산업이 성장하며 경쟁이 붙은 탓이다. 그 결과 삼성전자에 패널을 공급하던 삼성디스플레이는 LCD 외의 영역에서 성장 동력을 찾고자 했고 스마트폰용 OLED 시장에 주력했다. 특히 2010년대에 들어 스마트폰 시장이 성장하자 OLED 사업도 급격히 성장했다. 그러나 아나패스는 스마트폰에 들어가는 디스플레이 칩 생산을 삼성전자의 시스템LSI 사업부가 도맡았기 때문에 여기서 오는 수혜를 얻지 못했다.

중국 반도체의 위상과 타이밍 컨트롤러

삼성전자는 오랜 기간 TV 시장에서 우위를 유지했다. 오직 LCD TV만으로 TV 세계 시장에서 점유율 40%를 달성하며 절대적인 1등을 기록해왔다. 이 과정에서 아나패스도 2010년대 초중반까지는 제품을 꾸준히 공급할 수 있었다. 그러나 딱 거기까지였다. 꾸준한 공급은 가능했지만 추가적인 성장은 불가능했다. 삼성전자의 TV 사업이 세계 1등이라고는 하지만 더 이상 성장할 여지가 없었기 때문이다. 주식시장에서는 열심히 일해서 꼬박꼬박 월급을 받아오는 것을 반기지 않는다. 투자자들은 매일같이 승진하며 월급을 꾸준히 높일 때 비로소 높게 평가하며, 기업의 실적 정체를 대부분 악재로 받아들인다. 따라서 성장성이 낮았던 아나패스도 주목받기 어려웠다.

그런데 2010년대 중반 이후 이러한 분위기가 끝날 조짐이 보이기 시작했다. 2010년대에 들어 중국의 LCD 추격이 거세지자 국내 패널 업체들이 LCD 사업에서 손을 뗄 채비를 시작한 것이다. 먼저 신규 LCD 투자를 중단하고 LCD 생산 물량을 점차 축소했다. TV 사업을 하는 삼성전자 입장에서는 LCD 패널을 안정적으로 공급받아야 했지만 그렇다고 삼성디스플레이의 LCD 사업 축소를 막을 수도 없었다. 결국 삼성전자는 안정적인 물량 확보를 위해 중저가 TV와 모니터부터 중국산 LCD 패널로 대체하기 시작했다.

이 시기에 아나패스에 문제가 생겼다. 패널을 바꾸면 타이밍 컨트롤러도 함께 바꿔야 했기 때문이다. 타이밍 컨트롤러는 패널마다 맞춤형으로 따로 제작해야 한다. 즉 중국 업체들이 공급하는 LCD 패널에는 그에 맞는 전용 타이밍 컨트롤러가 필요했다. 당시 아나패스의 기술력에 주목했던 투자자들은 중국산 패널에도 아나패스의 타이밍 컨트롤러가 쓰일 거라며 희망을 품기도 했다. 그러나 안타깝게도 2010년대 중반은 중국 반도체 기업들의 타이밍 컨트롤러 기술력이 상당히 오른 상태였다.

타이밍 컨트롤러는 디스플레이 산업이 성장하는 동안 고부가

가치 칩으로 인식되어왔다. 그러나 중국이 디스플레이 산업을 육성하고 반도체 굴기를 외치기 시작하자 상황이 달라졌다. 타이밍 컨트롤러는 DDI와 같은 칩들에 비해 높은 기술력이 필요하지 않았고 중국은 이처럼 비교적 도전하기 쉬운 제품부터 국산화 목표로 삼았다. 디스플레이 산업 성장기에는 타이밍 컨트롤러가 높은 수익성을 보장했지만 경쟁이 본격화되자 기술 장벽이 낮다는 점이 알려지기 시작한 것이다.

중국은 우리나라가 점유하던 타이밍 컨트롤러 시장을 빠르게 추격해 2020년대에는 세계 1위 타이밍 컨트롤러 설계 국가로 거듭났다. 중국 반도체 기업인 칭다오신신웨이信芯微만 해도 타이밍 컨트롤러 세계 시장에서 점유율이 50%를 웃돈다. 삼성전자가 중국산 패널을 확대 채용하자 중국산 타이밍 컨트롤러 채용도 늘었고 아나패스는 자리를 빼앗기기 시작했다. 그 결과 2010년대 후반부터 실적이 크게 감소하며 상장 이후 처음으로 적자 구간에 들어섰고 주식시장의 관심은 더욱 줄었다.

격변하고 있는
DDI 시장

2010년대 중후반에 많은 투자자가 아나패스를 분석하면서 특히 기술력에 집중했고 기술에 대한 칭찬이 끊이지 않았다. 실제로 아나패스의 제품은 경쟁 칩 대비 작동 방식이 덜 복잡해 패널 업체의 칩 구입 비용을 절감해주었고 패널의 전력 소모도 낮아 삼성전자에게 호응을 얻은 바 있다. 그러나 LCD 패권이 중국으로 넘어가고 경쟁이 확대되는 환경에서는 기술력만으로 방어하기 힘들었다. 게다가 중국 반도체 기업들의 추격은 놀라울 정도로 빨랐다. 특히 중국은 상대적으로 기술 장벽이 낮은 칩부터 국산화해 이를 만들던 국내 기업들이 먼저 피해를 입기 시작했다. 아나패스도 여기에 속한다. 더욱 극심한 피해를 본 국내 중소 반도체 기업도 수없이 많다.

다행히 아나패스는 연구 개발에 많은 노력을 기울인 덕에 신사업에 진출할 저력을 쌓아왔으며 2010년대 후반부터 DDI 사업을 본격적으로 확대하기 시작했다. 특히 스마트폰에 사용되는 OLED 패널용 DDI 사업을 확대해왔다. 삼성전자의 스마트폰에도 DDI를 활발히 공급했다면 좋았겠지만 아쉽게도 삼성전자는 오래전부터 자사 스마트폰에 자사(시스템LSI) DDI를 적극적으로 채용해왔기에 아나패스는 우선 중국 스마트폰 업체들을 대상으로 DDI 사업을 확대했다. 이후 레퍼런스를 쌓으며 DDI 기술을 더욱 발전시켰고 삼성전자의 갤럭시와 애플의 아이폰은 물론이고 다양한 태블릿 PC에 사용될 DDI까지 공급할 여력을 갖추었다. 그러나 마냥 안심하기는 어렵다. 중국은 타이밍 컨트롤러 시장을 빠르게 잠식해나간 이후에 더 높은 기술력을 요구하는 DDI 시장까지 넘보고 있다.

DDI 시장은 국내 반도체 기업들이 철옹성 같이 높은 점유율을 유지해왔다. 그러나 중저가 디스플레이 시장이 꾸준히 커지는 가운데 중국 업체들의 DDI를 사용하지 말아야 할 이유도 점차 줄어들고 있다. 특히 자사 스마트폰에 삼성디스플레이의 패널만 탑재하던 삼성전자도 갤럭시 제품군에 중국산 패널 탑재를 점차 확대하고 있다.

국내에서의 경쟁 강도도 높아지고 있다. 아나패스 외에도 매그나칩이 DDI 사업을 공격적으로 확대해왔으며 2023년부터는 원익그룹까지 DDI 시장에 진입하며 치열한 경쟁을 예고했다. 원익그룹은 기존 반도체 장비 사업, 반도체 소재 사업에서 더 나아가 반도체 설계 사업까지 손을 뻗치고 있는데 2022년에 DDI 설계 기업인 디자인투이노베이션을 인수하며 기업 규모를 급격히 불렸다(현 사명은 '원익디투아이'다). 특히 설계 인력을 집중적으로 채용하며 불과 1년 만에 인력 수 기준으로 아나패스 대비 약 40% 규모의 DDI 기업으로 성장시켰다. DDI 시장은 추후 빠르게 추격해오는 중국과의 격차를 유지하고 국내 경쟁사들에 점유율을 뺏기지 않기 위해 새로운 디스플레이에 최적화된 DDI를 발 빠르게 개발하는 방향으로 전개될 것으로 보인다.

디스플레이용 반도체 산업 주요 기업 정리

중국과의 디스플레이 경쟁이 치열해질수록 디스플레이에 쓰이는 반도체도 경쟁이 심화될 가능성이 높다. 그러나 국내 디스플레이 업체들은 빠르게 OLED로의 전환에 성공했고 OLED의 쓰임새를 기존 TV와 스마트폰에서 자동차 등의 새로운 영역으로 꾸준히 확대하고 있다. 아울러 새로운 디스플레이도 개발 중이다. VR 기기에 쓰일 마이크로 OLEDmicro OLED나 차세대 디스플레이로 꼽히는 미니 LEDmini LED가 대표적이다. 마이크로 OLED는 메타버스 시대에 널리 쓰일 디스플레이로 각광받고 있으나 패널 크기가 극도로 작아 패널 업체들이 가져가는 수혜는 제한적이다. 되려 마이크로 OLED와 함께 쓰일 반도체가 더욱 큰 수혜를 입을 수 있다. 따라서 디스플레이의 기술 변화와 영역

확장에 주목하면 디스플레이 반도체의 확장도 쉽게 파악할 수 있을 것이다.

LX세미콘

LX세미콘은 디스플레이용 반도체 칩을 집중적으로 개발해 LG디스플레이 및 중국 디스플레이 업체에 공급해왔다. 자연스레 디스플레이 업황에 매우 의존적이다.

LX세미콘은 국내 설계 전문 기업 중 규모가 가장 크고 기술력도 뛰어나지만 디스플레이 업황이 꺾일 때는 부진할 가능성이 매우 높다. 아무리 뛰어난 제품을 만들어도 결국 디스플레이 업체가 주로 제품을 사가기 때문이다. LX세미콘은 디스플레이용 칩에 치중된 사업 구조에 한계를 느끼며 최근에 다양한 백색 가전에 쓰이는 마이크로컨트롤러 유닛MCU; microcontroller unit과 차량용 반도체 사업을 점차 확대하고 있다. 그럼에도 아직 디스플레이용 반도체의 매출 비중이 절대적이므로 신사업에 환호하기에 앞서 디스플레이 업황을 함께 살펴봐야 한다.

아나패스

2020년까지만 해도 타이밍 컨트롤러가 매출의 80%를 차지하며 가장 중요한 사업이었으나 중국의 지속적인 역량 확대로 경쟁 강도가 높아졌다. 이에 따라 아나패스는 DDI로의 사업 전환을 추진했으며 이 과정에서 2020년대 초반에는 대규모 적자를 기록하기도 했다. 그러나 차츰 DDI 공급이 늘어나며 사업 다각화를 이루어내고 있다. 아직은 DDI 사업이 확장되는 시기다 보니 고성능 칩보다는 중간 성능대 제품을 주로 생산하고 있다. 그 결과 중저가 스마트폰, 태블릿 PC에 쓰이는 DDI를 중심으로 DDI 사업을 구축했다. 물론 추후 OLED TV용 DDI와 모니터용 DDI 등으로 제품을 확대하고자 준비하고 있다.

다만 국내 DDI 시장에서는 경쟁력이 여전히 높지만 경쟁 강도도 지속해 높아지는 편이다. 따라서 단순히 기술력이 뛰어나다는 이유만으로 섣불리 투자하는 우를 범해서는 안 된다. 특히 아나패스는 삼성전자와 꾸준히 경쟁해야 하는 구조를 띤다. 따라서 제품이 확대될 것이라는 막연한 기대보다는 실질적인 성과를 관찰하며 기업을 추적하는 분석이 필요하다.

LB세미콘

LX세미콘과 같은 DDI 설계 기업들이 새로운 DDI를 설계하면 뒤이어 파운드리 기업들이 칩 제조를 대신 수행한다. 파운드리는 전공정과 후공정을 거치며 칩을 만들어나가는데 여러 설계 업체의 칩을 대신 제조해주다 보니 종종 일부 후공정을 모두 수행하기 버거울 때도 생긴다. 이에 따라 후공정 일부를 또다시 외주 후공정 기업에 맡긴다.

LB세미콘은 이러한 후공정을 전문으로 수행하는 기업이다. 특히 칩의 성능을 웨이퍼 단계에서 평가하는 웨이퍼 레벨 테스트와 칩의 외형을 완성하는 패키징 공정을 주로 담당한다. 2018년까지는 스마트폰용 DDI의 패키징을 주로 담당했으나 LB루셈을 인수한 이후에는 더욱 다양한 디스플레이에 쓰이는 DDI의 패키징으로 분야를 확대했다. 2021년부터는 DDI 칩 외에도 스마트폰용 AP Application Processor와 스마트폰용 카메라 센서 등 다양한 칩의 패키징 사업을 확대하고 있다. 다만 스마트폰용 칩들이 고수익 제품이기는 하나 여전히 DDI의 비중이 높아 디스플레이 업황에 의존하는 편이다. 따라서 기업의 기술력 분석에 앞서 디스플레이 업황을 우선 점검하고, 다른 칩의 테스트 비중이 늘어나는지 알아두어야 한다.

LB루셈

LB루셈은 DDI 칩의 후공정을 전문으로 수행해주는 기업이다. 여러 종류의 DDI 칩 중에서도 특히 플렉서블 OLED에 쓰이는 DDI 칩의 패키징을 주로 담당해왔다. 그 외에도 모니터용 DDI, TV용 DDI도 함께 담당하고 있다. 과거 LG그룹에 속했던 만큼 LG디스플레이로 들어가는 DDI 칩의 패키징을 주로 담당했으나 최근에는 중국 패널 업체와 삼성디스플레이로 들어가는 DDI도 점진적으로 늘려나가고 있다.

스마트폰의 등장은 컴퓨터의 등장 이후 가장 커다란 혁신으로 주목받았다. 예전에는 의자에 앉아 커다란 모니터를 보며 수행해야 했던 작업들을 이제는 언제 어디서나, 심지어 이동 중에 처리할 수 있게 된 것이다. 그렇다면 스마트폰 산업은 반도체 산업에 어떤 영향을 주었을까? 그리고 어떠한 변화를 가져올까?

PART 4

스마트폰 산업과
반도체

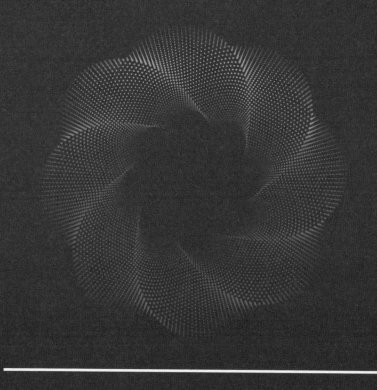

스마트폰 관련주에 투자하면 기대보다 수익률이 나쁜 이유

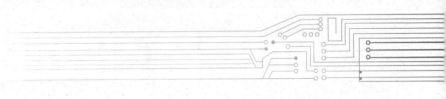

2007년 1월, 애플의 스티브 잡스는 새로운 전자기기 출시를 예고했다. 그리고 5개월 뒤 '아이폰'이란 이름의 스마트폰을 출시했다. 아이폰은 전 세계 휴대폰 시장을 뒤흔들기 시작했다. 당시 스마트폰이란 개념이 잘 알려지지 않았지만 아이폰 등장 이후 약 5년에 걸쳐 스마트폰의 대중화가 이루어진다.

사실 스마트폰을 처음 만든 기업은 애플이 아니다. 2000년대 초부터 여러 스마트폰이 등장했다. 마이크로소프트가 핸드폰에서 구동되는 윈도우를 출시했고, 리서치인모션RIM; Research in Motion은 '블랙베리'란 이름의 스마트폰을 출시했다. 그러나 이러한 초창기 스마트폰에는 몇 가지 큰 문제가 있었다. 우선 스마트폰은 인터넷 사

반도체 투자의 원칙

용이 필수인데 당시 데이터 요금제는 너무 비쌌다. 그리고 당시에는 화면 터치 기능이 없어서 주로 키패드 자판을 채용했다(대화면에서 터치가 가능한 핸드폰은 2006년부터 등장한다). 그러다 보니 당시 스마트폰은 불편하기 짝이 없었다. 성능은 스마트를 지향했지만 손동작이 스마트하지 않으니 다양한 기능을 구현하기 어려웠다.

스마트폰 산업의 성장기

그러나 아이폰은 달랐다. 통신 업체들의 3G 통신 도입에 발맞추어 출시한 덕에 비교적 저렴한 금액의 데이터 요금제를 사용할 수 있었고 터치 기능을 이용해 다양한 어플을 구현할 수 있었다. 그 덕에 더욱 다양한 기능을 수행할 수 있게 되자 사용 범위가 넓어졌다. 앱 스토어도 스마트폰 시장 확대에 큰 역할을 했다. 많은 프로그래머가 어플을 만들어 돈을 벌 수 있게 되었기 때문이다.

애플이 스마트폰 시장을 확장시켜 나가자 삼성전자는 패스트 팔로우fast follow 전략을 내세우며 아이폰을 빠르게 추격했고 아이폰 대항마로 '갤럭시S'를 앞세웠다. 그렇다면 어떻게 많은 기업 중 삼성전자가 빠른 성과를 냈을까? 삼성전자는 당시 휴대폰 시장의 강자였던 노키아, LG전자, RIM에는 없는 막강한 강점이 있었다. 바로 반도체 사업, 카메라 사업, 기판 사업, 수동소자 사업, 디스플레이 사업, 배터리 사업을 고루고루 영위하고 있었던 것이다.

삼성전자의 계열사들이 손발을 맞추며 수직계열화의 위력을 자랑하자 삼성전자는 연간 수천만 대의 고성능 스마트폰을 다른 기업보다 빠르게 찍어내기 시작했다. 삼성전자가 승승장구하자 삼성전자에 스마트폰 부품을 공급하는 기업들도 폭발적으로 성장하기 시작했다. 많은 스마트폰 부품 업체가 2009년부터 2012년까지 유례없는 고성장을 보였다. 주가가 몇 배씩 오르는 것은 물론이고 1년간 많이 오른 부품주를 매도한 뒤 후발 기업에 또다시 투자하면 큰 수익을 연이어 얻을 수 있었다. 그러나 이러한 고성장도 2012년 후반에 들어 스마트폰 세계 시장의 성장 속도 둔화에 따라 사라지기 시작한다. 게다가 중국의 신생 스마트폰 기업들이

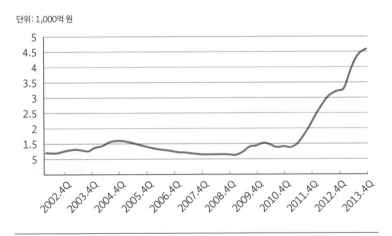

자화전자 매출액 추이

국내 스마트폰 산업 성장의 수혜 기업 중 하나로 꼽히는 자화전자는 스마트폰 부품을 확대 공급하며 실적과 주가가 큰 폭으로 올랐다.

출처: 업계 자료 정리

하나둘 등장하며 기존 스마트폰 시장의 강자들을 위협했다. 샤오미가 국내에 처음 명함을 들이민 시기도 대략 이때였다.

이러한 시장 성장 둔화와 중국 업체들의 약진으로 삼성전자가 가장 먼저 타격을 입었다. 삼성전자는 2013년에 들어 스마트폰 사업 성장이 느려지더니 2014년에는 스마트폰 사업이 본격적으로 역성장하기 시작했다. 이는 삼성전자에 커다란 위기감으로 작용했지만 스마트폰 부품을 공급하던 부품 업체들에는 치명타에 가까웠다.

스마트폰에 들어가는 다양한 부품들

스마트폰 시장 성장기에 스마트폰 부품을 공급하는 제조사들은 고성장을 누렸다. 그러나 이는 공급 과잉으로 이어졌고 스마트폰 업체의 성장이 둔화되자 많은 업체가 어려움을 겪었다.

스마트폰 부품 업체들은 2012년 고성장 구간에서 앞으로도 스마트폰 시장이 무럭무럭 성장할 거라 기대했다. 그 결과 삼성전자로 더욱 많은 물량을 공급하기 위해 설비 증설과 제품 다각화에 집중했다. 사업 영역을 다각화하는 과정에서 업체 간 제품이 겹쳐 경쟁도 심화되었다. 그러나 그 누구도 위기의식을 느끼지 못했다. 삼성전자의 스마트폰 사업이 빠르게 성장하고 있었고 아직은 전 세계 인구의 30%만 스마트폰을 사용했기에 스마트폰 시장이 충분히 성장하리라 봤기 때문이다. 실제로 고성장 구간에서는 설비 증설과 제품 다각화가 호재로 작용한다. 증설은 매출 증가의 선행지표로 인식되며 많은 실적 추정의 근거로도 사용된다. 그러나 이는 산업이 고성장할 때에만 통하는 이야기다. 활발히 진행되던 설비 증설은 불과 1년 뒤인 2013년부터 삼성전자의 스마트폰 사업 성장 둔화로 이들 기업의 발목을 잡기 시작했다.

침투율 30%에 주의하라

초보 투자자는 실적 증가에 집중한다. 그러나 노련한 투자자는 실적 증가 속도에 더욱 집중한다. 성장주 주가가 실적 성장이 멈출 때부터 하락한다고 생각한다면 대단한 오산이다. 주가는 기업이 여전히 성장 중이라도 성장 속도가 점점 느려지면 급락하기 시작한다. 스마트폰 부품주 또한 그랬다. 성장 산업의 침투율이 30%를

반도체 투자의 원칙

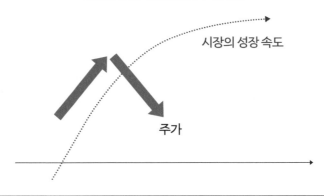

시장의 성장 속도에 따른 주가 흐름

시장의 성장 속도

주가

시장이 꾸준히 성장하더라도 속도가 둔화되면 주가는 미리 빠르게 꺾인다. 특히 성장 산업은 침투율 30%에 유의해야 한다.

넘어서면서 많은 이변이 일어나기 시작한다. 전 세계 스마트폰 침투율이 30%를 넘어섰다는 것은 선진국 중심으로 스마트폰 보급률이 70~80%를 넘어 최상단까지 도달했으며 중저가 스마트폰을 중심으로 경쟁이 심화되고 기술력이 낮은 업체도 꾸준히 진입할 수 있음을 의미한다.

2015년이 지나자 스마트폰 세계 시장은 성장이 급격히 느려지기 시작했다. 사실상 2016년에 성장이 끝난 셈이다. 그전까지만 해도 화려한 수익률을 빛냈던 종목들이 성장을 멈추었으며 애플워치와 갤럭시워치를 중심으로 한 웨어러블 시장도 2020년 전후로 성장을 멈추고 정체 국면에 들어섰다.

이처럼 한때는 성장 산업으로 각광받던 스마트폰 시장은 근래에 정체 산업으로 인식되고 있다. 스마트폰뿐 아니라 성장 산업에 투자할 때는 침투율이 30~40%를 넘어서는 시기를 반드시 주의해야 한다. 겉보기엔 쉬워 보이지만 투자 경력이 20년이 넘은 투자자도 이를 간과할 때가 부지기수다. 그렇다면 스마트폰 시장에서 함께 사용되는 반도체들은 무엇이며 어떤 특징이 있을까?

AP 시장을 주름잡던
삼성전자에 무슨 일이 생겼을까?

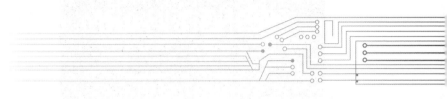

아이폰 등장 직후 스마트폰의 쓰임새는 늘어났지만 성능은 여전히 제한적이었다. 스마트폰에는 머리 역할을 담당하는 AP가 탑재된다. AP는 CPU 기능을 포함하며 스마트폰의 가장 핵심적인 반도체 칩이라 할 수 있다. 애플 최초의 스마트폰에는 'S5L8900'라는 이름의 AP가 탑재되었다. 이 AP는 삼성전자가 제조해 공급했다. CPU가 컴퓨터 성능을 결정하듯 AP 성능이 발전해야 스마트폰의 성능이 향상된다. 따라서 아이폰 등장 이후로 AP 성능을 키울 필요성이 대두되었다.

애플과 삼성전자가 공동 개발한 최초 AP

최초의 아이폰에는 삼성전자가 제조한 AP가 탑재되었다. 그러나 이후 애플은 아이폰에 탑재될 AP를 자체 개발하기 시작했다.

출처: 위키피디아

AP의 발전이 곧
스마트폰의 발전

삼성전자는 스마트폰 시대 이전부터 '애니콜'이란 브랜드로 핸드폰을 여럿 제조해왔다. 그러다 2000년대에 스마트폰이 등장하자 스마트 시대로의 변화에 주목하며 AP 개발의 중요성을 일찌감치 깨달았다. 하지만 삼성전자가 새로운 AP를 독자 개발하는 것은 불가능했다. 유사한 반도체 칩을 개발해본 경험이 거의 없었고 인텔과 AMD처럼 수십 년의 CPU 개발 경험이 필요했기 때문이다. 따라서 삼성전자는 ARM의 설계 사업에 주목했다.

ARM은 AP를 개발하는 기업이 아닌 AP 개발 과정에 필요한 여러 부분 설계도를 공급하는 기업이다. 이해하기 쉽게 비유를 들자면 10층짜리 빌딩을 설계할 때 ARM은 화장실 기초 설계도, 사무실 기초 설계도, 주차장 기초 설계도 등 부분적인 기초 설계 도면을 공급한다. 이러한 부분적인 설계도를 IP Intellectual Property라 부른다. ARM은 이를 판매해 라이센스 수익을 벌어들인다. 삼성전자는 ARM에서 설계도를 공급받은 후 이를 최적화 형태로 조합하고 자체 설계를 일부 추가해 AP를 완성한다. 이 과정에서 삼성전자의 고유한 기술이 담기게 된다.

아이폰이 등장하기 전까지만 해도 AP를 만들어 공급할 수 있는 기업은 제한적이었고 가장 유력한 기업은 삼성전자였다. PDA, PMP, 내비게이션 등에 AP를 만들어 판매한 이력이 있었기 때문이다. 그 외에 유력한 기업은 삼성전자처럼 각종 전자기기에 쓰일 AP를 개발해온 퀄컴 Qualcomm과 컴퓨터 시장에서 CPU를 가장 잘 만들던 인텔이었다.

인텔도 스마트폰 시대에 대비해 AP 개발 필요성을 인지했고 삼성전자와 퀄컴보다는 늦었지만 부랴부랴 사업에 뛰어들었다. 2000년대 후반에 성능이 뛰어난 AP도 개발해냈다. 그럼에도 애플은 AP 공급사로 삼성전자를 최종 선정했다. 퀄컴은 AP를 대량 공급할 수 있을지 불확실했고 인텔은 AP 성능이 뛰어났지만 전력 소모에 취약했다. 이에 비해 삼성전자는 기존 주력 사업인 메모리 반도체를 AP에 접목해 AP 성능을 더욱 효율화했기 때문에 애플 입장에서는 가장 적합하다고 판단했다. 그 결과 애플은 아이폰뿐만 아니라 MP3 플레이어인 에어팟에도 삼성전자의 AP를 탑재했다.

그러나 아이폰에 처음 탑재된 AP는 당대 저성능 컴퓨터보다도 성능이 현저히 떨어졌다. 향후 AP 성능이 받쳐주지 못한다면 스마트폰의 버벅이는 현상은 날로 심해져 새로운 어플리케이션 등장에 큰 방해물이 될 것이다. 따라서 스마트폰 시장 성장을 위해서는 AP 성능이 빠르게 발전할 필요가 있었고 이는 아이폰 등장 전부터도 꾸준히 언급되었다.

퀄컴은 어떻게
AP 시장의 강자가 되었을까?

퀄컴은 아이폰이 등장하기 이전인 2000년대 초반부터 스마트폰 시장의 개화 가능성을 높이 봤다. 당시에는 핸드폰, PMP 등 휴대 기기에 여러 기능이 늘어나는 시기였다. 퀄컴은 머지않아 하나의 기기에 이들 기기의 기능이 통합될 테고, 그에 알맞은 AP가 필요해질 것이라 판단했다. 나아가 다양한 통신 기능도 필요해질 것이라 내다봤다. 당시 무선 통신은 매우 느렸고 복잡한 기기가 등장하려면 더욱 빠른 통신이 필요했다. 한편, 퀄컴은 인텔처럼 연산 칩 개발 경험이 폭넓은 기업은 아니었다. 하지만 ARM이 제공하는 여러 설계도를 조합하면 AP를 충분히 개발할 수 있었다. 스마트폰은 컴퓨터보다 성능이 낮아서 AP는 CPU만큼 높은 기술력이 필요하지 않다. 이를 잘 알고 있던 퀄컴은 2000년대 중반에 '스냅드래곤'Snapdragon이란 이름의 플랫폼을 발표한다. AP와 통신 기능이 융합된 스냅드래곤은 하나의 AP에 여러 통신 기능을 한데 담아내어 기기 성능을 높이면서도 전력 소모를 줄이는 데 최적화되었다. 퀄컴은 이후 AP 시장에 성공적으로 안착했다.

이처럼 퀄컴이 머리 역할의 AP와 통신 기능을 융합하자 기존 컴퓨터 시장의 강자였던 인텔은 위협을 느끼기 시작했다. 컴퓨터 시

퀄컴 APQ8064

퀄컴은 ARM의 설계도를 이용해 전력 소모를 크게 낮춘 프로세어인 스냅드래곤으로 스마트폰용 AP 세계 시장 1위에 올라선다. APQ8064는 퀄컴의 첫 쿼드코어 AP다.

출처: 위키피디아

장에서 누구보다 연산장치를 잘 만들어온 경험을 살려 AP 시장에 진입하려 했는데 퀄컴이 연산 기능에 통신 기술까지 묶어내며 자리를 넘보기 시작한 것이다.

인텔은 AMD와의 경쟁에서 승기를 잡은 뒤 더 이상 AMD를 경쟁사로 생각하지 않았다. 그 대신 퀄컴을 새로운 경쟁사로 여기며 AP 시장 진입을 꿈꿨다. 그러나 모바일 시장은 컴퓨터 시장과 차이점이 많았다. 우선 컴퓨터는 성능이 좋을수록 몸값이 올랐지만 모바일 기기는 그렇지 않았다. 모바일 기기는 배터리 소모가 더 중요하고 이를 위해 AP의 전력 소모가 낮아야 한다. 그러나 인텔의 아키텍처로는 ARM의 전력 소모를 따라갈 수 없었다. ARM의 아키텍처는 전력 소모를 줄이는 데 최적화되어 있기 때문이다.

이에 반해 인텔의 아키텍처는 성능에 집중해왔다. 게다가 모바일 시장은 통신이 매우 중요했다. 전력 소모를 극단적으로 낮추면서도 여러 가지 통신을 끊김 없이 지원해야 했기 때문이다. 그 결과 CPU에 익숙하던 인텔과 AMD는 모바일 기기 시장에 빠르게 대응하지 못했다. 그 사이 퀄컴은 AP 시장의 강자로 올라설 준비를 마쳤고 이후 AP 시장에서 1위를 차지한다.

애플은 어떤 이유로 AP를 만들기 시작했을까?

삼성전자와 퀄컴 외에 AP 개발에 뛰어든 기업 중엔 애플도 있었다.

반도체 투자의 원칙

애플은 삼성전자와 퀄컴보다는 AP 개발을 늦게 시작했다. 처음 내놓은 아이폰이 세계적으로 성공하자 얼마 지나지 않아 2010년에 아이패드를 출시했다. 아이패드는 노트북과 스마트폰의 중간쯤 되는 크기라서 태블릿 PC라고도 불린다. 흥미롭게도 처음 출시된 아이패드에는 애플이 자체적으로 개발한 AP인 'A4'가 탑재되었다.

아이패드는 스마트폰보다 크므로 더욱 다양한 기능을 지원할 수 있으며 이를 위해 성능도 스마트폰보다 높아야 했다. 애플은 태블릿 PC 사업을 성공시키려면 아이패드에 최적화된 AP가 필요하다고 생각했다. 게다가 아이패드가 등장할 때만 해도 태플릿 PC는 대중에게 매우 생소한 개념이었다. 아이패드 이전에도 태블릿 PC가 있었지만 시장성이 없어 대중은 그 존재를 알지 못했다. 애플은 태블릿 PC가 미래에 중요한 기기라는 점을 각인시킬 필요가 있었다. 그래서 아이패드에 최적화된 AP를 직접 개발해 탑재한 것이다.

애플은 여기서 멈추지 않고 자체 개발한 AP를 아이폰에도 탑재하기로 결정한다. 스마트폰 시장을 더욱 주도하고 스마트폰과 태플릿 PC의 생태계를 통합하기 위해 더 이상 삼성전자의 AP를 쓰지 않기로 한 것이다. 그 결과 애플은 2010년에 출시한 아이폰4에 애플의 A4를 탑재했고 점차 자사의 모바일 기기 모두에 자체 AP를 탑재하기 시작했다.

삼성전자는 왜
경쟁사의 칩도 활발히 사용할까?

AP 사업을 일찍 시작한 삼성전자는 퀄컴과 애플의 AP 사업이 위협적일 수밖에 없었다. 본래 세계에서 AP를 가장 잘 만드는 기업은 삼성전자였는데 어느 순간 주도권을 뺏기게 생긴 것이다. 삼성전자는 우선 자사의 AP를 브랜드화하기 시작했다. 과거 인텔이 펜티엄을 출시한 것처럼 삼성전자는 자사의 AP에 '엑시노스'Exynos라는 이름을 붙였다. 그리스어로 똑똑하다éxypnos와 푸르다prasino의 합성어로 '고성능 저전력 반도체'라는 의미를 담았다. 마침 삼성전자는 스마트폰 사업에 발을 들이며 애플을 뒤쫓아 갤럭시S를 출시했고 갤럭시S에 자사의 엑시노스를 탑재하기 시작했다.

이후 삼성전자의 스마트폰 사업이 날로 성장하면 엑시노스 판매량도 늘어날 것이다. 실제로 갤럭시S 후속 제품인 갤럭시S2에 엑시노스가 탑재되었고, 엑시노스 출하가 늘었다. 그러나 갤럭시S2에 탑재된 엑시노스부터는 문제가 있었다.

삼성전자가 2011년 초에 출시한 갤럭시S2는 오직 3G 통신만 지원했다. 그런데 2011년 하반기에 들어 통신사들이 4G LTE 통신을 확대하기 시작하자 삼성전자는 LTE 통신이 가능한 스마트폰을 경쟁사보다 앞서 출시해야 했다. 그 결과 기존 갤럭시S2에 LTE 통신 기능을 추가한 갤럭시S2 LTE를 출시했는데 여기서 문제가 발생했다. 갤럭시S2 LTE에 엑시노스를 탑재하면 음성 통신용 칩을 추가로 장착해야 했는데 갤럭시S2에 그럴 만한 공간이 부

족했던 것이다. 스마트폰에 칩 하나를 추가로 탑재하려면 스마트
폰을 통째로 재설계하는 수준의 작업이 필요하다. 기판과 부속 부
품도 싹 바꿔야 한다. 사실상 불가능한 작업이다.

마침 AP 외에 강력한 통신 기술을 갖추어온 퀄컴은 AP와 통신
기능을 하나의 칩에 합쳐 한 번에 구현할 수 있었다. 이러한 경쟁
력은 LTE 통신이 본격화되자 빛을 발했다. 퀄컴이 자사 스냅드래
곤 AP에 LTE 통신에 필요한 음성 통신 기능까지 한 번에 담아낸
것이다. 다른 기업들은 이러한 기술이 부재했다. 결국 삼성전자는

삼성전자 갤럭시S3에 장착된 엑시노스 4 쿼드

삼성전자는 AP 사업을 강화하기 위해 엑시노스라는 자사 AP를 개발했지만 상황에 따라
다른 기업의 AP를 탑재하며 유연한 모습을 보였다.

출처: 위키피디아

갤럭시S2와 달리 갤럭시S2 LTE에는 퀄컴의 스냅드래곤을 탑재할 수밖에 없었다.

그런데 갤럭시S2 LTE에 퀄컴의 AP가 탑재되자 소비자들의 불만이 크게 늘었다. 퀄컴의 스냅드래곤은 삼성 엑시노스보다 성능이 떨어졌기 때문이다. 퀄컴은 AP와 통신 칩을 통합했다는 장점이 있었지만 연산 성능은 떨어졌다. 그 결과 스마트폰 성능이 떨어졌고 게임을 실행할 때 버벅임이 심했다. 삼성전자가 퀄컴을 무리하게 지원한다는 오해도 사야 했다.

하지만 스마트폰에 쓰일 AP를 오직 성능만 보고 만들 수 없다. 스마트폰은 공간이 제한적이므로 때로는 칩 개수를 줄이는 게 성능보다 중요하다. 배터리 소모도 고려해야 한다. 즉 퀄컴의 칩 통합이라는 경쟁력은 보기보다 막강하다. 스마트폰에 사용되는 칩은 이처럼 이해관계가 복잡하다. 삼성전자는 이후 갤럭시S 시리즈에 자사의 엑시노스를 충분히 탑재할 수 있는 경우에도 퀄컴의 스냅드래곤을 활발히 사용했다. 같은 스마트폰이라도 일부 제품에는 엑시노스를, 다른 제품에는 스냅드래곤을 탑재하기도 했다. 자사 스마트폰에 자사 AP 탑재만 고집하지 않은 것이다.

삼성전자가 이처럼 자사와 퀄컴의 AP를 모두 채용하며 이원화 전략을 펼치는 이유는 상세히 밝혀지지 않았지만 기술적인 이유가 있으리라 짐작할 뿐이다. 특히 퀄컴은 연구개발을 통해 AP 성능을 비약적으로 향상해왔다. 그 덕에 삼성전자의 엑시노스와 퀄컴의 스냅드래곤은 여러 차례 성능을 역전하며 치열한 경쟁을 펼쳐왔다. 삼성전자는 이러한 성능 차이에 따라 유연하게 AP를 고

반도체 투자의 원칙

를 수 있다. 이외에도 스마트폰 운영체제와의 호환성이나 국가별 통신 기술에 맞추어 AP를 고를 수도 있다. 국가별로 통신 규격이 다른데 스냅드래곤과 엑시노스는 각기 다른 통신 기술 지원 역량을 가지고 있다.

한편 일각에서는 더욱 흥미로운 이유도 언급된다. 퀄컴은 칩의 설계 사업에만 집중하고 제조는 하지 않는다. 따라서 AP를 설계한 후 TSMC나 삼성전자와 같은 파운드리 기업에 제조를 의뢰한다. 이때 삼성전자의 파운드리가 퀄컴의 물량을 꾸준히 수주하기 위해 삼성전자의 스마트폰이 퀄컴의 AP를 꾸준히 채용한다는 것이다. 퀄컴의 AP는 삼성전자 외에도 중국 등 여러 국가의 스마트폰 업체들에 공급된다. 이들 물량이 상당하므로 삼성전자의 파운드리가 이를 제조하면 파운드리 사업 성장에 큰 보탬이 된다.

다만 이는 일각의 추측일 뿐이다. 더욱 중요한 점은 스마트폰용 칩은 이처럼 이해관계가 매우 복잡하다는 것이다. PC 산업에서는 클럭 스피드가 높거나 코어 수가 많은 CPU면 충분했지만 모바일 기기 시장에서는 칩에 대한 인식이 훨씬 복잡하다.

중저가 시장을
얄봐선 안 되는 이유

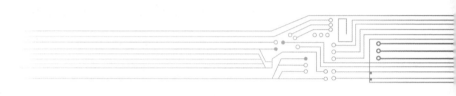

대만의 미디어텍은 한때 대만 파운드리 기업인 UMC(TSMC에 이어 대만 내 2위다)의 한 부서였다. 이 부서는 UMC가 칩을 제조하기 전에 칩의 상세한 설계 도면을 그려주는 역할을 담당했다. 그러다 1997년에 들어 자체 칩 개발에 나서기 시작했다. 이 과정에서 UMC에서 분사해 현재의 칩 설계 기업으로 자리 잡았다. 미디어텍은 DVD용 칩과 통신 칩 제조로 사업을 시작했고 2011년부터는 스마트폰용 AP를 만들기 시작했다. 그러나 미디어텍은 AP 시장의 강자인 삼성전자와 퀄컴 대비 진입 시점이 많이 늦었고 기술력이나 제품 성능도 부족한 편이었다.

중저가 AP 시장부터 노린
미디어텍

당연히 미디어텍 입장에서는 선두 기업과 직접 경쟁하는 것은 별 의미가 없었다. 따라서 중저가 스마트폰에 들어갈 저사양 AP 개발에 매진했다. 저가 시장을 집중 공략한 것이다. 미디어텍은 중저가 스마트폰의 가격을 더욱 낮추는 데 집중했다. AP를 더욱 효율적으로 설계해 원가를 낮추는 것이다. 그리고 AP 기능을 늘리고 스마트폰에 탑재될 칩의 수를 줄여 스마트폰 제조 비용을 절감해주었다. 이 전략은 성공적이었다. 퀄컴과 삼성전자는 고사양 AP 개발에 모든 자원을 쏟아야 했기에 중저가 시장까지 챙길 여력이 부족했다.

그 사이 미디어텍의 칩은 중국의 수많은 신생 스마트폰 업체로 빠르게 팔려나가기 시작했다. 마침 중국에서는 스마트폰 경쟁이 본격적으로 펼쳐졌다. 화웨이, 샤오미, 오포, 비보와 같은 신생 스마트폰 제조사가 중저가 스마트폰 시장을 집중 공략하며 점유율을 늘려나갔다. 중국 내에 수십 개의 스마트폰 업체가 생겨났으며 심지어 '샨자이'山寨폰이라 불리는 짝퉁폰 전문 제조사까지 활개를 치기 시작했다. 이들 업체는 애플 등 기존 스마트폰 제조사의 제품을 모양만 그대로 베껴 만들었다.

놀랍게도 샨자이폰은 2010년대 초반에 중국 내 스마트폰 시장에서 20% 이상의 점유율을 차지할 정도로 급격하게 불어났다. 이처럼 저렴한 스마트폰이 늘어날수록 미디어텍의 수요는 폭발적으로 늘어났다. 당시 대부분의 중국 스마트폰 소비자는 성능은 제쳐두고 그저 비슷한 모양에 저렴한 폰을 중요하게 여겼다. 그렇기에 미디어텍의 AP는 더욱 잘 팔렸다. 실제로 당시 중국에서 짝퉁폰이 유행할 수 있었던 배경이 미디어텍 덕분이라는 이야기도 공공연하게 들려왔고 중국 정부가 짝퉁폰 시장을 본격적으로 단속하기 시작하자 미디어텍의 실적이 급락하기도 했다.

고사양 AP 시장으로 진출하라

미디어텍은 여기서 멈추지 않았다. 중국 스마트폰 업체에서 벌어들인 현금을 모두 연구 개발에 쏟고 고사양 AP 개발에 주력했다. 2015년 미디어텍은 첫 고성능 AP를 출시했으며 브랜드화를 위해 '헬리오'Helio라는 이름도 붙여주었다. 헬리오는 성능이 많이 떨어졌지만 미디어텍은 크게 걱정하지 않았다. 중저가 AP 시장에서는 이미 퀄컴과 삼성전자를 뛰어넘으며 안정적인 현금 흐름을 확보했기 때문이다. 미디어텍은 헬리오의 실패에도 지속적으로 연구 개발에 현금을 털어넣었다.

또한 미디어텍은 5G 통신 시대에 쓰일 AP를 출시하고자 앞서 준비했다. 5G 통신이 본격화되던 2020년에 미디어텍은 자사 AP의 브랜드명을 '디멘시티'Dimensity로 개편하고 5G 맞춤형 AP를 출시했다. 처음 출시한 디멘시티는 비교적 중간 가격대 스마트폰 시장을 공략하는 AP였기에 큰 관심을 받지는 못했다. 그러나 그다음 해인 2021년에 출시한 고성능 AP인 디멘시티 9000은 AP 시장을 뒤흔들기 시작했다. 처음으로 스냅드래곤과 엑시노스의 성능을 추월한 것이다. 오죽하면 디멘시티 9000의 등장에 놀란 퀄컴이 바로 스냅드래곤의 개선형 제품을 출시할 정도였다. 이처럼 미디어텍은 AP 시장의 일류 기업으로 성장해 퀄컴과 삼성전자를 직접적으로 위협하기 시작했다.

미디어텍은 디멘시티 9000이 출시되기 전에 이미 중저가 AP 시장을 잠식해 퀄컴을 누르고 AP 세계 시장에서 점유율 1위로 올라섰다. 중저가 제품의 시장 규모가 워낙 크기에 어찌 보면 당연한 결과였다. 그럼에도 미디어텍은 중저가 제품만 만드는 기업이나 점유율만 1등인 기업으로 인식되며 퀄컴의 직접적인 경쟁 상대로는 언급되지 않았다. 그러나 불과 1년 만에 시장 점유율과 AP 성능 모두 1위를 달성하며 한순간에 AP 시장의 판도를 바꿨다.

이후 미디어텍은 저성능 AP와 고성능 AP 시장을 모두 아우르며 AP 세계 시장에서 점유율 40%를 기록했고 퀄컴과의 점유율 격차도 10% 이상 늘려나갔다. 아이러니하게도 미국이 중국의 반도체 산업을 견제하자 중국의 AP 설계 기업인 하이실리콘이 무너졌고 그 수혜를 모두 미디어텍이 입으며 퀄컴을 2위 기업으로 끌어내리기도 했다. 다만 고성능 AP 시장에서는 퀄컴의 기술이 여전히 우위에 있고 고성능 스마트폰 제조사는 미디어텍의 디멘시티보다는 퀄컴의 스냅드래곤을 우선 채택하고 있다. 그러나 이 또한 영원하리란 보장은 없다.

TSMC가 거대 고객을
일굴 수 있었던 전략

미디어텍은 중저가 시장 공략 전략 외에도 또 다른 성공 요인이 있었다. 바로 TSMC와의 유대관계다. 칩의 설계에만 집중하는 팹리스 기업들은 공통적인 어려움이 있다. 칩을 아무리 잘 설계해도 막상 칩을 찍어내면 원하는 성능이 잘 나오지 않는 것이다. 맛있는 찌개를 상상하며 새로운 조리법으로 찌개를 끓여봐도 실제 찌개 맛은 별로인 것과 비슷하다.

팹리스 기업들은 이를 극복하기 위해 설계도를 최대한 빠르게 완성한 뒤 파운드리에 제조를 요청하고 결과물을 받아 테스트를 거쳐 설계도를 수정하는 작업을 반복해야 한다. 즉 파운드리와의 협력이 필수다. 그러나 파운드리는 여러 고객사를 상대하기에 이러한 연구 개발용 칩 제조를 우선순위에 두지 못하며, 통상 연구 개발용 칩 제조를 맡기면 완성된 칩이 나오기까지 3~6개월 이상 걸린다. 그러나 TSMC는 미디어텍을 각별하게 대했다. TSMC는 미디어텍과 자국의 팹리스 기업들에 일부 생산 라인을 연구 개발용으로 쓸 수 있도록 내주며 막대한 지원을 퍼부었다.

덕분에 팹리스 기업들은 생산 라인을 자유롭게 넘나들며 제조 과정에 대한 이해도를 대폭 높이고 설계에만 집중할 때는 알 수 없었던 공정의 어려움도 일찍이 파악해 설계에 반영할 수 있었다. 물론 TSMC는 자국 기업뿐 아니라 AMD, 엔비디아 등 해외 거대 고객사와도 공정 개발을 함께하며 첨단 칩을 누구보다 앞서 찍어냈다. 이는 곧 TSMC의 경쟁력이 되었다. TSMC의 지원을 받은 팹리스는 당연히 칩 제조를 TSMC에 맡기게 된다. TSMC의 공정을 바탕으로 설계도가 완성되므로 다른 기업에 제조를 맡기고 싶어도 그럴 수 없기 때문이다(파운드리를 바꾸면 제조 과정에서 설계와 공정 모두 수정해야 한다). 또한 이 과정에서 고객사에 특화된 부서가 생겨나고 '디자인 하우스'design house라 부르는 보조 업체들까지 달라붙어 칩 개발에 필요한 것들을 지원했다. TSMC의 강점은 이러한 종합적인 생태계 구축이었다.

이러한 생태계 구축은 하루아침에 이루어지지 않는다. 다년간 업력을 갈고닦으며 노하우를 쌓아야 한다. 삼성전자의 파운드리 사업이 TSMC를 따라잡지 못하는 이유는 삼성전자가 신기술을 빠르게 개발하기는 하지만 파운드리 고객을 단번에 뺏어오기엔 시간이 턱없이 부족하기 때문이다. 삼성전자는 지난 수십 년간 메모리 반도체를 대량 양산해 창고에 쌓아둔 뒤 고객이 찾아오면 재고를 건네는 방식으로 사업을 진행했다. 코스트코와 비슷한 방식이다. 그러나 파운드리는 최고급 호텔 같은 구조다. 고객을 공항에서 에스코트한 뒤 온종일 곁에서 각종 음식과 서비스를 제공하는 것이다. 즉 삼성전자의 기존 메모리 반도체 사업과 꽤 다르다. 삼성전자가 이러한 차이를 뒤늦게 깨닫고 본격적으로 생태계 구축에 힘쓰고 있는 상황이나 여전히 시간이 필요하다.

미디어텍은 TSMC가 구축한 생태계 안에서 남들보다 실패를 짧게 경험하며 칩을 매우 빠르게 개발할 수 있었다. 미디어텍이 TSMC에 제조 물량을 모두 맡기고 TSMC가 미디어텍에 생산 라인을 우선 배정하면서 미디어텍 고성장의 발판이 마련되었다. 즉 미디어텍의 강력한 성장 기반은 오랜 기간에 걸쳐 완성되었다. AP 시장에서 대성공을 이룬 미디어텍은 현재 기존 성공 전략을 다른 반도체 영역에 그대로 적용하고자 한다. 특히 차량용 반도체 사업을 적극적으로 확대하며 중저가 시장부터 노린 뒤 고사양 시장으로 진출한다는 계획이며, 역시나 TSMC의 활발한 지원이 함께할 예정이다.

미디어텍과 같은
국내 수혜 기업을 찾아라

미디어텍과 동일한 사업 분야가 아니더라도 미디어텍처럼 중저가 시장에서 시작해 고사양 시장을 넘보는 국내 기업 사례도 수없이 많다. 특히 삼성전자나 SK하이닉스의 지원을 업고 말이다. 저가 제품만 집중적으로 만들던 기업이 어느 정도 시장 점유율을 형성하면 자연스레 사업 영역을 고가 제품으로 확대하기 마련이다. 국내 반도체 기업 중 대다수는 미국, 일본, 유럽 기업에 비해 후발주자에 속한다. 특히 소재, 장비, 장비 부속품을 만드는 기업들이 그렇다. 선두 기업과 격차가 큰 시기에는 자연스레 기술력이 낮은 영역에서 주로 중저가 제품을 먼저 공급한다.

앞서 말했듯이 내가 종종 받는 질문들은 '우리나라의 모 반도체 기업의 기술력은 얼마나 좋나요?', '경쟁사와 기술 격차가 얼마나 되나요?' 등이다. 이 질문에는 대부분 기술력이 좋으면 매수하겠다는 저의가 깔려 있다. 하지만 기술력을 기준 삼아 투자할 것이라면 투자할 수 있는 국내 기업이 예상 외로 많지 않다. 대부분의 국내 반도체 소부장(소재·부품·장비) 기업은 해외 선두 기업에 비해 기술력이 어느 정도 뒤쳐져 있기 때문이다. 심지어 기술력이 앞서면 되려 성장 여력이 부족한 경우도 목격된다. 실제로 메모리 반도체 시장에서 높은 점유율을 기록한 기업 중에 추가로 가져갈 수 있는 파이가 없어 지난 평균 이익 상승률이 업종 평균에 미치지 못한 경우도 있었다. 기술력만 따지면 되려 투자에 불리해질 수 있는 것이다. 기술력 격차가 너무 크다면 전혀 경쟁력이 없을 수 있겠지만 적당한 격차를 되려 성장 동력이라 생각한다면 성장 가능성이 그만큼 높다고 볼 수 있다.

국내 상장사들의 기술 격차 사례로 웨이퍼 레벨 테스트를 살펴보자. 반도체 칩을 만드는 제조 공정은 크게 전공정과 후공정으로 나뉜다. 전공정은 수많은 세부 공정으로 이루어져 있으며 이들 공정을 모두 거치는 데 오랜 시간이 걸린다. 그래서 한 공정만 잘못되어도 오랜 시간 칩을 만든 노력이 헛수고가 된다. 또한 전공정의 수율이 완벽할 수 없기에 반드시 불량 칩이 나오기 마련인데, 이들 칩을 모두 후공정으로 가져가면 불필요한 비용이 발생한다.

따라서 반도체 칩은 전공정을 마친 뒤 테스트를 한 차례 거치는데 개별 칩이 아닌 웨이퍼 상태로 검사가 이루어져 웨이퍼 레벨 테스트라 불린다. 이 테스트를 통해 공정에 이상이 없었는지 판별하며 불량 칩들을 솎아낸다. 또한 칩 종류마다 전용 검사 장비와 부속 부품이 필요하다. 보통 '프로브 카드'probe card라는 부품을 통해 칩에 전기 신호를 주며 성능을 평가하는데 사양이 비교적 낮은 칩(가령 낸드 플래시 등)이라면 전기 신호가 오가는 통로가 상대적으로 적게 필요하다. 반면 일부 칩(가령 D램 등)은 전기 신호가 훨씬 많이 오가야 한다. 당연히 통로가 많아질수록 테스트가 어려워지며 장비와 프로브 카드 제작도 훨씬 어려워진다. 웨이퍼 레벨 테스트 관련 사업을 영위하는 국내 상장사로는 와이아이케이, 티에스이, 샘씨엔에스, 피엠티(마이크로프랜드에서 2023년 3월 상호 변경함), 마이크로투나노가 대표적이며 상장사 에프에스티의 비상장 자회사인 화인세라텍도 관련 사업을 한다.

이들 기업을 가만히 살펴보면 기술 난이도가 가장 낮은 낸드 플래시용 제품을 먼저 개발한 뒤 D램과 비메모리 반도체로 영역을 확대해왔다. 쉬운 영역부터 공략하는 것이다. 더욱이 비메모리 반도체는 칩 종류가 매우 다양하다. 따라서 장비와 프로브 카드를 다양하게 맞춤형으로 만들어야 해 더욱 까다롭지만 그만큼 시장 규모가 커서 성장 동력이 될 수 있다. 따라서 진입하기 쉬운 칩부터 관련 제품을 공급하기 시작해 더욱 규모가 크고 어려운 비메모리 반도체까지 확장하는 것이다. 이들 기업의 제품이 글로벌 경쟁사 대비 제한적이고 점유율이 낮다는 이유만으로 부정적으로 볼 수 없는 이유다. 되려 신제품 개발 동향을 살펴보며 향후 성장 가능성을 따져야 한다. 단순히 기술력이나 점유율만 따지는 투자자라면 이들 기업이 더욱 성장하는 과정에서 투자 기회를 찾지 못할 것이다.

스마트폰 시대의 최대 수혜 기업과
반기를 드는 기업들

여러 기업이 AP 개발에 뛰어들자 ARM은 자연스럽게 수혜를 보았다. ARM이 스마트폰의 등장과 함께 세계 거대 반도체 기업으로 거듭난 이유는 여러 기업이 AP를 개발하며 ARM의 설계도를 적극적으로 채용했기 때문이다. 특히 ARM의 설계도는 전력 소모 최소화에 강점이 있다. 앞서 말했듯이 스마트폰을 비롯한 모바일 기기들은 전력 소모가 가장 중요하다.

아무리 성능이 뛰어난 스마트폰이라도 배터리가 금방 닳아버린다면 소비자들은 외면할 것이다. 그렇기에 배터리를 이용하는 기기가 늘어날수록 ARM의 영향력은 더욱 비대해졌다. 이에 따라 ARM의 기업 가치도 날로 커져 매출액이 30조 원을 조금 못 미치는 시기에도 몸값은 80조 원을 훌쩍 뛰어넘으며 이익 규모가 비슷한 다른 반도체 기업보다 월등히 높은 몸값을 자랑했다.

그러나 ARM의 영향력이 커질수록 다른 반도체 기업들의 불만은 날로 커져갔다. ARM이 설계도를 제공하지 않는다면 AP를 개발하기 어려운 지경에 이른 것이다. ARM의 라이센스 비용도 ARM의 요구에 맞추어 형성될 수밖에 없었고 설계도 이용 조건도 날로 까다로워졌다. 그래서 ARM을 견제하는 움직임이 나타났다. 가령 삼성전자는 2019년부터 새로운 AP를 개발하는 과정에서 ARM의 설계도 외에도 타사의 설계도를 함께 이용하는 방안을 고민하기 시작했다. AP의 일부 기능은 기존대로 ARM의 설계도를 이용해 구현하지만 그래픽 처리와 같은 다른 기능은 AMD의 설계도를 공급받는 식이다. AMD의 기술까지 빌려와 게임 성능이 향상된 AP를 개발한 삼성전자는 '엑스클립스'Xclipse라는 첫 결과물을 내놓았다.

새 칩을 설계할 때 오직 자사의 설계도만 쓰이길 원했던 ARM은 당연히 이를 탐탁치 않게 여겼다. 결국 2024년부터 새 칩을 설계할 때 ARM이 제공하는 설계도에 다른 기업이 제공한 설계도를 혼합해 칩을 완성하는 것을 금지했다. 그렇게 되면 삼성전자가 AP를 개발할 때 AMD의 설계도를 채용해 AP 성능을 극대화하는 전략을 쓸 수 없다. 스마트폰용 칩 설계도 공급 시장에서 90%가 넘는 점유율을 가진 ARM이었기에 이 같은 공격적인 태도를 취할 수 있었다. 엔비디아가 ARM 인수를 시도하고(결국 반독점법 위반으로 인수에 실패했다), 또 삼성전자가 ARM 인수를 추진한다는 기사가 빈번히 나왔던 이유도 ARM의 영향력이 막강하기 때문이다.

그러나 반도체 설계 업체들은 ARM의 영향력이 커질수록 불편할 수밖에 없다. 결국 ARM의 영향력을 줄이기 위한 시도가 시작되었다. 그 결과 최근 들어 'RISC-V'가 자주 언급된다. 앞서 소개한 대로 ARM이 제공하는 기초 설계도는 소위 ARM 아키텍처라고 표현한다. RISC-V도 'RISC-V 아키텍처'라 부르는 일종의 기초 설계도다. 쉽게 말해 반도체 설계 기업들은 ARM 대신 RISC-V 방식으로 짠 여러 설계도를 조합해 칩을 개발할 수 있다. RISC-V가 ARM이 수행하던 역할을 상당 부분 대체하는 것이다.

ARM은 설계도를 이용할 때마다 비용을 받지만 RISC-V는 라

반도체 투자의 원칙

이센스 비용이 발생하지 않는다. 2010년에 UC 버클리에서 처음 개발될 때부터 자유로운 사용을 목적으로 만들어졌기에 비용을 받지 않는 것이다. 그래서 RISC-V를 '오픈 라이센스 아키텍처'라 부르기도 한다.

RISC-V는 처음 공개된 이후 주로 특수한 목적의 칩을 설계할 때만 쓰였다. 가령 스마트폰에는 AP 외에도 지문 인식 센서 등 여러 자잘한 칩들이 탑재되는데, 이들 칩 설계에 제한적으로 쓰인 것이다. 특히 성능보다 비용 절감이 중요한 칩을 설계할 때 쓰였다. 그러나 ARM의 영향력이 커지자 반도체 기업들은 고성능 칩을 설계할 때도 RISC-V에 관심을 갖게 되었다. 삼성전자, AMD, 구글, IBM, 퀄컴과 같은 세계적인 반도체 기업들은 RISC-V를 후원하기 시작했으며 일부 기업들은 RISC-V를 이용한 칩을 보란듯이 출시하며 ARM을 견제했다. 한편 국내 상장사인 자람테크놀로지는 RISC-V를 이용한 통신 칩 설계 사업에 강점을 보이며 최근 RISC-V 수요가 높아지자 고객사를 꾸준히 확보해나가고 있다.

그러나 여전히 많은 칩이 ARM의 설계도를 이용해 만들어진다. ARM이 제공하는 편의성이 너무 크기 때문이다. RISC-V는 비용을 지불하지 않는 대신 책임도 지지 않는다. 칩 설계 과정에서 문제가 발생하면 설계 기업이 도움 없이 독자적으로 해결해야 한다. 서울 전체 면적에 걸쳐 지하에 한가득 상수도관을 설치했는데 어디선가 물이 샌다면 물이 어디서 새는지 직접 찾아 나서야 하는 것이다. 반면 ARM은 설계에 필요한 종합적인 지원을 제공하며 설계 기업의 요구에 맞추어 새로운 설계도를 꾸준히 개발한다. 상수도관에서 물이 새는 위치를 바로 파악할 수 있는 시스템까지 직접 개발해 함께 서비스로 제공하는 것이다.

칩을 설계하는 엔지니어들도 ARM에 매우 익숙하다. 칩 설계를 시작할 때부터 활용했기에 모국어처럼 느껴지는 것이다. 그래서 RISC-V를 이해하는 전문 인력이 턱없이 부족하다. 비록 일부에서 ARM 탈피 움직임이 나타났지만 ARM의 입지는 꽤 오랜 시간이 지나야 축소될 것으로 예상된다. 물론 그 사이에 ARM 아키텍처도 더욱 발전할 것이다. 따라서 이른 시일에 ARM을 대체하는 것은 현실적이지 못하다. 그 대신 ARM과 RISC-V가 함께 성장하는 그림을 그려볼 수 있다.

혹자는 ARM의 독점적인 지위를 부정적으로 보기도 하지만 사실 ARM은 상당한 편의를 제공해왔다. ARM의 역할을 음식점에 비유하자면 쌀, 고기, 채소 등을 직접 키워 공급해주는 기업과 같다. 칩 설계 기업들은 이러한 재료를 공급받아 요리를 만들어 제공한다. ARM이 없다면 설계 기업은 재배부터 수확, 가공까지 다 해야 한다. ARM은 이처럼 반도체 산업에서 밑거름의 역할을 해왔고 새로운 칩 개발 기간을 대폭 단축해주었다. ARM의 갑질이 과도해지면 반발이 거세질 테지만 그렇다고 해서 ARM과의 공존을 포기하기 어려울 것이다.

퀄컴에 찾아올
새로운 투자 기회에 주목하라

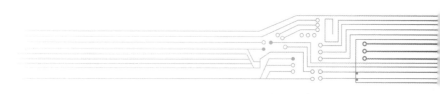

반도체 기업 중엔 특히 기술이 주기적으로 변하며 투자 기회를 안겨주는 기업도 많다. 반도체 관련 기사를 읽다 보면 통신 칩이 종종 언급된다. 삼성전자가 퀄컴의 통신 칩을 수주했다거나 TSMC와 삼성전자가 통신 칩 공정 개발 과정에서 치열한 경쟁을 펼친다는 식이다. 통신 칩은 CPU나 AP처럼 많은 투자자가 관심을 기울이지 않지만 첨단 공정이 많이 필요하며 매우 중요한 칩이라고 볼 수 있다.

통신 칩은 컴퓨터 등에도 쓰이지만 특히 스마트폰에 쓰이는 통신 칩이 중요하다. 스마트폰 판매량이 훨씬 많고 칩에 사용되는 기술도 까다롭기 때문이다. 스마트폰은 KTX와 같이 고속으로 이동하는 환경에서도 활발히 쓰이고 통신 규격도 국가마다 다르다. 까다로운 환경에서 쓰이기에 더욱 많은 기술이 필요하고 통신 속도를 높이기도 훨씬 어렵다. 따라서 스마트폰에서 쓰이는 통신 칩이 늘 뜨거운 이슈가 된다.

통신 칩은
어떻게 동작할까?

스마트폰의 통신이 이루어지는 원리는 보기보다 복잡하다. 앞서 설명했듯 스마트폰 내부에서 오가는 신호는 0과 1이라는 디지털 신호로만 이루어져 있다. 그러나 신호가 스마트폰 밖으로 나와 전파 형태로 공중에서 목적지를 찾아 나설 때는 특정한 주파수를 갖는 복잡한 형태로 바뀐다. 이러한 신호를 RF_{Radio Frequency, 무선주파수} 신호라 부른다. RF 신호가 기지국에 도달하면 통신이 이루어진다. 통신 칩이 중요한 이유는 각 신호에 맞춰 별개로 만들어야 하기 때문이다. 스마트폰 내의 신호를 처리할 때는 디지털 칩이 필요하지만 신호를 외부로 전송하려면 RF 칩이 필요하다. 쉽게 말해 통신 기능을 구현하려면 여러 가지 통신 칩이 필요하다.

따라서 통신 칩은 세부적으로 몇 가지 칩으로 나뉜다. 스마트폰 내부에서 신호를 처리하는 칩을 모뎀칩_{MODEM Chip}이라 부르며 스마트폰 안팎을 오가며 디지털 신호와 RF 신호를 변환해주는 칩을 RF 칩이라 한다. 그 밖에 음성을 변환해주는 음성 칩과 신호 전송

효율을 높여주는 SM 칩 등 여러 칩이 쓰인다. 그중에서 모뎀칩과 RF 칩이 가장 주요한 칩으로 꼽힌다.

퀄컴은 어떤 이유로
특정한 시기에 투자 기회를 선사할까?

이러한 통신 칩 시장을 주름잡아온 기업이 퀄컴이다. 퀄컴은 5G 통신과 같은 새로운 통신 기술이 등장할 때 기술력을 앞세워 우수한 성능의 칩을 먼저 출시해왔다. 그 덕에 새로운 통신 기술이 상용화된 직후에는 통신 칩 시장에서 80~90%의 점유율을 차지했다. 물론 뒤이어 경쟁사들이 하나둘 유사한 칩을 내놓기 시작하면서 점유율이 점차 하락했지만 여전히 50% 내외를 꾸준히 유지한다.

퀄컴은 AP 시장에서도 두각을 보였고 퀄컴의 매출 80%는 통신 칩과 AP에서 발생한다. 사실상 사업의 대부분인 것이다. 게다가 나머지 매출 중 50% 정도는 이들 사업에서 파생된 것이다. AP와 통신 칩을 개발하는 과정에서 만들어지는 IP를 판매하는 사업이다.

AP는 웨어러블 기기나 자동차에도 일부 쓰이지만 스마트폰에 가장 많이 쓰인다. 따라서 AP 사업은 스마트폰 산업에 의존적이다. 통신 칩도 주로 스마트폰에 쓰인다. 앞서 언급했듯 컴퓨터보다 스마트폰에 쓰이는 통신 칩이 더 중요하다. 결과적으로 퀄컴은 스마트폰 산업에 의존할 수밖에 없으며 스마트폰 시장이 빠르게 성장하면 실적과 주가가 크게 오르지만 반대로 부진해지면 퀄컴은 시장에서 소외되기 시작한다. 퀄컴 주식을 매수할 때 기술력보다 스마트폰 업황에 주목해야 하는 이유다.

통신 기술은 약 10년 주기로 크게 발전한다. 2002년 전후로 3세대인 3G 통신이 등장해 핸드폰에서 영상통화와 인터넷을 사용할 수 있게 되었다. 이후 10년이 지난 2012년에는 3G보다 약 10배 빠른 4세대의 4G 통신이 상용화되었다. 향후 10년 이상 통신 수요를 뒷받침할 수 있는 진보된 기술이라는 의미에서 LTE_{Long Term Evolution}라고 부른다. 이후 2020년대에 들어서는 더욱 진보된 5세대인 5G 통신 시대가 열리며 사물인터넷과 자율주행에서도 통신이 늘어나기 시작했다.

통신 칩과 AP의 성능은 이러한 통신 발전에 맞추어 큰 폭으로 향상된다. 새로운 통신 기술이 등장하면 통신 칩 개발이 급격히 어려워진다. 게다가 통신 기술은 발전할수록 더욱 높은 주파수의 신호를 쓰게 되는데 주파수가 높아질수록 신호는 빠르게 약해진다. 따라서 신호 손실을 최소화하는 첨단 기술도 함께 개발해야 한다. 또한 통신 칩은 새로운 통신 기술뿐 아니라 지금까지의 통신 기술까지 모두 지원해야 한다. 그만큼 칩은 복잡해지고 단가는 크게 올라간다. 따라서 통신 칩을 앞서 개발하면 수익성을 급격히 늘릴 수 있다. 이 때문에 퀄컴은 통신 기술이 변할 때 실적이 급등하는 경향이 나타난다.

한편 AP도 통신 칩처럼 통신 기술 변화의 수혜를 본다. 통신 기술이 변하면 AP도 이에 맞추어 기능을 지원해야 한다. 앞서 말했듯이 통신 칩의 종류는 다양하지만 스마트폰에 여러 칩을 각기 부착하는 것은 공간 효율성이 떨어지기에 일부 통신 칩을 기능을 AP에 내장하기도 한다. 특히 퀄컴은 AP에 통신 칩 기능도 최대한 담아내며 칩 개수를 비약적으로 줄여왔다. 따라서 통신 기술이 바뀌면 AP도 사양이 높아지며 단가가 뛰고 당연히 퀄컴 실적도 크게 바뀐다.

그런데 새로운 통신 기술이 등장한 뒤 시간이 지날수록 퀄컴의 투자 매력은 떨어질 것이다. 경쟁사들의 통신 칩이 출시되기 시작하고 경쟁 AP도 하나둘 늘어나기 때문이다. 그 결과 시간이 지날수록 퀄컴은 다른 반도체 기업 대비 상대적으로 소외되고 새로운 통신 기술이 등장할 때까지 주가와 밸류에이션이 점점 낮아진다. 그러다 통신 기술이 바뀌는 시기 즈음이면 여타 반도체 기업들보다 주가가 더욱 큰 폭으로 오른다. 이러한 경향은 향후 퀄컴이 새로운 사업(차량용 반도체 등)을 충분히 확대할 때까지 지속될 것으로 예상된다.

스마트폰 시장의 다변화와
DB하이텍의 성장

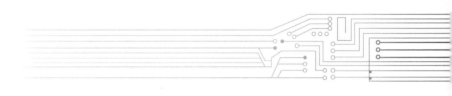

삼성전자가 3nm 공정을 개발했다는 기사가 뜨면 많은 투자자가 3이라는 숫자에만 집중한다. 그러나 반도체 공정은 보기보다 복잡하다. 예컨대 삼성전자와 TSMC가 새롭게 개발한 3nm, 2nm 등의 첨단 공정은 CPU, GPU, AP와 같은 고사양 칩을 제조하기 위한 공정이다. 통신 칩 중 하나인 RF 칩은 0과 1뿐만 아니라 다양한 숫자로 이루어진 아날로그 신호를 함께 처리한다. 아날로그 칩은 제조하기가 훨씬 까다롭다. 0과 1뿐만 아니라 0.1, 0.2, 0.9, 1.1과 같은 정교한 신호를 처리하므로 칩의 완성도가 높아야 하며 오작동이 있어선 안 된다.

따라서 TSMC와 삼성전자 등의 파운드리는 RF 칩에 특화된 제조 공정을 별도로 개발한다. 2020년 전후해 TSMC와 삼성전자가 3nm 공정을 개발한다는 기사가 쏟아져 나올 동안 한편으로는 RF 칩 제조를 위한 RF 14nm 공정, RF 8nm 공정 개발 경쟁이 활발하게 펼쳐졌다. 이러한 RF 공정에 강점을 가진 또 다른 국내 대표 기업이 DB하이텍이다.

DB하이텍이 2010년대 중반부터 빠르게 성장한 이유

스마트폰 산업 초기에는 애플의 아이폰과 삼성전자의 갤럭시S가 경쟁했지만 이후 중저가 스마트폰 시장이 성장하며 스마트폰 종류와 스마트폰 제조 업체가 기하급수적으로 늘어났다. 그렇다면 스마트폰 업체들은 어떻게 가격이 더욱 낮은 스마트폰을 만들어낼까? 첫 번째 방법은 구형 부품을 사용해 제조 원가를 낮추는 것이고, 두 번째 방법은 저사양 부품을 새로 개발해 더욱 싼 부품을 도입하는 것이다. 이를 통해 중저가 스마트폰의 가격 경쟁력을 끌어올린다. 이러한 이유로 중저가 스마트폰 시장이 확대될수록 스마트폰 시장에서 쓰이는 부품 종류가 더욱 늘어나고 경쟁 업체도 많아진다. 또한 스마트폰 제조사가 늘어날수록 고유의 특징을 살린 스마트폰을 만들고 싶어 하기 때문에 부품 다양화도 빠르게 이루어진다.

이 과정에서 자연스레 스마트폰용 칩의 종류도 늘어난다. 가령

스마트폰에 들어가는 이미지 센서

중저가 스마트폰이 확대될수록 이미지 센서의 종류도 급격히 늘어난다. 중저가 이미지 센서는 기존 시장 강자인 소니, 삼성전자 외에도 많은 기업이 개발에 나선다.

스마트폰 카메라에는 '이미지 센서'라고 불리는 반도체 칩이 필수적으로 쓰이며 고사양 스마트폰은 고사양 이미지 센서로 카메라 성능을 극대화한다. 고사양 스마트폰은 종류가 제한적이므로 이미지 센서 기술에서 가장 앞서 있는 소니와 삼성전자만으로도 이미지 센서 수요를 충분히 감당할 수 있다. 그러나 중저가 스마트폰은 스마트폰 종류만큼이나 카메라 성능도 천차만별이다. 그만큼 다양한 이미지 센서가 필요한데 대체로 고사양 스마트폰에 들어가는 이미지 센서에 비해 성능이 낮다. 성능이 낮을수록 소니와 삼성전자가 물량을 모두 감당하기 어렵다. 게다가 이미지 센서 사양이 다양해지는 만큼 고객사 요구를 모두 맞추며 이미지 센서를 만들기는 어렵다.

사양이 낮은 이미지 센서일수록 소니와 삼성전자 외에 다소 기술력이 낮은 반도체 기업의 시장 진입이 수월해진다. 중국의 옴니비전OmniVision Technologies과 갤럭시코어Galaxycore가 대표적인 사례다. 옴니비전은 중저가 스마트폰에 탑재되는 이미지 센서를 주력 사업 삼아 소니의 점유율을 지속적으로 뺏으며 스마트폰용 이미지 센서 3위권 기업으로 자리 잡았다. 특히 중국의 중저가 스마트폰 확대 수혜를 그대로 받으며 고속 성장했다. 따라서 중저가 스마트폰이 다양해질수록 맞춤형 칩의 수요가 증가하고 새로운 칩을 설계하려는 기업들 또한 빠르게 늘어난다. 그런데 대부분의 설계 업체는 칩을 설계하는 것까지는 가능해도 직접 제조하지는 못한다. 따라서 제조 대행업체를 찾아 나서야 하고 칩의 종류가 다양해질수록 파운드리 기업들의 문을 두드리는 수요는 자연스럽게 늘어난다. DB하이텍도 이의 수혜를 받는다.

이처럼 DB하이텍이 2010년대 중반부터 본격적으로 성장한 배경에는 스마트폰 시장의 제품 다변화라는 거대한 트렌드가 작용했다. 실제로 2020년대에 접어들자 DB하이텍의 주력 생산 품목은 스마트폰용 반도체 칩이 주를 이뤘다. DDI, 모뎀 및 RF 칩, 스마트폰용 전략 반도체, 스마트폰용 이미지 센서 등이 대표적이다.

DB하이텍의 실적이 2015년부터 급등한 이유는 단순히 기술력이 뛰어나거나 스마트폰 시장이 성장해서가 아니다. 스마트폰 시장의 성장은 2010년대 초반에 몰려 일어났지만 이후 스마트폰 제조 업체가 다양해지고 제품군이 더욱 다변화되는 과정에서 DB하

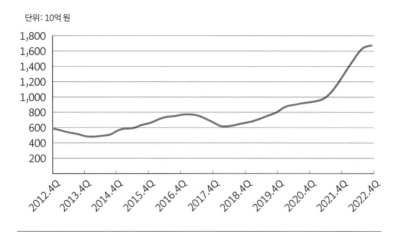

DB하이텍 매출액 추이

단위: 10억 원

DB하이텍은 2010년 직전까지만 해도 고객사 수가 100개 남짓이었으나 2020년대부터 200개 내외로 크게 증가했다.

출처: 업계 자료 정리

이텍이 본격적으로 성장했다. 향후 메타버스와 같은 산업이 성장하며 모바일 기기가 늘어나거나 가전제품에 통신 등의 기능이 늘어날수록 DB하이텍은 추가로 수혜를 얻을 수 있다.

DB하이텍의
특화 공정에 주목하자

DB하이텍에 대해 자주 나오는 질문 중 하나는 공정 기술이다. TSMC와 삼성전자는 7nm, 3nm, 2nm와 같은 나노미터 단위에서의 미세 공정 개발에 몰두한다. 반면 DB하이텍의 주력 공정은

110nm에서 350nm에 이르며 공정 이름에 붙은 숫자가 월등히 크다. 칩의 성능을 끌어올리려면 더욱 작은 트랜지스터를 만들어야 하고 이를 위해서는 미세 공정 개발이 필연적인데 숫자만 보면 DB하이텍의 공정은 삼성전자와 격차가 상당한 것처럼 보인다.

일부는 맞는 이야기다. 그러나 DB하이텍은 RF 칩과 같은 아날로그 칩의 제조 공정에 특화되어 있다. RF 칩을 비롯한 아날로그 신호를 다루는 칩은 미세 공정보다 정교한 제작이 더욱 중요할 때가 많다. 동일한 110nm 공정을 이용해도 트랜지스터 소재를 바꾸거나 기판 물성을 변경하는 등의 참신한 방법으로 트랜지스터의 성능을 더욱 끌어올리는 것이다.

DB하이텍은 이처럼 공정이 특화되어 있어 단순히 숫자만으로 경쟁력을 비교하기 어렵다. 물론 숫자가 전혀 의미 없지는 않다. TSMC와 삼성전자는 RF 공정에서도 매우 앞서 있고 퀄컴의 스마트폰용 통신 칩과 같은 고사양 칩을 싹쓸이하다시피 만든다. 자연스레 DB하이텍과 같은 파운드리는 TSMC와 삼성전자가 만드는 칩보다는 다소 사양이 낮은 칩을 만드는 데 주력한다.

이에 따라 파운드리 산업이 호황 구간에 들어서 공급이 빠듯해지면 TSMC와 삼성전자는 수익성이 높은 고사양 칩 중심으로 수주를 진행하고 이로 인해 DB하이텍으로 낙수 효과가 크게 발생한다. 그러나 파운드리 산업이 불황 구간에 들어가면 DB하이텍은 큰 악영향을 받는다. 가동률이 가파르게 떨어지고 고객사와의 단가 협상도 훨씬 불리해진다. 다음 호황도 더욱 오래 기다려야 한다.

다만 고사양 반도체일수록 경쟁 강도가 약하지만 비교적 저사양 반도체일수록 경쟁 강도가 높으므로 TSMC와 같은 선두 기업이 먼저 호황 구간에 들어서고 DB하이텍 등의 기업이 호황을 뒤늦게 맞는 현상이 반복될 가능성이 높다. 게다가 중국이 파운드리 사업을 육성하며 비교적 제조가 쉬운 45nm 이상 공정에 집중하고 있어 파운드리 경쟁 강도도 날로 높아질 것이다. 경쟁 강도 심화는 호황 구간이 더욱 늦게 나타나는 변수가 될 수 있다.

그러나 장기적으로 반도체 칩의 종류와 파운드리 수요가 꾸준히 늘어나는 구조이고, DB하이텍이 기존 공정의 고도화에 투자해 격차를 다시금 늘리고 새로운 반도체 공정을 중심으로 신사업도 확대하고 있어 적당한 경쟁 강도에서는 호황과 불황이 여전히 반복될 가능성이 높다. 따라서 불황을 장기적인 경쟁력 악화 요인으로 보기는 어려우며 영업환경 반등 가능성을 탐색하는 시기로 보는 것이 필요하다. 변동성을 즐기는 투자자라면 TSMC나 삼성전자보다 DB하이텍을 더욱 매력적인 투자처로 고려할 수도 있다. 그러나 경쟁 강도에 따라 과거부터 이어져온 사이클의 규칙성이 줄어들 가능성도 고려해야 한다. 또한 영업환경이 절정에 가까워지는 시기에는 DB하이텍의 주가 하락 위험성이 더욱 크니 유의해야 한다.

반도체 투자의 원칙

TSMC의 기술력과
국내 후공정 업체들의 추격

앞서 말했듯이 스마트폰은 컴퓨터와 달리 크기를 함부로 키울 수 없고 한 손으로 사용하기 편해야 하며 움켜쥐었을 때 그립감도 우수해야 한다. 배터리 용량도 함부로 키울 수 없다. 용량을 키우려면 배터리 크기가 커져야 하는데 그러면 스마트폰의 크기와 무게가 함께 늘어난다. 하지만 뚱뚱하고 무거운 스마트폰은 팔리지 않을 것이다. 이러한 특성으로 인해 스마트폰의 전력 소모도 제한된다. 스마트폰에 사용되는 반도체도 특징이 비슷하다. 스마트폰 내부 공간을 절약하기 위해 최대한 작아야 하고 전력도 크게 소모해서는 안 되지만 이에 비해 성능은 높아야 한다. 문제는 이렇게 제조하는 기술이 상당히 어렵다는 것이다.

스마트폰용 반도체에는
어떤 공정이 새롭게 쓰일까?

반도체 칩을 만드는 공정 중 후공정에서 칩의 겉모양을 완성한다. 그동안 많은 후공정 기술이 개발되었지만 칩의 성능을 유지하면서도 최대한 작게 만드는 공정은 매우 제한적이다. 그런데 2010년대에 들어 스마트폰용 칩 제조 과정에서 또 한 가지 문제가 발생했다. 칩의 크기가 꾸준히 작아지다 보니 패키지 기판 기술이 칩의 크기를 따라오지 못하게 된 것이다.

패키지 기판은 PCB 제조 업체들이 만드는데 이들 기업의 제조 기술력은 반도체 기업들에 비해 상대적으로 낮다. 이로 인해 반도체 기술을 따라가기 버거운 경우가 종종 발생한다. 반도체 칩에 새겨진 수많은 금속 회로가 계속 늘어나다 보니 PCB 회로의 폭도 미세해지는 것이다. PCB 업체들은 어느 시점부터 미세한 회로를 구현하기 어려워졌다. 칩에 더욱 많은 신호가 흐를수록 기판도 더욱 많은 신호를 흘러보내야 하는데 기판에 이를 구현하기가 힘들어진 것이다.

그러다 2015년에 TSMC가 팬아웃 웨이퍼 레벨 패키징FO-WLP; Fan Out-Wafer Level Packaging이라는 새로운 공정으로 이를 단번에 해결했다. 그리고 이 과정에서 과감히 기존에 반드시 써야만 했던 패키지 기판을 없애버렸다. TSMC는 기판 없이 칩과 스마트폰 사이에 신호가 오갈 수 있도록 기판 역할을 대신할 공간을 칩 겉면에 만들었다. 이러한 공간을 재배선층RDL; redistribution layer이라 부른다.

애플은 왜 AP 제조를
TSMC에 맡겼을까?

FO-WLP는 장점이 너무 많았다. 우선 칩을 더욱 공격적으로 작게 만들어도 기판 제약 없이 스마트폰에 바로 가져다 붙일 수 있었다. 또 패키지 기판이 필요하지 않으니 공정 단가도 낮아졌다. 그러나 공정이 매우 어려워 일부 전공정 기술을 빌려와야 했고 아무 기업이나 수행할 수 없었다. 실제로 FO-WLP가 도입된 초기에는 TSMC 외에는 이 공정을 수행할 수 있는 기업이 마땅치 않았다. TSMC의 기술 성숙도가 워낙 높았기 때문이다. FO-WLP는 2000년대 후반부터 이미 알려지기 시작했지만 개념으로만 존재하던 공정을 스마트폰 AP에 적용해 성공시킨 기업은 TSMC였다. TSMC를 뒤따라 앰코 등 일부 해외 후공정 전문 기업이 FO-WLP 기초 기술을 가지고 있었고, 삼성전자는 이 기술을 유의미한 수준으로 가지고 있지 못했다. 애플은 결국 TSMC의 FO-WLP에 매혹되어 이 공정을 활용하면 AP 성능을 끌어올리면서도 칩 크기를 줄이고 원가를 낮출 수 있겠다고 판단한다.

TSMC가 FO-WLP를 성공시키기 전까지는 아이폰에 들어가는 AP를 대부분 삼성전자가 제조했다. 애플이 새로운 AP를 설계하고 삼성전자에 생산을 맡기는 식이었다. 하지만 FO-WLP 등장은 애플과 삼성전자의 관계에 마침표를 찍게 만들었다. 2014년부터 TSMC의 FO-WLP 기술이 성숙해지자 애플은 삼성전자가 만들어주던 AP 물량을 상당 부분 TSMC로 넘겼다. 그리고 2년 뒤부터 애플의 AP 물량을 모두 TSMC가 제조하기 시작했다. 전공정 기술력이 소폭 앞서 있던 삼성전자보다 후공정 기술까지 모두 내세운 TSMC를 선택한 것이다. 삼성전자는 후공정 기술을 충분히 성숙시키지 못한 것이 패착이 되었다. 당시 삼성전자의 후공정 기술은 TSMC보다 5년 이상 뒤처졌다는 평가가 지배적이었는데 이러한 평가는 근래에도 크게 다르지 않다.

삼성전자의 패배와 회복을 위한 노력

삼성전자는 TSMC에 애플 물량을 뺏기자 팬아웃 기술 개발에 공격적으로 매달렸다. 애플은 단번에 TSMC의 가장 큰 고객이 되어 TSMC 매출의 25%를 벌어다주며 TSMC의 성장 동력으로 자리 잡았다. TSMC도 이들 수익을 후공정 기술 개발에 쏟아부었다. 그 결과 삼성전자가 부단히 노력해도 기술 격차가 유의미하게 줄지 못했다. 특히 TSMC를 따라가는 것만으로는 의미가 없다고 판단했다. 그래서 기존 FO-WLP보다 공정 비용을 낮출 수 있는 팬 아웃 패널 레벨 패키징FO-PLP; Fan Out-Panel Level Packaging을 개발했다. FO-PLP와 FO-WLP의 근본 기술은 크게 다르지 않다. 패키지 기판을 사용하지 않고 RDL을 만드는 것이 핵심이다.

차이가 있다면 FO-PLP는 한 번에 패키징할 수 있는 칩의 개수가 더욱 많아 원가가 추가로 절감된다. 그러나 TSMC가 이미

반도체 투자의 원칙

RDL 형성 기술에서 월등히 앞서고 FO-PLP는 맞춤형 장비를 개발해야 해 삼성전자는 경쟁력 확보에 많은 시간을 쏟을 수밖에 없다. 여전히 배선 회로를 만드는 기술은 TSMC가 훨씬 앞서고 있다. 경쟁력 차이가 존재하기에 삼성전자는 애플을 설득하는 데 어려움을 겪고 있다.

네패스도 FO-WLP를 하는데 왜 성과가 부족했을까?

우리나라 대표적인 후공정 전문 기업인 네패스는 팬아웃 기술의 중요성을 일찍이 깨달았다. 네패스는 반도체 칩을 처음부터 끝까지 제조하는 기업이 아니라 삼성전자가 칩을 제조하는 과정에서 감당하기 어려운 일부 후공정만 집중적으로 대행해주는 외주 후공정 기업이다. 네패스도 2014년부터 팬아웃 기술을 선보이기 시작했다. 3년 뒤에는 삼성전자에 대응하기 위한 FO-PLP까지 상용화했다. TSMC가 독보적으로 앞세웠던 기술을 국내 시가총액 5,000억 원 규모의 기업이 해내자 많은 투자자가 관심을 보였다.

그러나 네패스와 삼성전자를 비롯한 후발 기업들은 RDL 내에 배선 회로를 TSMC처럼 많이 만들지 못했다. 기술 격차가 존재하기 때문이다. 삼성전자와 네패스는 FO-PLP에 더욱 집중하기 시작했다. FO-WLP를 해봐야 TSMC를 뒤쫓는 꼴밖에 안 되기 때문이었다. 그러나 FO-PLP는 공정상 어려움이 많았다. 커다란 네모난 기판에서 공정이 진행되어 수율이 현저히 떨어졌는데 기판이 휘어지는 문제 때문에 칩을 완성하고 나면 성능 편차가 나타나기도 했다. 게다가 기판에 최적화된 장비와 소재가 필요한데 이러한 기술력도 부족하다 보니 수율이 더욱 떨어졌다. 커다란 네모난 기판에 소재를 고루 도포하는 공정은 결코 쉽지 않았다.

그러다 보니 FO-PLP라는 비싼 기술을 가지고도 비싼 칩을 패키징하는 대신 저사양 칩을 패키징하는 사태가 몇 년째 이어졌다. 그 결과 네패스는 막대한 비용을 쏟았음에도 팬아웃 수요를 늘리는 데 어려움을 겪었다. 2023년부터는 고객사가 FO-PLP 외주 생산을 취소하는 사태까지 벌어졌다. 이러한 어려움은 삼성전자도 마찬가지였다. 삼성전자는 추가 비용 절감을 위해 삼성디스플레이의 구형 천안 공장을 PLP 공정 라인으로 활용하는 방안까지 내세웠지만 가동률은 저조했다.

경쟁 기업을 쫓아 부단히 연구 개발과 투자를 거듭하면 성과도 찾아올 것이다. 그럼에도 기술 격차를 단번에 따라잡는 것은 현실적으로 어렵다. 따라서 신기술을 도입했다는 이유만으로 섣불리 주식을 매수해선 안 되며 경쟁사와의 기술 격차를 올바르게 이해할 수 있어야 한다.

네패스와 삼성전자 등 후발 주자는 초기에는 저렴한 칩, 저성능 칩을 중심으로 FO-PLP를 진행할 수밖에 없다. 추후 신규 고객사를 확보하고 현금 흐름을 갖추면 기술 개발에 쏟을 여력이 커지면서 TSMC와의 격차가 줄어들 것이다. 미디어텍이 고사양 AP를 성공적으로 내놓기까지 무려 10년이 걸렸다. 다만 이 과정에서 현

반도체 투자의 원칙

금 흐름을 확보하는 것이 중요하다. 신사업에 무리하게 투자해 망하는 이유는 현금이 고갈되기 때문이다. 네패스 또한 팬아웃 기술을 확보하기 위해 현금을 막대하게 투입한 것이 패착이었다.

향후 팬아웃 기술을 필요로 하는 칩은 늘어날 예정이다. VR과 같은 신산업에 쓰일 새로운 칩도 등장하겠지만 차량용 반도체나 고성능 전력 반도체에도 팬아웃 적용 사례가 늘어나고 있다. 팬아웃 기술을 선제적으로 확보한 기업들이 칩 종류를 다각화하며 현금이 새어 나가는 구조에서 차곡차곡 쌓이는 구조로 탈바꿈한다면 팬아웃 기술에 매진한 노력이 더욱 큰 성장이라는 성과로 나타날 것이다.

리노공업은 왜
어닝 서프라이즈를 발표했을까?

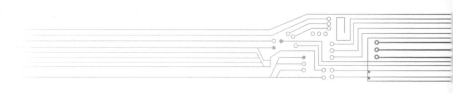

2020년 2월 들어 중국에서 훗날 코로나19로 명명된 전염병이 유행했고, 곧이어 국내에서도 확진자가 늘기 시작하자 주식시장도 코로나19를 심각하게 받아들이기 시작했다. 2,250선을 유지하던 코스피 지수는 그해 2월 말부터 무너졌고 불과 1개월도 안 되어 35% 이상 폭락했다. 삼성전자도 30% 이상 폭락했고 대부분의 중소형주는 50~60% 내외 급락했다.

그런데 흥미롭게도 주식시장이 개장만 하면 파랗게 질려 폭락을 거듭하는 것과 달리 리노공업은 주가가 크게 떨어지지 않았다. 같은 기간 리노공업의 주가는 고작 15% 하락하는 데 그쳤다. 더욱 놀랍게도 코로나19 우려가 해소된 이후 리노공업의 주가는 급

반도체 투자의 원칙

격한 상승 랠리를 펼치며 2년이 안 되는 기간 동안 무려 4배 가까이 급등했다. 리노공업은 때마침 2019년 4분기 실적 발표와 함께 커다란 어닝 서프라이즈를 나타내며 시장을 놀라게 했다. 시장에서는 리노공업의 예상 실적을 130억~150억 원 수준으로 예상했으나 실제 리노공업의 4분기 실적은 약 200억 원에 달했다. 단순히 어닝 서프라이즈만으로는 주가가 크게 오르지 않는다. 리노공업이 어닝 서프라이즈를 이룬 특별한 배경부터 살펴보도록 하자.

리노공업이 성장할 수 있었던 이유

반도체 칩 제조 업체는 칩 제조 공정 마지막 단계에서 개별 칩의 성능을 검사하는 패키지 테스트package test 공정을 거친다. 칩에 전기 신호를 가해 정상적으로 신호가 오가며 잘 작동하는지, 속도는 충분히 빠른지, 고온 및 저온 환경에서 잘 작동하는지 확인하는 것이다. 특히 반도체 칩은 검사 장비에 올려진 뒤 핀pin이라는 부품을 통해 칩과 장비 사이에 전기 신호가 오가게 된다. 리노공업은 칩 테스트 공정에 사용되는 부품을 공급하며, 특히 핀과 핀을 모듈화한 부품을 제조하는 기업이다. 핀은 모양과 성능에 따라 종류가 다양한데 리노공업은 포고형 핀을 주로 제조한다. 포고형 핀의 가장 중요한 특징은 길고 가늘며 날카롭게 생겼다는 점이다. 마치 못과 비슷한 모양새다.

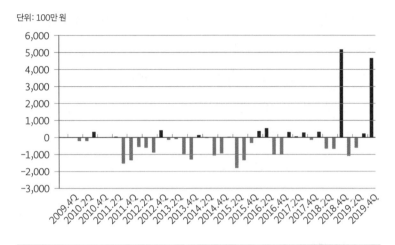

리노공업 분기별 영업이익 컨센서스

단위: 100만 원

리노공업은 2019년 4분기에 큰 폭의 어닝 서프라이즈를 발표하고 다음 분기인 2020년 1분기에도 서프라이즈를 발표했다. 5G 스마트폰의 확대가 큰 이유였다.

출처: 업계 자료 정리

이러한 특징 덕분에 포고형 핀은 매우 가느다란 구조로 제작이 가능하다. 특히 리노공업은 고정밀 핀 제조 장비를 이용해 핀 지름이 무려 75μm(마이크로미터)인 핀을 제조하는 기술을 확보했다. 75μm는 성인 머리카락 굵기의 절반에 불과한 수준이다. 근래 가장 성능 높은 칩의 테스트 공정에 지름이 약 200~300μm인 핀이 도입되고 있음을 감안하면 리노공업의 가장 미세한 핀은 약 10년 뒤에 등장할 집적도가 높은 고사양 칩에도 대응할 수 있을 것으로 보인다.

리노공업이 만드는 포고형 핀의 또 다른 특징은 모양과 소재를 다양하게 만들어 여러 종류의 칩에 대응할 수 있다는 점이다. 반도체 칩은 종류마다 내외부 구조가 사뭇 다르다. 문제는 칩의 모양이 다르기에 후공정을 진행하는 과정에서 테스트 또한 각기 다른 방식으로 수행해야 한다는 것이다. 자연스레 칩을 검사하는 핀의 모양도 칩 종류마다 최적화되어야 한다. 포고형 핀은 다양한 모양으로 제작하기 용이하므로 수십만 가지 비메모리 반도체의 테스트에 수월하게 대응할 수 있다. 이에 따라 리노공업의 핀은 주로 다품종 비메모리 반도체를 검사할 때 쓰였다.

더욱 주목할 점은 이미 상용화된 칩이 아닌 이제 막 연구 개발이 진행되고 있는 칩을 검사할 때다. 반도체 기업들은 하나의 칩을 시장에 성공적으로 출시하기에 앞서 여러 차례 시제품을 만든다. 새로운 라면 하나를 출시하는 데도 적게는 수개월에서 길게는 수년까지 걸린다는데 반도체 기업들이 얼마나 많은 시제품을 찍어내고 나서야 비로소 하나의 양산 제품을 완성하는지 감이 잡히지 않을 정도다. 이처럼 시제품을 다양하게 찍어낼수록 더욱 다양한 칩 테스트가 필요하고 이 과정에서 칩에 최적화된 맞춤형 핀이 고루 필요하다.

특히 시제품은 성능은 물론이고 수명, 극한 환경 등 여러 조건에서 테스트를 거치는데, 그중 상당수는 고유한 핀 조합이 필요하다. 중요한 점은 리노공업의 매출 중 절반 이상이 바로 이러한 R&D용 칩 테스트에 쓰인다는 것이다. 새로운 칩을 개발하는 과정에서 새로운 유형의 핀이 활발히 필요하기에 리노공업은 고객사가 요구하는 사양에 맞춰 핀을 다양하게 개발한다. 이러한 맞춤형 제품은 빠른 납기가 생명이다. 리노공업은 불과 2주 만에 고객사가 원하는 핀을 제작해 공급을 완료한다. 대부분의 핀 제조 업체가 제조부터 공급까지 1~2개월 걸린다는 점을 감안하면 매우 뛰어난 경쟁력이다. 또한 대량 생산 제품이 아닌 관계로 제품의 단가와 수익성이 매우 높다. 이로 인해 리노공업은 여타 반도체 기업들과 비교해도 매우 높은 이익률을 자랑해왔다. 한편 수많은 가전제품에 인공지능이 탑재되는 온 디바이스on-device AI 기술이 발전하며 칩 종류가 확대될수록 리노공업의 수혜는 늘어난다. 전자기기마다 필요한 칩이 개발되어야 하기 때문이다.

스마트폰 기술 변화에 따른 검사 장비 시장의 성장

스마트폰용 AP를 비롯해 스마트폰에 사용되는 칩은 크기가 작을 뿐 아니라 성능도 매우 높다. 따라서 수많은 전기 신호가 흐르고 이 때문에 칩과 스마트폰을 이어주는 배선 회로도 매우 많이 필요하다. 근래 나오는 칩은 표면에 배선이 500~700개가량 필요하며 가장 성능 높은 칩에는 배선이 무려 1,200개 이상 필요하다.

이러한 칩들을 검사하려면 배선마다 일일이 전기 신호를 인가해야 한다. 전기 신호를 인가하는 역할을 핀이 담당한다. 예컨대 배선이 1,200개 있다면 1,200개의 핀이 칩과 접촉해 한 번에 1,200개의 전기 신호를 흘려주는 것이다. 이처럼 자그마한 칩에 수백에서 수천에 이르는 전기 신호를 흐르게 하려면 핀이 극도로 가늘어야 한다. 따라서 리노공업이 제조하는 핀 중에 극도로 미세한 핀은 스마트폰과 같은 모바일 기기용 칩 테스트에 활발히 쓰인다.

그런데 앞서 말했지만 AP의 성능은 통신 기술이 변할 때 빠르게 발전한다. 자연스레 통신 기술이 바뀔 때 칩에 흐르는 전기 신호가 더욱 많아지며 테스트에 필요한 핀 개수도 빠르게 늘어난다. 즉 리노공업은 반도체 칩의 성능 향상 덕에 성장하는 동력을 가지고 있다. 리노공업은 5G 통신이 확대되는 과정에서 큰 수혜를 입었다. 5G 도입과 함께 AP와 통신 칩 개발이 활발해졌고, 그 과정에서 나오는 시제품 칩까지 테스트 수요가 크게 증가했기 때문이다. 이에 따라 리노공업은 5G 통신 도입 전후로 핀 판매가 급증했다.

필자는 2019년 블로그에 5G 도입 시 리노공업이 수혜를 받을 거라고 밝혔다. 그러나 리노공업이라는 이름은 많은 투자자에게 알려졌지만 핀의 특징은 그렇지 않은 탓에 주식시장에서는 5G 도입 효과를 일찍이 눈치채지 못해 5G 도입 시기에 리노공업의 실적이 크게 증가할 것이라는 예측이 적었다. 그 결과 리노공업은 시장의 낮은 기대치보다 월등히 높은 서프라이즈 실적을 나타내며 5G 도입의 수혜주임을 시장에 알리게 되었다. 그제야 시장에서 재평가가 이루어졌고 코로나 급락 장세 속에서도 꿋꿋하게 버틴 뒤 급등하기 시작했다.

리노공업의 포고형 핀 수요는 비메모리 반도체 산업의 성장과 함께 꿋꿋하게 증가하는 특징이 있다. 따라서 비메모리 반도체 산업의 성장이 구조적으로 지속될 것이라는 판단만으로도 리노공업

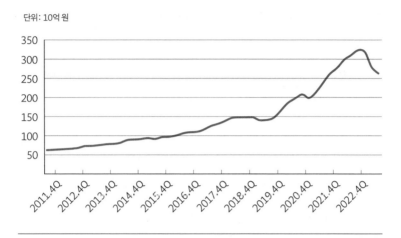

리노공업 매출액 추이

단위: 10억 원

350
300
250
200
150
100
50

2011.4Q 2012.4Q 2013.4Q 2014.4Q 2015.4Q 2016.4Q 2017.4Q 2018.4Q 2019.4Q 2020.4Q 2021.4Q 2022.4Q

리노공업은 비메모리 반도체 산업의 성장과 함께 실적이 장기적으로 우상향한다. 산업의 구조적인 성장 수혜를 받는 기업으로서 향후 수년간 이러한 특징이 반복해 나타날 것으로 보인다.

출처: 업계 자료 정리

에 장기 투자할 만하다. 그런데 핀의 특징을 조금 더 자세히 뜯어 보면 전방 산업의 기술 패러다임이 바뀔 때 단기적인 수혜가 발생 한다. 가령 통신 기술의 패러다임이 4G LTE에서 5G로 변하는 과 정에서 테스트 핀의 수요가 일정 기간 더욱 빠르게 늘어났다.

리노공업은 스마트폰용 칩 테스트에 사용되는 핀을 활발히 공 급해왔지만 점차 다양한 모바일 기기(VR 등)와 차량용 반도체 등 새로운 영역으로 핀의 판매를 확대하고 있다. 따라서 향후 더욱 다양한 산업 변화에 따라 실적 성장이 추가적으로 이루어질 수 있 으므로 전방 산업을 주의 깊게 살펴보면 도움이 될 것이다.

반도체 투자의 원칙

스마트폰용 반도체 산업
주요 기업 정리

스마트폰 시장은 2015년을 지나며 정체 구간으로 들어섰다. 하지만 스마트폰용 칩의 성능이 날로 발전하고 있으며 FO-WLP와 같은 새로운 기술이 등장하기도 했다. 투자에 앞서 이러한 기술 변화를 추적할 필요가 있다. 스마트폰 시장은 고가 제품 중심에서 중저가 중심으로 확대되었고 스마트폰 종류가 늘어나면서 관련 반도체 종류도 늘어났다. 이 과정에 DB하이텍과 같은 일부 기업들이 수혜를 입었다. 추후 스마트폰 외에 스마트폰의 역할을 보조할 웨어러블 기기가 늘어나면 이러한 수혜가 반복될 수 있다. 특히 메타버스 시장이 확대되면 웨어러블 기기의 수요가 또다시 늘어날 것으로 전망된다. 따라서 새로운 시장의 개화도 눈여겨볼 필요가 있겠다.

네패스

네패스는 칩 제조 공정 중 일부 후공정을 대신해주는 전문 기업으로, 삼성전자가 만드는 여러 칩 중에서 스마트폰용 칩의 외주 경험이 풍부하다. 스마트폰에 탑재되는 칩 가운데 네패스는 스마트폰용 AP, 전력 칩 등의 외주 생산을 주로 담당했다. 삼성전자의 스마트폰용 칩 제조가 늘어나면 네패스가 담당하는 물량도 함께 늘어난다. 따라서 삼성전자가 스마트폰용 칩의 점유율을 늘리는 시기에는 네패스에도 긍정적인 소식이 들릴 수 있지만 퀄컴이나 미디어텍과의 경쟁이 치열해지는 시기에는 주의가 필요하다.

아울러 네패스는 FO-PLP와 같은 신기술에 많은 비용을 투입했다. 빈번한 설비 투자로 현금 축적에 어려움을 겪고 있지만 TSMC와의 기술 격차는 여전히 높다. 이로 인해 네패스는 기술력 대비 시장의 기대가 낮은 편이다. 현금 고갈 시 자본 조달 필요성이 커져 주가가 부정적이겠지만 신사업 성과가 확대되어 현금이 빠르게 유입되면 낮아졌던 기대감이 빠르게 높아질 것이다.

네패스아크

네패스와 마찬가지로 일부 후공정을 대신 수행해주는 기업이다. 네패스는 후공정 중에서도 패키징 공정을 집중적으로 담당하는 반면, 네패스아크는 테스트 공정을 집중적으로 담당한다. 네패스가 칩의 외형을 완성해나간다면 네패스아크는 이를 전후해 칩들의 성능을 평가하는 것이다. 네패스아크는 네패스가 후공정을 맡은 칩들을 대상으로 테스트를 수행하는 경우가 많다. 따라서 네패스가 스마트폰용 칩 경험이 풍부하듯이 네패스아크도 스마트폰용 칩의 테스트 경험이 풍부하고 스마트폰 업황에 의존적인 편이다.

두산테스나

두산테스나도 네패스아크와 유사하게 칩 테스트를 전문으로 담당하는 기업이다. 과거에는 스마트폰용 AP 테스트가 주력 사업이었으나 카메라에 쓰이는 이미지 센서의 테스트 사업을 꾸준히 확대해왔다. 이후 스마트폰에 탑재되는 카메라 수가 늘어나면서 이미지 센서 수요가 더욱 빠르게 증가하자 두산테스나의 성장 동력이 되었다.

카메라는 스마트폰 외의 영역에도 활발히 사용된다. 따라서 두산테스나는 스마트폰 시장뿐 아니라 카메라 시장에도 의존적일 수밖에 없다. 스마트폰 시장은 성장이 정체되는 경향이 강하지만, 카메라 시장은 스마트폰 외에도 수요가 꾸준히 늘며 두산테스나의 빠른 성장에 큰 도움이 되었다.

두산테스나는 성장 동력을 추가로 확보하기 위해 차량용 반도체의 테스트 사업도 확대하고 있다. 특히 삼성전자의 파운드리 사업이 더욱 다양한 칩을 만들어낼수록 두산테스나의 수혜도 더욱 다양해진다. 삼성전자가 파운드리 사업을 확대하기 위해 차량용 반도체의 수주를 늘려가고 있는 점에도 주목해볼 만하다. 차량용 반도체는 대체로 저사양 칩이 많으나 점차 고성능 칩이 늘어나며 테스트가 까다로워지고 있다. 특히 칩의 성능이 높아질수록 테스트 소요 시간이 증가하는데, 이는 두산테스나의 매출 증가로 이어진다. 아직은 스마트폰용 칩 테스트 비중이 높으나 추후에는 더욱 다양한 전방 산업의 영향을 받을 수 있다. 따라서 어떤 칩의 테스트를 수행하는지 전방 시장의 비중 변화를 늘 관찰해야 한다. 또 이를 위해 두산테스나가 어떠한 검사 장비를 주기적으로 구입하는지 눈여겨보면(가령 차량용 반도체 검사 장비 등) 전방 시장의 다각화를 빠르게 눈치챌 수 있을 것이다.

리노공업

리노공업은 반도체 칩 테스트에 필요한 핀 중에 모양과 특징이 제각각인 포고형 핀의 제조에 특화되어 있다. 새로운 반도체 칩을 개발하면 여러 차례의 테스트 과정을 거쳐야 하고 이때 포고형 핀이 활발히 쓰인다. 리노공업은 이러한 R&D 시장에 포고형 핀을 대량 판매한다. 이로 인해 반도체 칩의 종류가 늘어날수록 리노공업은 꾸준히 수혜를 받을 수밖에 없다. 특히 스마트폰에 들어가는 반도체 칩은 변화가 빠르고 종류도 빠르게 늘어나기에 리노공업은 스마트폰 시장에도 큰 영향을 받는다. 더욱이 리노공업은 차량용 반도체 시장에도 포고형 핀을 확대 공급하고 있는데, 차량용 반도체 시장은 칩의 종류가 매우 다양해 수혜 강도가 높다. 현재 스마트폰 외에 노트북을 비롯한 PC 제품, 냉장고, 세탁기와 같은 백색 가전, 스피커, 디스플레이 등에도 인공지능이 확대되며 온 디바이스 AI 시장이 꾸준히 성장하고 있다. 이 과정에서 전자제품에 탑재되는 칩의 종류가 다양해지고 R&D 시장 또한 빠르게 성장할 것이므로 리노공업의 핀 수요는 꾸준히 늘어나리라 전망된다. 리노공업에 대한 자세한 이야기는 본문을 참고하길 바란다.

제주반도체

제주반도체는 삼성전자, SK하이닉스와 같은 주요 메모리 반도체 기업들이 만들지 않는 비교적 저사양의 메모리 반도체를 집중적으로 설계해 판매하는 기업이다. 거대한 메모리 반도체 시장에서 틈새시장을 공략한다고 볼 수 있다. 제주반도체는 메모리 반도체 중에서 저전력 메모리 반도체를 주력 제품으로 삼고 있으며 이들 제품은 주로 중저가 스마트폰이나 사물인터넷 관련 전자제품에 탑재된다. 특히 퀄컴과 미디어텍 등의 업체들이 중저가 스마트폰이나 사물인터넷용 AP를 공급하면 제주반도체가 이에 맞는 메모리 반도체를 공급하기도 한다. 지금껏 스마트폰 시장은 고성능 칩을 중심으로 발전하여 제주반도체의 수혜는 크다고 보기 어려웠다. 그러나 앞으로 온 디바이스 AI 시대를 맞아 저성능 기기를 중심으로 통신 기능, 인공지능 기능이 늘어나면 비교적 성능이 낮은 메모리 반도체 수요도 함께 증가하면서 제주반도체도 시장 확대의 수혜를 받을 것으로 보인다.

서버 산업은 2000년대에 들어 빠르게 성장했고 2010년대부터는 더욱 폭발적인 성장세를 보였다. 당연히 서버 산업에서 사용되는 반도체도 함께 성장했다. 그런데 이처럼 급격한 성장이 앞으로도 지속될 수 있을까? 서버 산업은 기존 PC나 모바일 시장과는 비교하기 힘들 만큼 복잡하고 다양하다. 서버에서 사용되는 반도체에는 어떤 특징이 있고 반도체 기업들의 역할은 무엇일까?

PART 5

서버 산업과
반도체

아마존은 정말
전자상거래 기업일까?

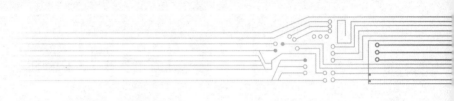

유튜브에는 하루에도 전 세계에서 수많은 영상이 업로드된다. 일부 자료에 따르면 매일 업로드되는 유튜브 영상은 평균 370만 개에 달하며 영상 길이를 합치면 총 72만 시간에 이른다. 그렇다면 이렇게 많은 영상은 어디에 저장될까? 바로 유튜브 서버다.

개인이나 단체가 유튜브에 영상을 업로드하면 유튜브는 압축해 영상 용량을 줄이고 시시각각 영상이 재생되도록 인코딩을 진행한 다음 영상을 자사 서버에 보관한다. 다만 영상을 보관하는 중에 손실이 발생할 수 있으므로 2~3중 백업 서버를 구축해 영상을 서버 내 여러 공간에 중복 저장한다. 또한 시청자가 영상을 볼때 재생 지연이 발생하지 않도록 전 세계 곳곳에 동일한 서버를

반도체 투자의 원칙

설치한다. 미국인이 자주 보는 영상은 미국 서버에 주로 저장하고 아시아인이 자주 보는 영상은 아시아 서버에 저장하는 방식이다.

　시청자가 유튜브 영상을 시청하는 순간 유튜브 서버는 시청자가 있는 국가와 인터넷 속도 등을 종합적으로 고려해 서버 어딘가에 저장된 영상을 끄집어내 송출한다. 시청하려는 인원이 많다면 세계 각국의 서버에서 분산되어 영상이 송출된다. 라이브 방송이라면 이러한 작업들을 실시간으로 처리해야 한다. 시청자가 유튜브에서 영상을 검색하면 최적화된 결과물을 보여주는 것 또한 유튜브 서버의 중요한 역할이다. 추천 영상이나 동영상 앞·중간·뒤에 붙는 광고를 시청자 맞춤형으로 띄우기 위해서도 유튜브 서버는 복잡한 데이터 처리를 반복해야 한다. 즉 유튜브 서버는 영상 저장 기능뿐 아니라 거대한 연산장치들이 끊임없이 돌아가며 수많은 기능을 수행한다.

아마존은
왜 서버 사업을 시작했을까?

아마존은 세계에서 가장 큰 전자상거래 기업으로 연간 매출액이 600조 원이 넘으며 매출 중 약 70%는 전자상거래 서비스에서 발생한다. 유튜브에 이어 아마존을 소개하는 이유는 아마존이 전자상거래 사업 외에도 서버 사업을 영위하고 있기 때문이다. 세계 각국에 서버를 구축하고 이를 바탕으로 다양한 클라우드 서비스를 제공하며 수익을 얻고 있다.

그렇다면 아마존이 서버 사업을 시작한 배경은 무엇일까? 설립 당시 아마존의 주력 사업은 온라인 책 판매 사업이었고 이후 CD, DVD, 비디오게임은 물론 가전, 의류, 가구, 음식까지 판매 품목을 꾸준히 확대했다. 이를 통해 종합 온라인 전자상거래 업체로 도약한 것이다.

그런데 규모가 커지다 보니 아마존은 고객 관리가 더욱 까다로워졌다. 아마존 입장에서는 고객에게 최적의 제품을 자주 노출해야 매출을 끌어올릴 수 있다. 하지만 취급 품목이 다양해질수록 고객의 취향과 소비 패턴이 복잡해졌다. 아마존은 고객의 소비 패턴은 물론이고 고객 관리와 재고 관리를 위해서도 방대한 데이터베이스를 구축할 필요성을 느끼게 되었다. 특히 국토가 넓은 미국은 유통의 어려움이 매우 크다. 고객이 원하는 제품을 최대한 근접한 지역에 적당히 쌓아두어야 재고 손실을 최소화하면서도 제품을 빠르게 배송해줄 수 있었다.

이러한 필요성에 따라 아마존은 2006년 자사 데이터베이스를 완성했다. 이 데이터베이스에는 소비 관련 정보와 재고 관리를 위한 방대한 데이터가 한데 모였다. 또한 재고 관리를 위한 각종 기능이나 물품 판매를 실시간 추적하는 기능, 고객에게 다양한 정보를 제공하는 기능도 데이터베이스에 접목했다.

즉 아마존이 완성한 데이터베이스는 단순한 데이터 저장소가 아니라 아마존이란 회사가 운영되기 위한 종합적인 시스템 그 자체였다. 이러한 시스템이 24시간 쉬지 않고 돌아가려면 방대한

양의 컴퓨터와 데이터 저장 공간이 필요했다. 아마존은 커다란 건축물을 지은 뒤 이러한 시설을 한데 몰아넣었다. 아마존의 서버가 완성된 것이다. 아마존은 이러한 방대한 컴퓨팅 서비스를 가리켜 AWSAmazon Web Services라 불렀다.

아마존은 여기에서 멈추지 않고 외부 기업에 AWS 서비스를 제공하며 추가 수익을 얻기로 한다. 실제로 아마존이 AWS를 구축하자 많은 기업이 아마존을 부러워했다. 아마존처럼 방대한 데이터베이스를 구축해 사이트 운영과 시스템 관리에 활용하고 싶었던 것이다. 아마존은 이러한 수요를 정확히 파악했다. 그 결과 이들 기업에 AWS와 비슷한 컴퓨팅 서비스를 제공하며 클라우드 사업을 본격적으로 시작했다. 아마존이 서버 기업으로 탈바꿈하는 계기였다. 이후 아마존에 비용을 지불하고 AWS 서비스를 이용하는 기업이 늘어나기 시작했다.

전자상거래 사업은 마진이 매우 낮다. 제품 판매, 일부 판매 중개, 배송은 아마존 말고도 여러 기업이 담당할 수 있어 아마존 홀로 독보적인 이익률을 얻기 어렵다. 실제로 전자상거래 사업은 시기에 따라 영업이익률이 2~3%에 불과하다. 반면 서버 사업은 매출이 아마존 전체 매출액 대비 15% 수준에 불과하지만 놀랍게도 영업이익은 아마존 전체 영업이익의 70~80%에 달한다. 즉 아마존의 클라우드 서비스는 마진이 30%에 육박하는 고수익성 사업이라서 사업 규모가 작더라도 실제로 남기는 마진은 상당하다.

따라서 아마존은 겉보기엔 전자상거래 기업인 것 같지만 사실상 서버 기업이라고 할 수 있다. 실제로 일반인에게는 전자상거래 기업으로 취급받는 것과 달리 아마존은 주식시장에서 클라우드 기업으로 인식된다. 주가는 덩치가 아니라 내실이 중요하므로 클라우드 사업의 성과에 따라 주가가 움직이는 것이다.

기업들에 서버가 필요한 이유

AWS를 이용하면 얻는 장점 중 하나는 인프라에 투자할 필요가 없다는 것이다. 즉 서버 구축을 위해 건물을 짓고 각종 컴퓨터와 냉각 장치 등을 가득 채울 필요 없이 아마존에서 AWS 서비스를 구입하면 고객 관리, 대용량 데이터 저장 등을 수행하며 자사 쇼핑몰을 24시간 내내 작동할 수 있다. 이처럼 별도의 인프라 없이도 각종 컴퓨팅 기능을 제공하는 서비스를 클라우드 서비스라 부른다.

한 예로 넷플릭스는 서버에 방대한 영상 콘텐츠를 보관하고 이를 시청자에게 실시간으로 제공한다. 또한 서버를 통해 수많은 고객의 정보를 관리하고 취향에 근접한 콘텐츠를 추천해준다. 한때 넷플릭스는 이러한 작업을 자체 서버를 통해 수행했다. 어딘가에 거대한 규모의 서버를 구축했던 것이다.

그러나 2008년에 재앙 수준의 문제가 터진다. 넷플릭스 서버가 오작동을 일으켜 넷플릭스의 모든 서비스가 3일간 멈춘 것이다. 당시 넷플릭스는 지금처럼 다양한 콘텐츠를 제공하기보다는 각종

반도체 투자의 원칙

DVD를 택배 배송을 통해 대여해 주는 서비스를 주로 하고 있었다. 넷플릭스 서버가 마비되자 DVD 대여는 물론 회수, 배송, 고객 응대 등 모든 서비스가 모조리 멈췄고 넷플릭스는 사업이 날아갈 위기를 겪었다. 서버를 대폭 업그레이드해 이러한 일이 재발하지 않도록 보완할 필요가 있었다.

이를 위해 넷플릭스는 자사 서버를 대폭 업그레이드하는 방안을 고민했지만 문제가 많았다. 우선 서버 구축에 막대한 비용이 들어갈 뿐 아니라 DVD 렌털 사업을 확장하기도 바빠 죽겠는데 서버까지 관리하려니 인력 효율성도 너무 떨어졌다. 당시 넷플릭스는 매우 빠르게 성장하는 중이었는데 고객이 꾸준히 늘어나 DVD 종류가 점점 많아지자 자사 서버만으로는 도저히 감당하기 어렵다고 판단했다. 결국 넷플릭스는 모든 서버 관련 업무를 서버 전문 기업에 위탁하기로 결정한다.

넷플릭스가 서버 전문 기업에 서버 관련 업무를 모두 외주로 넘기면 장점이 많았다. 우선 추후 넷플릭스 규모가 더욱 커져 서버를 증설할 필요가 생겨도 그 어떤 설비 투자 없이 하루아침에 서버를 대폭 늘릴 수 있다. 또한 고객 정보를 저장하는 과정에서 저장장치의 용량이 부족해지면 저장장치를 직접 구입하지 않아도 바로 용량을 키울 수 있다. 넷플릭스는 이러한 서버 업무를 대신 수행해줄 기업으로 아마존을 선택한다. 따라서 현재 넷플릭스의 모든 서비스는 아마존 서버를 통해 이루어진다. 넷플릭스에서 영상 시청 버튼을 누르면 아마존 서버에 있는 영상이 실행되고, 영상 추천 기능 또한 아마존 서버를 통해 수행된다.

전 세계적으로 수요가 늘어나는
대규모 데이터센터

반도체 산업을 공부하다 보면 서버 산업이 자주 언급된다. 서버가 아직 낯선 투자자를 위해 여기서는 먼저 아마존과 넷플릭스의 사례를 잠시 살펴봤다. 그렇다면 반도체 산업에서 왜 서버가 자주 등장할까? 2000년대에 들어 아마존 등 일부 기업을 중심으로 서버 서비스가 본격적으로 성장하기 시작했다. 서버 기업들은 전세계에서 서비스를 제공하기 위해 세계 곳곳에 데이터센터를 짓기 시작했다. 데이터센터는 각종 컴퓨터 장비가 가득 들어찬 거대한 건물이라고 보면 된다. 이 안에서 서버가 24시간 내내 가동되며 여러 서비스를 제공한다. 데이터센터에는 컴퓨터가 끝없이 설치되어 있으니 열이 많이 발생한다. 따라서 냉각 장치가 군데군데 설치되어 있다.

그런데 잘 생각해보면 데이터센터에 있는 수많은 컴퓨터 안에는 반도체가 탑재된다. 즉 서버는 방대한 데이터를 저장하는 메모리 반도체와 정보를 실시간으로 가공하고 서버의 각종 기능을 수행해주는 비메모리 반도체를 비롯해 다양한 반도체로 이루어져 있다. 쉽게 설명하자면 서버 기능은 데이터 저장과 데이터를 처리하는 연산으로 나뉜다. 데이터 저장에는 메모리 반도체가 쓰이고 연산은 CPU와 같은 연산 프로세서가 수행한다. 서버에서는 메모리 반도체와 연산 반도체가 각기 고유의 역할을 담당한다. 서버 산업은 사실상 반도체에 근거해 돌아가는 산업인 것이다. 실제로 서버 구축 비용 중 70~80%는 반도체 구입에 쓰인다.

서버가 커지거나 복잡해질수록 메모리 반도체와 이들 메모리 반도체에서 데이터를 꺼내줄 비메모리 반도체가 많이 필요하다. 또한 갈수록 반도체의 성능이 좋아야 하므로 칩의 개수가 늘어나고 성능도 빠르게 발전하게 된다. 그 때문에 서버에 쓰이는 반도체는 성능이 가장 높은 편이다. 당연히 서버 업체가 새로운 서버를 구축할 때 서버 규모가 커질수록 반도체 구입 비용도 같이 늘어난다. 서버 산업은 기본적으로 전 세계에서 만들어지는 데이터나 통신 트래픽이 늘어날수록 꾸준히 성장한다. 스마트폰의 통신 속도가 빨라지면 대용량 사진과 동영상을 공유하는 경우가 늘어나는데 이들 파일의 전송과 보관도 서버의 몫이다.

게다가 제공하는 기능이 다양해질수록 서버가 가파르게 성장한다. 가령 단순히 데이터를 보관해주는 서버보다 인공지능 기술을 활용해 그림을 생성하거나 음성을 변조하는 서버에는 반도체가 더욱 많이 필요하다. 이러한 이유로 인공지능 산업, 빅 데이터 산업, 자율주행 산업, 메타버스 산업의 성장은 서버 수요 증가를 부추길 것이다.

엔비디아는
왜 서버 시장과 함께 성장할까?

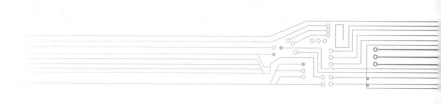

과거 MS-DOS가 쓰이던 시절에 컴퓨터 모니터에는 검은 화면에 흰 글씨밖에 존재하지 않았다. 컴퓨터가 발전하면서 오늘날처럼 화려한 배경화면과 여러 아이콘이 나타나기 시작했는데 이처럼 그래픽을 이용하는 방식을 GUIGraphic User Interface라 한다.

모니터에 검은 화면과 흰 글씨만 나타나던 시절에는 CPU 역할이 지금보다 적었다. 그러다 GUI가 등장하자 CPU도 바빠지기 시작했다. 모니터 구석구석에 화려한 화면을 출력해주어야 했기 때문이다. 앞서 살펴봤지만 모니터는 수많은 픽셀로 이루어지며 CPU가 모든 픽셀에 어떤 색상을 나타낼지 일일이 명령을 내려야 한다. 무수히 많은 명령이 모여 우리가 보는 모니터 화면이 되는

반도체 투자의 원칙

현재 컴퓨터 화면과 대비되는 MS-DOS 화면

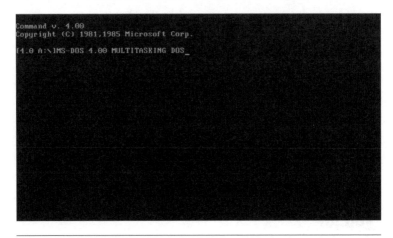

Command v. 4.00
Copyright (C) 1981,1985 Microsoft Corp.

[4.0 A:\]MS-DOS 4.00 MULTITASKING DOS_

MS-DOS가 쓰이던 시절에는 CPU 역할이 제한적이었지만 GUI가 발전하자 CPU만으로는 그래픽을 처리하기 어려워졌다.

출처: 마이크로소프트

것이다. 그러나 픽셀 수가 워낙 많다 보니 CPU가 처리해야 할 일이 너무 많아졌고 이후 CPU 역할을 분담하려는 시도가 생겨났다. 그중 하나가 CPU는 컴퓨터의 연산 기능만 담당하고 모니터에 화면 출력 용도의 프로세서를 추가로 장착하는 방법이다.

이러한 프로세서가 처음 등장한 1980년대에는 프로세서와 CPU가 별반 다르지 않았다. 동작 방식이 거의 비슷해 사실상 컴퓨터에 CPU가 2개 달린 꼴이었다. 물론 그래픽 처리를 위한 CPU는 그래픽만 집중적으로 담당하므로 디스플레이 프로세서display processor나 비디오 프로세서video processor 등으로 불리기는 했다. 하지만 근본적인 작동 방식은 CPU와 흡사했다. 그러다 GUI가 더욱 발전하고 컴퓨터 게임 시장까지 활발해지자 그래픽만 전문으로 처리하는 프로세서의 성능이 더욱 빠르게 발전해야 했다. 그러나 CPU의 작동 방식으로는 수많은 픽셀에 명령을 내리는 데 한계가 명확했고 결국 동작 방식이 전혀 다른 새로운 프로세서가 등장한다.

GPU를 세상에 처음 내놓은 엔비디아

1999년에 엔비디아는 GPU, 즉 그래픽 처리 장치라는 칩을 세계 최초로 출시했다. GPU는 기존 CPU와 비교해 사뭇 달랐다. 먼저 두 칩의 코어 수와 데이터를 연산하는 방식이 달랐는데 아래 수식으로 쉽게 예를 들어보겠다.

$$5+82+2-4-71+49-50-2+7+91-11+3+87-$$
$$22-61+45+58-45+2-347=?$$

누구나 자연스레 이 식을 왼쪽부터 차례로 계산할 것이다. 이러한 계산 방식을 사용하는 프로세서가 바로 CPU다. 그러나 보다시피 이 식은 매우 길고 왼쪽부터 하나하나 계산하면 오래 걸릴 것만 같다. 그래서 GPU는 다음과 같이 다른 방식을 채택한다.

$$(5+82+2-4)-(71+49-50-2)+(7+91-11+3)+$$
$$(87-22-61+45)+(58-45+2-347)=?$$

즉 GPU는 식이 너무 길다고 판단해 여러 개로 쪼개고 각 괄호를 따로따로 동시에 계산한다. 한 명이 이 식을 차례대로 계산할 때보다 여러 명이 쪼개진 식을 각각 계산한 뒤 결과를 합치면 계산 속도를 크게 줄일 수 있다. 다만 이처럼 식을 쪼개어 동시에 계산하려면 머리 안에 뇌가 여러 개 들어 있어야 한다. 반도체로 치자면 코어가 더 필요한 것이다. 이에 따라 GPU는 CPU와 달리 코어가 훨씬 많이 들어 있다. CPU처럼 식을 순차적으로 계산하는 방식을 직렬 방식, GPU처럼 식을 쪼개어 동시에 계산하는 방식을 병렬 방식이라 한다. GPU는 병렬 프로세서다.

부동소수점이 많아질수록 GPU가 더욱 중요해지는 이유

GPU가 처음 등장할 때만 해도 GPU는 사실상 게임 시장만 중요했다. 그러다 3D 그래픽을 요구하는 게임이 점차 등장하면서 더욱 많은 그래픽 데이터를 처리하기 위해 성능 높은 GPU가 필요해졌다. 초기 GPU는 이처럼 게임을 중심으로 3D 그래픽을 더욱 효율적으로 구현하는 방향으로 발전했다. 이후 2010년대에 코인 시장과 인공지능 시장이 본격적으로 개화하자 GPU가 새로운 영역에서 쓰이기 시작했다. 이들 시장은 기다란 수식 1개를 잘 계산하는 것보다 짧은 수식 여러 개를 빠르게 계산하는 것이 더 중요하다. 다음 실수를 한번 살펴보자.

$$12345.6789$$

컴퓨터는 이를 어떻게 인식할까? 먼저 정수인 12345와 소수인 6789를 따로 분리해 각각의 숫자로 인식하는 방법이 있다. 이 실수는 정수가 다섯 자리에 불과하고, 소수도 네 자리에 불과해 큰 문제가 없다. 그러나 아래의 두 실수를 처리할 때는 문제가 생긴다.

$$1.23456789 \qquad\qquad 12345678.9$$

왼쪽은 소수가 여덟 자리로 너무 길어지고, 오른쪽은 정수가 여덟 자리로 너무 길어진다. 그래서 컴퓨터가 이 둘을 처리하려면 소수점 앞이나 뒤에 공간을 많이 마련해야 한다. 소수점 앞의 숫자가 길어질 경우를 대비해 정수 공간을 넓게 마련하고, 소수점 뒤의 숫자가 길어질 경우를 대비해 역시나 소수 공간을 넓게 마련해야 하는 것이다. 그러나 이처럼 두 영역 모두에 많은 공간을 할당하는 것은 매우 비효율적이다. 그래서 컴퓨터는 두 실수를 다음과 같이 하나의 숫자로 인식한다.

$$123456789$$

이렇게 바꾸면 아홉 자리의 공간이면 충분해 공간을 절약할 수 있다. 그렇다면 어떻게 1.23456789와 12345678.9를 구분할까? 바로 소수점 위치만 별도로 저장하는 것이다. 123456789라는 숫자에 소수점 위치만 '첫 번째'로 추가로 저장하면 1.23456789가 되는 식이다. 이처럼 숫자를 처리할 때 소수점 위치를 유동적으로 처리하는 방식을 부동소수점이라 한다.

문제는 컴퓨터가 부동소수점을 유독 많이 다룰 때가 있다는 것이다. 대표적으로 그래픽을 처리할 때와 인공지능 기능을 구현할 때다. 컴퓨터 모니터를 통해 나타나는 화면들은 어마무시한 양의 실수들이 조합된 결과다. 입체감이 넘치는 게임을 할 때나 포토샵 같은 그래픽 작업을 할 때는 정말 많은 소수점 데이터를 처리해야 한다. 이외에 물리학이나 공학에서 쓰이는 방대한 데이터를 처리할 때도 막대한 양의 소수점 데이터를 처리해야 한다. 코인을 채굴할 때도 마찬가지다. 이처럼 다양한 소수점 데이터를 처리할 때는 부동소수점 형태로 데이터를 처리하는 것이 유리하다. 더욱 다양한 실수들을 빠르게 처리할 수 있기 때문이다.

그런데 부동소수점을 쓰자니 단점도 있다. CPU가 부동소수점 처리에 취약하다는 것이다. 정수를 따로 계산하고 소수점을 따로 계산한 뒤 각 결괏값을 하나의 실수로 합치는 과정에서 추가 연산이 필요하다. CPU는 직렬 연산을 하다 보니 하나씩 순차적으로 처리하면서 시간이 오래 걸린다. 반면 GPU는 병렬 방식을 통해 일부 코어가 정수를 계산할 동안 다른 코어가 소수를 동시에 계산한다. 따라서 부동소수점 연산은 GPU가 월등히 빠르다.

서버 산업의 고도화가
GPU 수요를 부추기는 이유

초기 서버는 주로 방대한 데이터를 저장하는 단순한 역할이었다. 이러한 서버는 CPU만으로도 잘 돌아간다. 그러다 2010년대에 인공지능 서버가 본격적으로 확대되었는데 2010년대 초반만 해도 존재가 미미했지만 2010년대 중후반부터 중요도가 급격히 커지기 시작했다. 2016년에 있었던 바둑기사 이세돌과 구글 알파고와의 바둑 대국도 이 과정에서 나왔다. 이제는 서버가 단순히 저장만 하지 않고 데이터를 인공지능으로 분석해 저장된 데이터를 가공하며 새로운 데이터를 끊임없이 만들어낸다. 이러한 데이터를 '생성 데이터'라 부른다. 즉 서버가 자체적으로 가공해 만들어내는 데이터다. 예를 들어 그림을 자동으로 그려주는 인공지능 서비스라면 '예쁜 하늘 아래에서 책을 읽고 있는 부부를 그려줘'라는 명령을 내렸을 때 수십 장의 유사 그림을 자동으로 그려준다. 서버가 자체적으로 새로운 그림 데이터를 만들어낸 것이다.

서버 산업은 발전할수록 방대한 데이터를 가만두지 않고 여러 차례 연산을 거치며 새로운 데이터로 가공하려 한다. 이제는 새로운 데이터를 만들어내는 것이 중요한 시대다. 네이버에서 반도체를 검색해보자. 네이버 서버는 인터넷 페이지 중에 반도체와 관련된 페이지를 따로 정리해두고 사용자가 반도체를 검색하면 그와 관련된 페이지를 모두 띄워주는 역할만 수행한다. 이러한 역할은 CPU가 담당하기에 무리가 없다. 그러나 챗GPT는 다르다. 챗

GPT에 '반도체가 뭐야?'라고 질문을 던졌다고 해보자. 챗GPT는 사용자의 질문을 나름대로 해석해 미리 저장해둔 방대한 자료 중에 최적의 자료를 선별 및 조합하여 새로운 데이터를 만들어낸다. 그리고 사용자가 원하는 문장으로 바꿔 답변한다. 스스로 수많은 연산을 하며 새로운 데이터를 만들어내는 것이다.

그런데 이러한 데이터 생성 과정은 수많은 부동소수점 연산을 필요로 하기에 CPU보다 GPU가 유리하다. 이에 따라 서버에 인공지능, 빅 데이터와 같은 새로운 기능을 늘려갈수록 GPU 수요가 빠르게 늘어난다. 근래 인공지능 서버는 'CPU 1개와 GPU 8개', 'CPU 2개와 GPU 12개'와 같이 CPU보다 GPU가 많이 탑재된다. 구글의 최신 슈퍼컴퓨터를 뜯어보면 1개의 CPU와 8개의 GPU가 결합되어 시스템의 가장 작은 단위를 이룬다. 그러니 엔비디아의 성장성이 인텔과 AMD보다 훨씬 높게 점쳐지는 것이다.

서버가 계속해서 데이터를 가공하고 새로 생성하려면 서버 곳곳에 저장된 방대한 데이터를 끊임없이 수집해야 한다. 그런데 문제는 이 작업이 매우 어렵다는 것이다. 누구나 사과 모양을 쉽게 떠올리지만 서버는 이런 연상이 쉽지 않다. 인간의 뇌는 뉴런과 시냅스로 구성되어 있고 이를 통해 효율적으로 주변을 인식해 정보를 저장하고 학습하며 판단을 내린다. 그러나 현재 양산되고 있는 연산장치의 트랜지스터 구조로는 이러한 기능을 구현할 수 없다. 뇌와 동일한 기능을 수행하려면 하나의 트랜지스터 단위에서 스위치 기능과 정보 저장 기능이 동시에 수행되어야 하는데 현재 반도체 제조 공법과 소재만으로는 이러한 반도체를 만들 수 없다. 이 때문에 2개의 반도체가 역할을 나눠 맡아 정보 저장은 메모리 반도체가, 데이터 연산은 CPU나 GPU가 각각 처리한다. 이처럼 각기 다른 반도체가 역할을 나누어 담당하므로 반도체는 인간의 뇌처럼 원하는 정보를 빠르게 탐색하고 처리하는 것이 불가능하다.

따라서 인간 두뇌를 최대한 모방하는 방법은 그저 연산을 최대한 많이 반복 수행하는 것뿐이다. 이 과정이 매우 오래 걸리다 보니 GPU를 활용해 병렬로 최대한 많은 연산을 동시에 수행하며 작업 시간을 최소화하는 것이다. 안타깝게도 이러한 방식은 많은 연산장치를 필요로 하며 전력 소모량도 크다. 따라서 서버 역할이 다양해질수록, 특히 인공지능 서버가 성장할수록 GPU의 중요성은 커진다.

여기까지만 보면 GPU가 CPU보다 무조건 좋아 보일지 모르지만 GPU도 단점이 있다. 우선 GPU는 CPU보다 코어가 많지만 각 코어의 성능은 CPU의 코어보다 떨어진다. 이에 따라 GPU는 처리할 수 있는 수식이나 실행할 수 있는 기능이 CPU에 비해 제한적이다. 흔히 우리가 컴퓨터로 카카오톡을 하거나 문서 작업을 할 때는 CPU가 월등히 빠르다. 즉 CPU는 보편적인 업무를 꿋꿋하게 처리하는 데 강하다. GPU와 CPU 각각 고유의 영역이 나뉘는 것이다. 따라서 인공지능 서버가 확대된다고 해서 GPU만 성장하지 않고 언제나 CPU와 GPU가 함께 쓰인다. 다만 서버 특징에 따라 GPU가 더 많이 쓰일지 아니면 비슷하게 쓰일지 차이가 날 뿐이다. 실제로 엔비디아의 인공지능 서버용 GPU 또한 GPU 단독보다는 CPU와 함께 쓰일 때를 가정해 제조된다.

엔비디아의 강력한 경제적 해자가 유지되는 이유

한편 GPU가 부동소수점 처리를 많이 담당하다 보니 자연스럽게 또 다른 문제가 생긴다. 기업들이 GPU를 사 온 뒤 서버를 구현하려고 할 때 GPU 활용에 어려움을 겪는 것이다. 서버를 구현하는 개발자들은 C언어와 같은 컴퓨터 프로그래밍 언어를 이용해 서버 기능을 만들어낸다. 그런데 GPU 자체가 워낙 복잡한 연산을 처리하다 보니 기존 언어와 GPU의 역할을 접목하는 것이 매우 어렵다. 햄버거 매장에 무인 주문 키오스크를 도입했는데 키오스크의 기능이 너무 복잡한 나머지 안내문을 아무리 읽어도 어떻게 주문해야 할지 모르겠는 것과 비슷하다.

다행히 엔비디아는 이러한 어려움을 일찍 파악해 CUDACompute Unified Device Architecture라는 이름의 플랫폼을 개발한다. CUDA는 개발자들이 기존에 사용하던 컴퓨터 프로그래밍 언어를 통해 GPU의 각종 기능을 손쉽게 구현할 수 있도록 도와준다. 이미지 처리, 가상현실 구현 등 온갖 첨단 기능을 구현하는 과정에서 작업량을 대폭 줄여주는 소프트웨어라고 할 수 있다.

GPU가 서버에서도 활발히 쓰이자 엔비디아는 CUDA 기능을 꾸준히 확대해왔다. 그러나 CUDA는 엔비디아의 GPU에 최적화되어 있어서 엔비디아가 만든 GPU가 아니라면 사용할 수 없다. 이는 엔비디아의 막강한 경쟁력이 된다. 이미 GPU를 활용하는 많은 개발자가 CUDA에 매우 익숙해진 상황이고, CUDA 없이는 GPU를 아예 활용하지 못하는 개발자도 많았다. 그러다 보니 기업도 GPU를 이용해 서버를 구현하고 싶다면 개발자들의 편의를 위해 엔비디아의 GPU를 선택할 수밖에 없었다. 그 결과 근래 인공지능 서버 시장이 폭발적으로 성장하는 과정에서 GPU 수요가 크게 늘었고, 자연스레 대부분의 서버가 CUDA를 활용해 만들어졌다. 어림잡아 CUDA의 점유율은 80%를 웃돌 것으로 보인다. 다른 기업들이 GPU를 아무리 열심히 개발해도 엔비디아의 장벽을 뛰어넘기 어려운 이유다.

실제로 엔비디아의 경쟁사인 AMD는 2006년 ATI 그래픽스를 인수한 이후 GPU 사업을 제2의 주력 사업으로 키워왔지만 여전히 성과는 뚜렷하지 않다. 지난 십몇 년 내 엔비디아의 점유율은 80%를 뛰어넘었지만 AMD의 점유율은 한 자릿수에 멈춰 있다. 물론 AMD는 CPU 사업 및 자일링스Xilinx와의 시너지를 내세우며 고사양 GPU 시장을 공격적으로 공략하고 있다. 또한 과거에 저렴하면서도 성능이 뛰어난 CPU를 출시해 인텔을 위협했던 것처럼 GPU 시장에서도 가성비를 내세우는 전략을 이어가고 있다. GPU 성능을 더욱 끌어올리기 위해 CPU에서 먼저 도입했던 칩렛 기술을 GPU에도 적용하기 시작했으며 메모리 반도체와 GPU를 효율적으로 결합한 HBM을 공격적으로 확대하고 있다(자일링스와의 시너지와 HBM은 뒤에서 자세히 설명하도록 하겠다).

최근 출시되는 AMD의 서버용 GPU는 엔비디아 제품에 준하는 성능을 나타낸다. 그럼에도 엔비디아의 CUDA가 여전히 너무 강력하다. AMD는 CUDA 경쟁력을 약화하기 위해 AMD의

GPU를 이용해도 CUDA를 사용할 수 있는 호환 생태계를 구축하고자 노력해왔다. 그러나 많은 서버 개발자에게 편의성이 심각하게 떨어진다는 평가를 받으며 시장에서 긍정적인 호응을 끌어내지 못했다. AMD가 엔비디아의 CUDA 못지않은 생태계를 구축하려면 개발자들을 끌어들이는 전략이 필요하지만 아직은 많이 부족한 실정이다. 한국어가 모국어인 사람에게 다른 외국어를 모국어로 쓰라고 강제하는 것과 같다고 보면 된다. AMD의 성적표는 추후 수년에 걸쳐 확인할 수 있을 것으로 보인다.

인공지능 서버 시장이 GPU 중심으로 성장하자 가장 큰 위기감을 느낀 기업은 인텔이었다. CPU만으로 시장을 대응하기엔 한계가 명확하고 추후 GPU 시장이 더욱 커지면 인텔의 사업이 GPU 기업들에 종속될 수 있기 때문이다. 이에 따라 인텔도 2021년부터 GPU 사업을 공격적으로 확대하기로 결정했다.

CPU만 만들던 인텔이 뜬금없이 GPU 사업에 뛰어들 수 있었던 이유는 무엇일까? CPU는 겉보기에 1개의 칩이지만 내부에는 기능별로 구역이 나뉘어 있다. 이들 구역 중에는 그래픽 처리만 담당하는 그래픽 구역, 즉 GPU 구역이 있다. 쉽게 말해 인텔은 GPU 칩을 만들어오지는 않았더라도 CPU를 제작하는 과정에서 사실상 GPU 사업을 일부 병행해왔다.

그러나 CPU 내에 종속되어 있는 GPU만으로는 서버 시장에 대응하기에 크게 부족하다. CPU 내의 여러 구역과 GPU 구역이 하나의 메모리를 공유하기 때문에 GPU가 최대 성능을 내지 못하는 것이다. 결국 인텔은 GPU 칩을 찍어내겠다며 신사업을 공언하고 얼마 지나지 않아 GPU 전용 제품도 시장에 선보였지만 성능이 크게 떨어졌다. 그나마 내세울 점이라면 가격 경쟁력뿐이지만 성능이 받쳐주지 못한다면 저렴한 GPU라는 인식에서 벗어나기 어려울 것이다. 또한 AMD와 마찬가지로 엔비디아의 CUDA에 맞서야 하는 어려움까지 겪고 있다. 인텔의 GPU 사업이 아직은 첩첩산중인 이유다. 따라서 인텔은 서버용 GPU 사업에서 성과를 내기까지 많은 시간이 필요할 것으로 보인다. 현재 인텔은 인공지능 서버를 바로 목표로 삼기보다는 PC 및 노트북용 GPU에서 성과를 내면서 GPU 사업을 확대할 계획이다. 즉 기존 CPU 사업과의 시너지를 무기 삼아 점진적으로 서버 시장을 공략하는 것이다.

인공지능 서버 시장이 성장한다는 이야기가 들릴 때마다 유독 엔비디아의 주가만 크게 급등한다. 인공지능 시장의 가장 큰 수혜 기업이기 때문이다. 단, 주의하자. 과거 PC 산업이 성장하는 과정에서 인텔이 부귀영화를 누렸지만 몇 차례 점유율이 줄어드는 위기가 찾아왔듯 엔비디아 또한 압도적인 점유율이 평생 보장되지는 않을 것이다.

앞으로 수년은 엔비디아의 위상은 꺾이지 않을 것으로 보인다. 다만 반도체 산업의 장기적인 미래를 그려본다면 인텔과 AMD가 엔비디아보다 성능이 더욱 뛰어난 GPU나 CUDA를 능가하는 플랫폼을 구현할 때, GPU 칩의 구조가 크게 변하거나 뉴로모픽 neuromorphic 같은 새로운 인공지능 반도체가 등장할 때, 서버 산업 내 생성형 인공지능의 성장이 둔화되거나 새로운 유형의 서버가 등장하는 등 패러다임이 변할 때는 엔비디아의 절대적인 점유율이 위협받을 가능성은 상존한다.

또한 엔비디아 GPU의 가격 급등에도 유의해야 한다. 가격 급등이 멈출 기미가 보이면 시장은 성장성이 느려지는 신호로 인식하기 때문이다. 장기적으로는 GPU 수요가 계속 늘어나도 2~3년 이내의 짧은 구간에서는 언제든지 가격 하락 이슈가 발생할 수 있음에 유의하자. 진정한 투자자라면 현재 성장성을 보고 투자하지만 추후 다가올 위험 요소도 늘 미리 염두에 두어야 한다. 성장성만 눈여겨보면 주가 하락이 시작되는 시기에 성장성이라는 덫에 걸려 매도를 고려하지 못할 것이다. 영원할 것만 같았던 인텔의 x86 영향력이 AMD64의 등장으로 약해졌고, 또 더 이상의 경쟁이 없을 것만 같던 인텔과 AMD의 시대가 스마트폰 시대에 들어 약화했음을 상기하자.

서버 시장 내
인텔과 AMD의 경쟁

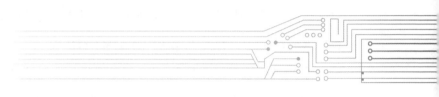

앞서 설명한 대로 향후 서버 시장에서 GPU가 아무리 중요해진다 한들 CPU 또한 여전히 중요하다. 인공지능 서버와 같은 영역에 선 GPU의 역할이 더욱 크지만 CPU 고유의 영역도 무시할 수 없기 때문이다. 실제로 엔비디아의 CUDA는 GPU를 이용한 프로그래밍뿐 아니라 CPU와 GPU가 잘 조화되어 연산을 수행할 수 있게 개발되었다. 게다가 CPU 진영은 마냥 GPU에 서버 시장을 뺏길 수 없다. CPU 또한 부동소수점 연산과 같은 기능을 강화하며 GPU에 맞대응해야 한다.

서버에서 사용되는 CPU는 당연히 가정에서 사용하는 컴퓨터용 CPU보다 사양이 높다. 따라서 인텔과 AMD는 최고 사양의

CPU를 서버용 CPU로 별도 분류해 제품을 출시하고 있다. 서버용 CPU는 PC용 CPU에 비해 더 많은 작업을 동시에 처리할 수 있도록 코어 수가 훨씬 많다. 또한 클럭 스피드가 높아질수록 발열과 전력 소모가 심해지며 동작 안정성이 떨어지므로 클럭 스피드를 높이기보다는 코어 수를 늘리는 방향으로 발전해왔다.

칩렛을 통한
AMD의 새로운 전략

AMD는 2017년에 들어 자사 제품군을 대폭 쇄신했다. 먼저 PC용 CPU를 라이젠이란 브랜드로 새롭게 개편하고(PART 2 참고), 서버용 제품군도 에픽이라는 브랜드로 개편했다(2017년에 처음 출시한 에픽은 1세대라고 부른다). PC 시장뿐만 아니라 서버 시장에서도 인텔을 따라잡기 위함이었다. 그런데 브랜드만 개편할 것이 아니라 인텔을 공격할 무기를 더욱 장착해야 했다. 그 결과 2019년 라이젠 제품군에 칩렛을 처음 도입하고 그해 출시한 2세대 에픽 제품군에도 칩렛을 도입하기 시작했다. 칩렛을 통해 제조 비용을 절감하고 코어 수를 늘리며 PC 시장과 서버 시장을 공략하겠다는 계획이었다. 여기에 더해 이들 제품을 TSMC의 7nm 공정을 이용해 제조했다(인텔은 당시 10nm 공정을 성공적으로 적용하지 못하고 있었다). AMD는 이처럼 브랜드 개편, 칩렛과 미세 공정 도입, 가격 경쟁력 확보를 통해 인텔을 맹공하기 시작했다.

칩렛이 도입된 에픽 2세대에 대해 자세히 살펴보도록 하자. 서버용 CPU인 에픽 2세대는 여러 제품으로 구분되며 이 중 사양이 가장 높은 제품은 무려 9개의 칩렛으로 이루어져 있다. PC용 CPU인 라이젠 3세대와 비교하자면 연산 역할의 칩렛이 4배 더 들어가며 이 칩렛 1개당 코어가 8개다. 따라서 8개의 칩렛을 통해 총 64코어로 동작하게 된다.

이후 AMD는 칩렛 전략을 더욱 확대했다. 해가 지나며 후속 제품을 내놓을 때마다 칩렛 수가 더 늘어났다. 인텔보다 코어 수를 공격적으로 늘리겠다는 전략이었다. 2022년에 출시한 에픽 4세대 제품은 연산을 담당하는 칩렛이 12개까지 늘어났다. 칩렛당 코어가 8개이므로 CPU는 총 96코어로 동작한다(당시 인텔의 경쟁 제품은 40코어에 불과했다). 코어 수가 늘어날수록 CPU의 동시 연산 능력은 향상될 수밖에 없다. 또한 특정한 코어에 부동소수점 연산을 집중할 수 있어 인공지능과 같은 특수 기능을 구현할 때 CPU를 더 유연하게 적용할 수 있다. 물론 CPU 성능이 코어 수로만 결정되지는 않는다. 그러나 AMD가 코어 수를 공격적으로 늘리자 성능이 비약적으로 향상되어 인텔 제품의 성능을 빠르게 능가했다.

칩렛 성능 향상으로
가격과 코어 수를 잡다

그런데 칩렛과 코어 수만 늘리면 충분할까? 당연히 그렇지 않다.

칩렛 자체의 성능도 꾸준히 개선해야 한다. 이를 위해서는 앞서 설명한 대로 트랜지스터를 더욱 작게 만드는 작업이 필요하다. 또한 칩렛 내부의 설계도를 개선해 더욱 효율적인 회로 구조를 만들어나가야 한다. 제아무리 좋은 주상복합 아파트라도 2000년대 초반에 지어졌다면 근래 건축된 아파트에 비해 노후화되고 여러 기능이 열악할 수밖에 없다. 반도체 칩도 마찬가지다. 칩을 아무리 잘 설계하더라도 설계가 처음부터 완벽할 수는 없다. 칩을 사용하다 보면 예기치 못한 문제나 다음 설계 시 개선해야 할 부분이 보이기 마련이다. 가령 CPU의 일부 영역에서 유난히 열이 많이 발생해 효율이 떨어진다면 다음 CPU를 개발할 때는 이를 보완해야 한다. 또한 서버 업체들이 CPU의 특정한 기능을 많이 쓰게 된다면 다음에는 해당 기능을 많이 수행할 수 있도록 개선해야 한다. 이러한 개선점은 수없이 생긴다.

따라서 칩렛 수만 늘린다고 될 것이 아니라 칩렛 내부 구조도 꾸준히 개선해야 한다. AMD는 새로운 CPU를 출시할 때마다 이처럼 칩렛 내부 구조를 재설계하며 칩렛 1개당 성능도 지속적으로 개선했다. 즉 새로운 아키텍처를 꾸준히 도입한 것이다. 더욱이 AMD는 이 과정에서 칩렛 1개당 탑재할 수 있는 코어 수도 점차 늘려가기를 희망했다. 그 결과 2023년에 기존 에픽 4세대 제품을 개선하며 칩렛당 16개의 코어를 가진 개선형 제품을 출시한다. 기존 에픽 2~4세대 제품들에 비해 코어 수가 2배로 늘어난 것이다. 아울러 칩렛을 전체적으로 재설계하는 과정에서 코어 1개가 차지하는 면적을 35% 이상 줄였다. 그 결과 더욱 미세한 공정을 도입하지 않았음에도 칩렛에 코어를 훨씬 많이 탑재할 수 있었다. 이에 따라 개선된 4세대 제품은 CPU 내에 칩렛이 8개 탑재되었지만 무려 128코어에 달한다.

이처럼 AMD는 칩렛 수를 통해 코어 수를 늘리고, 칩렛을 재설계하면서도 필요에 따라 미세한 공정을 도입해 칩렛 1개당 성능을 더욱 개선하는 방식으로 시장을 공략했다. 그 결과 AMD의 에픽은 성능이 급격히 향상되었지만 칩 가격은 인텔 제품보다 저렴했다. 인텔 입장에서는 충격적일 정도였다. AMD는 칩렛을 처음 도입한 2019년의 에픽 2세대 제품부터 시장에 나와 있던 인텔의 최신 제품과 비교해 성능이 20% 이상 앞섰지만 가격은 훨씬 저렴했다. 서버용 CPU는 무조건 인텔이라는 편견을 깨기에 충분했다.

다음 해인 2020년에 출시된 에픽 3세대도 인텔의 최신 제품과 비교해 10% 이상 성능이 높았지만 저렴했다. 2년 뒤에 출시된 에픽 4세대 제품도 마찬가지였다. 여러 해에 걸쳐 인텔 제품을 누르자 서버 시장에서는 AMD의 성능 향상과 가격 경쟁력을 긍정적으로 평가했다. AMD가 서버용 CPU의 코어 수를 적극적으로 늘려가기 전까지만 해도 AMD는 서버용 CPU 시장에서 존재감이 거의 없었다. 인텔의 시장 점유율이 90% 수준으로 절대적이었던 반면, AMD는 10% 남짓에 불과했다. 그러나 에픽에도 칩렛을 도입하고 공격적으로 코어의 수를 늘려가자 불과 4년 만에 AMD의 점유율이 20%까지 늘어났다. 인텔은 PC 시장과 서버 시장의 점유율을 AMD에 모두 뺏기고 말았다.

인텔의 반격도
만만치 않은 이유

그런데 의문점이 있다. 그동안 PC용 CPU 시장에서는 AMD가 인텔보다 더욱 뛰어난 제품을 출시하면 시장 점유율이 급격히 변해왔다. 1999년경 AMD가 인텔에 대항해 애슬론을 출시했을 때도 불과 1년 만에 점유율이 5%대에서 20%대로 급격히 올랐고, 2019년경 칩렛을 이용한 라이젠을 출시했을 때도 불과 1년 사이에 점유율이 20%대에서 40%대로 크게 올랐다. 시장에서는 점유율이 5%만 변동해도 엄청난 성과다.

그런데 서버 시장은 인텔이 철옹성처럼 버티고 있다. AMD가 에픽에 칩렛을 도입하며 점유율을 10%대까지 늘리고 이후 3년간 3세대, 4세대, 4세대 개선형 제품을 연이어 출시하며 시장을 공략했지만 점유율은 간신히 20%에 근접했다. 물론 이 또한 대단한 성과이지만 AMD의 에픽이 저렴하고 코어 수도 월등히 많으며 성능도 뛰어난데 PC 시장보다 점유율이 느리게 변동한 것이다. 어떤 이유가 있을까?

이는 서버 산업의 특징에 기인한다. 집에서 사용하는 컴퓨터는 CPU만 바꿔 끼워도 성능이 바로 좋아지지만 서버용 CPU는 그렇지 않다. CPU가 좋아도 서버 성능이 반드시 향상되지 않는다. 서버가 매우 복잡하게 작동하기 때문이다. 서버는 빠른 연산도 중요하지만 CPU에 방대한 데이터를 빠르게 넣고 CPU가 연산한 수많은 결과물을 서버에 빠르게 저장하는 것도 매우 중요하다.

즉 CPU가 백날 연산을 잘 해봤자 방대한 데이터가 적시 적소에 CPU에 투입되지 못하면 CPU가 연산 처리하는 데이터 양이 줄어든다. 반대로 데이터가 과하게 몰리면 CPU에 과부하가 생겨 데이터가 적시에 처리되지 못해 서버 효율은 떨어진다. 따라서 CPU 성능뿐 아니라 CPU에 데이터를 넣고 빼는 주변 기기들, 그리고 데이터를 서버에 최종 저장하는 저장장치까지 박자가 척척 맞아야 서버 성능이 극대화된다.

인텔은 서버용 CPU 사업을 확대하면서 CPU와 함께 사용될 주변 장치와 메모리 반도체까지 모두 엮어 서버가 최고 성능을 낼 수 있게 종합 솔루션을 제공해왔다. CPU를 개발할 때도 최고 사양의 메모리 반도체를 함께 사용해 최대 성능을 내는 방향으로 제품을 개발했다. 그러다 보니 대부분의 서버 업체는 인텔이 제공하는 종합 솔루션에 매우 익숙하며 인텔의 솔루션을 통해 서버 성능을 여러 차례 향상해왔다.

또한 서버는 성능 못지않게 안정성도 중요하다. 작은 오류로 서버가 마비될 수도 있기 때문이다. 인텔은 이미 오랜 기간 솔루션을 제공하며 CPU 안정성을 확보해왔다. 반면 AMD는 칩렛을 도입하며 CPU 성능을 끌어올리는 데는 성공했지만 안정성 검증에는 시간이 필요했다. 모든 서버 시스템이 인텔의 CPU에 맞춰져 작동하므로 CPU를 바꾸면 어떤 오류가 발생하는지 알 수 없으며 대부분의 서버 업체는 이러한 위험을 떠안지 않으려 한다. 이러한 이유로 CPU 업체들이 새로운 기술을 도입하더라도 서버 업체들은 이 기술이 PC 시장에서 문제없이 작동하는지 관찰한 다음에야

반도체 투자의 원칙

검증된 기술을 도입하려고 한다.

문제는 AMD가 칩렛을 처음 도입한 직후 사소한 버그가 여러 차례 관찰되었는데, 특히 인텔의 CPU에 최적화된 프로그램이 AMD의 CPU를 만나자 호환성 오류를 일으키는 일이 여러 번 발생했다. 이러한 일이 생기면 서버 업체들은 인력을 투입하고 원인과 해결책을 찾기 위해 며칠 고민하며 보통은 CPU 제조사의 기술 지원까지 동원해 문제를 해결해야 한다. 이는 서버 업체에 매우 치명적으로, 이 때문에 서버 업체는 인텔 제품을 고집하는 경향이 강했다. 이러한 강점 덕분에 인텔은 2010년대에 서버 시장에서 점유율 100%에 육박하는 실적을 자랑했다. 그래서 AMD가 성능이 좋은 CPU를 내놓아도 PC 시장처럼 점유율을 빠르게 확대하기 어려웠던 것이다.

실제로 2023년부터 미국 증권가에서는 AMD의 점유율이 꾸준히 오를 테지만 2025년이 지나도 40% 선을 넘기 어려울 것으로 전망했다. 물론 인텔의 강점이 언제까지 지속될 수는 없다. AMD도 인텔처럼 종합 솔루션을 늘려가고 있기 때문이다. 또한 언젠가는 AMD 제품도 안정성을 인정받을 테고 인텔 제품보다 나은 성능과 가격을 꾸준히 제공한다면 시간이 갈수록 AMD가 승기를 잡을 가능성이 높아질 수밖에 없다. 몇 년 안에 인텔과 AMD 중 누가 승기를 잡을지 명확해질 것으로 보인다.

AMD에 대항하기 위한
인텔의 또 다른 방어 전략

AMD의 승리를 확언하기 어려운 또 다른 이유는 근래 인텔의 방어 전략 또한 만만치 않다는 점이다. 인텔은 서버용 CPU 제품군을 '제온'Xeon이라는 브랜드로 출시해왔다. AMD의 에픽보다 오랜 역사를 자랑한다. 제온 프로세서는 또다시 제품의 성능과 특징에 따라 여러 제품으로 나뉜다. 그리고 PC용 CPU와 마찬가지로 새 제품을 출시할 때마다 고유의 이름이 붙는다.

인텔은 2023년에 새로운 제온 프로세서인 '사파이어 래피즈' Sapphire Rapids를 출시했다. 사파이어 래피즈는 60여 개 제품으로 나뉘는데 이 중 최고 사양의 제품은 60코어로 구성된다. 얼핏 보기에 사파이어 래피즈의 경쟁 제품인 AMD의 에픽 4세대가 최대 96코어로 무장한 것과 비교하면 코어 수가 매우 적으니 인텔이 경쟁에서 뒤처진 것 같다. 실제로 칩의 전반적인 성능이나 가격 경쟁력은 AMD의 에픽이 앞선다. 그러나 사파이어 래피즈부터 인텔도 칩렛 기술을 도입해 수율을 늘려 가격 경쟁력을 확보하기 시작했다.

인텔은 여기에 더욱 강력한 무기인 가속기 기술을 확대하기 시작했다. 즉 인텔은 AMD처럼 단순히 코어 수만 늘려서는 CPU 성능을 극대화하는 데 한계가 있다고 판단했다. 인텔과 AMD의 CPU는 모든 서버에 쓰이는 범용 제품이다. 고객사마다 제품을 맞춤형으로 달리 만드는 것이 아니므로 어떤 서버에 쓰이든 평균적으로 높은 성능을 낼 수 있어야 한다. AMD는 이를 위해 코어 수를 늘리는 것이 대안이라고 판단했지만 인텔은 서버의 병목 현상에 주목했다. 서버 업체들의 컴퓨팅 환경을 몇 년에 걸쳐 정밀하게 분석한 결과 코어 수를 늘리면 서버의 전반적인 성능이 올라가도 그 폭이 제한된다는 점에 주목했다. 코어 수가 아무리 많아도 서버가 특정한 업무를 수행할 때면 CPU의 작업량이 급격히 늘어나 성능이 저하되는 것이다.

이러한 분석 결과를 토대로 인텔은 서버가 특정한 기능을 수행할 때 해당 기능을 집중적으로 처리하는 가속기 기술을 확대하는 방안을 마련했다. 그 결과 사파이어 래피즈는 연산을 수행하는 60개 코어 외에도 특정한 작업을 집중적으로 가속 처리하는 12개의 가속기가 탑재되어 있다. 칩 내부를 뜯어보면 코어가 중앙에 자리하고 있으며 그 주변부에 가속 기능을 담당하는 구역이 별도로 존재한다. 가속기의 대표적인 기능은 서버에 오가는 데이터를 암호화하는 것이다.

서버는 보안을 위해 서버 외부로 데이터를 전송하고 새로운 데이터를 받을 때마다 모든 데이터를 암호화해 처리한다. 그동안 이 과정을 CPU의 코어가 담당했는데 서버 내에서 암호화해야 하는 데이터가 점점 늘어나다 보니 문제가 생겼다. 많은 코어가 서버의 여러 기능을 수행하다가도 암호화가 필요할 때면 줄줄이 암호화에 한참 매달려야 해서 서버 효율이 떨어졌던 것이다. 인텔은 이 과정에서 발생하는 병목 현상을 가속기를 통해 해결할 수 있다고 판단했다. 그 외에도 대용량 데이터를 압축하는 가속기, 서버 내

대용량 데이터의 이동을 집중적으로 처리하는 가속기가 대표적인 가속기로 꼽힌다.

인텔의 사파이어 래피즈는 고객사가 CPU를 구입한 뒤 이러한 가속기를 선택적으로 동작시킬 수 있다. 즉 인텔의 CPU는 범용 제품이지만 서버 업체마다 특성에 맞게 성능을 달리할 수 있다. 사파이어 래피즈를 살펴보면 고작 10nm 공정으로 만든 60코어짜리 제품이 TSMC의 5nm 공정으로 만든 96코어 CPU인 에픽을 성능 면에서 능가한다. 인텔은 가속기 전략을 더욱 확대할 예정이다. 코어 경쟁과 가속기 경쟁 중에서 어느 방향이 바람직할지는 추후 서버 업체들의 선택에 달렸다.

한편 TSMC와 함께 세계 최고 수준의 후공정 기술을 보유한 인텔은 사파이어 래피즈에 CPU와 메모리 반도체를 일체형 칩으로 제조하는 기술을 적극 도입하기 시작했다. CPU는 D램과 함께 작업을 수행한다. CPU가 연산을 거치는 과정에서 발생하는 수많은 임시 데이터를 D램에 저장하며, 또 수많은 데이터를 D램에서 읽어 들인다. 따라서 CPU와 D램의 궁합이 매우 중요하다. 인텔도 TSMC를 따라 D램 중에서도 최고 사양 D램인 HBM(뒤에서 자세히 설명하겠다)을 CPU와 인터포저에 함께 부착해 일체형으로 구현하는 데 성공했다. 하나의 기판 위에서 CPU와 고성능 D램이 함께 작업을 진행하기에 CPU의 전반적인 성능이 30%가량 향상된다. 인텔은 사파이어 래피즈 제품군 중 최고 사양의 제품에 이러한 기술을 적용해 성능을 극대화했다.

그러나 AMD와의 경쟁에서 승기를 잡기에 아쉬운 점도 있다.

CPU 구조도

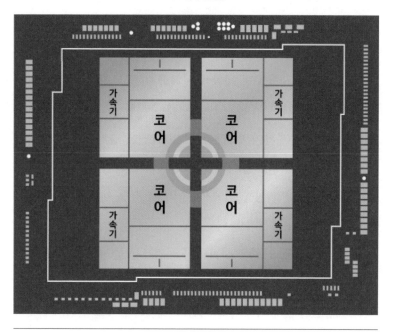

CPU는 여러 구역으로 나뉘는데. 커다란 네모 4개(CPU 코어) 옆에 가속기가 각각 하나씩 붙어 있다.

먼저 고객사가 가속기를 사용하려면 추가 비용을 지불해야 한다. CPU를 구입하더라도 추가 비용을 내지 않는다면 가속기 기능이 제한되어 동작하지 않는다. 또한 사파이어 래피즈는 최대 60코어를 탑재한 반면 4세대 에픽은 128코어로 무장되어 있다. 공정 기술과 코어 기술에 여전히 차이가 있는 것이다. AMD의 4세대 에픽이 성능 면에서 약 10% 우위인 것으로 알려져 있다. 가속기를 활용하면 많은 서버의 효율이 올라갈 테지만 성능 극대화를 위해 비용을 기꺼이 지불한 고객사가 제한적이라는 점은 인텔이 극복해야 할 문제다.

인텔이 반드시 극복해야 할 더욱 큰 문제도 있다. 인텔은 신제품을 출시하기 2~3년 전부터 신제품 출시 계획과 로드맵을 발표한다. 그런데 10nm 공정 개발에 실패한 이후로 신제품 출시 일정이 계획을 따라가지 못했다. 2023년에 출시한 사파이어 래피즈도 2019년에 출시 계획이 발표되었고 2021년에 출시되어야 했지만 그로부터 2년 뒤에야 출시되었다. 인텔이 사파이어 래피즈를 계획대로 출시했다면 성능 면에서 AMD의 경쟁 제품을 가뿐히 뛰어넘었을 것이다.

문제는 이후다. 인텔은 사파이어 래피즈를 출시하며 그해 하반기에 후속 제품인 에메랄드 래피즈Emerald Rapids를, 다음 해부터 차세대 제품을 1년에 하나씩 출시한다는 계획을 발표한다. 이 계획이 2025년까지 성공적으로 이루어진다면 인텔은 AMD와 기술 격차를 유지할 수 있을 것이다. 무엇보다 제조 공정을 AMD와 동급으로 맞춰나갈 수 있다. 그러나 계획이 지연될수록 AMD의 점유율은 꾸준히 상승할 것이다. 두 기업의 경쟁 우위를 가늠하려면 제품 출시 시기에도 주목할 필요가 있겠다. 뺏으려는 자와 뺏기지 않으려는 자의 전투가 더욱 치열해질 것이기 때문이다.

반도체 투자의 원칙

아마쫀은 왜 CPU를
개발하기 시작했을까?

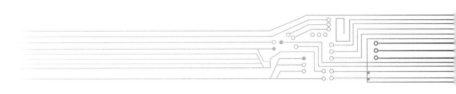

인텔은 애플의 폐쇄형 컴퓨터에 맞서 개방형 컴퓨터가 확대되는 과정에서 최대의 수혜를 누렸다. 인텔의 CPU는 특정한 컴퓨터에 최적화된 CPU가 아닌 여러 컴퓨터에 고루 사용될 수 있는 범용성이 특징이다. 인텔의 서버용 CPU 사업도 자연스레 범용성을 목표로 두고 개발되었다.

범용성이 높은 제품은 서버 시장이 커지는 과정에서 분명 유리한 점이 있다. 아마존, 구글, 마이크로소프트, 오라클Oracle 같은 거대 서버 기업뿐 아니라 SK텔레콤, KT, SK브로드밴드 등의 통신사, 네이버 같은 검색 서비스 업체, 기업 대상으로 특화된 서비스를 제공하는 LG CNS, 삼성SDS, 케이아이엔엑스 등의 수많은 기업이 서버 사업을 영위한다. 따라서 서버 사업을 영위하는 기업의 수와 규모가 커질수록 범용성 좋은 CPU가 이들 기업을 상대하기에 유리하다.

많은 기업이 자체 CPU 개발에 뛰어든 이유

서버 시장이 성장할수록 다양한 서버가 등장한다. 특히 더욱 전문화·고도화된 서버일수록 특화된 기능이 많이 탑재된다. 중소 규모의 서버 업체들은 서버 기능이 어느 정도 정해져 있다. 여러 기업의 방대한 데이터를 대신 보관하거나 사이트 운영 또는 스마트폰용 앱 구동을 대행하거나 메일 서비스 등을 수행해주는 것이다.

반면 구글, 마이크로소프트 같은 글로벌 기업은 인공지능 시대에 대비해 챗GPT 같은 챗봇 서비스, 그림을 자동으로 그려주는 서비스, 음성인식을 결합한 서비스까지 더욱 다양한 서비스를 제공한다. 다른 서버 업체들이 지원하지 않는 특화된 서비스도 꾸준히 늘려가고 있다. 아마존도 마찬가지다. 아마존은 주기적으로 자사의 새로운 AWS 서비스를 소개하는데, 종류가 무척 다양하고 매우 전문화된 서비스가 주를 이루어서 도저히 무슨 서비스인지 이해하기 힘들 정도다. 가령 '다중 노드 병렬 작업을 위한 최소 vCPU 지원' '고객 관리형 키를 사용하는 암호화 지원' 'Amazon Redshift와의 Amazon Aurora MySQL 제로 ETL 통합 지원' 등이 있다. 그만큼 특화 서비스가 많아진다는 뜻이다.

그런데 거대 서버 기업이 특화된 서비스를 출시하면 범용 CPU의 성능에 한계가 발생한다. 예컨대 아마존이 고객을 대상으로 새로운 암호화 서비스를 공개했다고 해보자. 암호화 서비스는 고객이 아마존 서버에 데이터를 저장할 때 이를 암호화해 해킹으로부터 데이터를 안전하게 보호해준다. 그런데 시간이 지날수록 최신해킹 기술이 등장하니 아마존은 이로부터 고객 데이터를 보호하기 위해 암호화 서비스의 성능을 높인다. 고객은 이러한 기능에 환호할 것이다.

그러나 문제는 반도체다. 고객이 고성능 암호화 서비스를 이용할수록 고객의 데이터를 서버에 저장할 때 훨씬 복잡한 암호화 과정을 거쳐야 한다. 이로 인해 아마존의 CPU는 데이터 암호화 작업을 훨씬 많이 수행한다. 고객이 서버에서 데이터를 빼갈 때도 CPU가 더욱 복잡한 복호화 작업을 거쳐야 한다. 즉 보안 강도가 높은 암호화 서비스를 제공하는 만큼 CPU가 수행하는 암호화·복호화 작업이 기하급수적으로 늘어난다.

그 결과 여러 기능을 고루 수행해야 하는 CPU가 이제는 암호화·복호화 작업에만 매달리게 된다. 특히 범용 CPU는 모든 업무를 고르게 처리할 수 있도록 만들어졌기 때문에 암호화 작업이 많아질수록 다른 작업의 효율이 떨어진다. 즉 CPU의 성능이 전반적으로 하락할 수밖에 없다. 따라서 아마존과 마이크로소프트 등의 거대 서버 기업은 자사 서비스에 특화된 CPU를 원한다. 더욱 발전된 암호화 서비스를 제공하기 위해 암호화·복호화 기능에 더욱 집중하는 CPU를 직접 만들고 싶어 하는 것이다.

그러나 현실적으로 인텔과 AMD가 이러한 CPU를 일일이 만들어줄 수는 없다. 따라서 특화 서비스를 제공하는 일부 서버 업체들을 중심으로 자체 CPU 개발이 본격화되었다. 아마존이 서버 사업을 하며 자체 CPU를 개발하는 이유다. 실제로 아마존이 2021년 말에 공개한 자체 칩인 '그래비톤3E'Graviton3E는 아마존이 제공하는 인공지능 서비스에 더욱 특화되었다. 이 칩은 클럭 스피드가 2.6GHz로 다른 서버용 CPU에 비해 낮지만 아마존이 원하는 특정 성능은 더욱 향상되었다. 특히 부동소수점 처리 능력이 향상되었고 연산 과정에서 더욱 많은 데이터를 칩 외부로 내보내고 받을 수 있다.

앞서 말했듯이 인공지능 서버는 부동소수점 연산이 많이 필요하다. 그래비톤3E는 'bfloat16'라 불리는 부동소수점 처리 방식을 강화했다. 간단히 설명하자면 정확도를 낮추는 대신 속도를 높이는 방식이다. 이는 방대한 데이터를 정밀하게 분석하는 데는 불리하며, 인공지능 서버의 학습 단계에서 더욱 그렇다. 그러나 서버가 학습된 데이터를 이용해 간단한 결과를 산출하는 추론 단계에서 사용하기엔 유리하다. 아마존은 방대한 데이터를 정밀하게 학습하는 챗GPT 같은 서버보다는 어느 정도 정립된 데이터를 고객 맞춤형으로 빠르게 전하는 것이 중요하므로 학습보다는 추론 기능에 초점을 맞추어 CPU를 개발한다.

이는 아마존 자체 칩의 특화된 성능 중 하나에 불과하다. 일전에 아마존과 같은 서버 기업들이 만든 CPU는 인텔의 CPU와 구체적으로 어떻게 다른지 질문을 받은 적이 있다. 그러나 CPU가 담당하는 기능과 데이터 처리 방식이 매우 다양하기에 칩의 특화 기능을 모두 설명하기는 어렵다. 다만 CPU가 복잡한 만큼 서버 업체들의 CPU 자체 설계는 늘어날 예정이다. 참고로 아마존이 2022년에 출시한 또 다른 자체 칩인 '인퍼런시아2'Inferentia2는 음성과 이미지 인식 기능에 더욱 특화되어 설계되었다. 단순히 특정 기능을 좀 더 잘 수행하는 정도가 아니라 데이터 처리 방식 등이 아마존이 원하는 대로 이루어진다고 보면 되겠다.

그런데 인텔은 왜 여러 기업의 요구에 따라 맞춤형 CPU를 만들어주지 못할까? 먼저 인텔의 일부 부서가 특정 고객을 전담해 아마존 서버 전용 CPU를 개발해주려 해도 아마존만큼 서버 서비스에 대해 깊이 이해하기 어렵다. 아마존이 서버 사업을 확대하는 과정에서 추후 만들어내려는 서비스를 인텔이 모두 섬세하게 이해하고 있어야만 맞춤형 CPU를 만들 수 있다.

아울러 인텔이 맞춤형 칩을 제조해준다 하더라도 서버 기업들이 자체 CPU 개발 의지를 내려놓는다는 보장이 없다. 서버 기업들이 CPU를 개발하는 데는 인텔 제품을 더욱 저렴한 가격으로 구입하고자 협상력을 높이려는 목적도 있기 때문이다. 즉 맞춤형 제품은 인텔이 원하는 만큼의 수요를 창출하기 어려울 수 있다. 무엇보다 인텔과 AMD는 CPU 외에도 여러 연산 칩을 만든다. 특히 CPU, GPU, FPGA(뒤에서 설명하겠다)를 아우르는 제품군을 가지고 있다. 따라서 특정 고객사마다 제품을 맞춤 제작해주기보다는 다양한 제품군을 고루 활용해 특화 기능을 늘리며 가장 큰 시장을 공략하는 것이 더 유리하다. 따라서 향후 CPU 시장은 아마존, 구글, 마이크로소프트 등이 자체 칩 개발을 확대하는 가운데 인텔과 AMD이 기존 제품군을 융합해 세부 제품을 더욱 다양화하며 시장을 공략하는 방향으로 이루어질 전망이다.

인텔은 왜 서버 기업의
자체 칩 개발을 두려워할까?

이처럼 앞으로 아마존, 마이크로소프트, 구글 등 서버 업체들의 자체 CPU 개발이 활발해질 것이다. 데이터 저장만 수행하던 서버가 하이퍼스케일hyperscale로 더욱 커지고, 또 인공지능 서버와 같은 다양한 서버로 발전하는 과정에서 특정한 서버에 특화된 프로세서가 더 많이 필요하기 때문이다. 인텔 입장에서 아쉬울 수밖에 없다. 서버 시장은 서버 기능에 따라 여러 종류로 나뉘는데 그중에서도 클라우드 서버는 전체 서버 시장의 약 절반을 차지한다. 아마존은 클라우드 서비스에 주력하며 클라우드 서버 시장에서 점유율이 1/3에 달한다. 인텔의 매출 중 서버용 CPU의 비중이 약 1/3임을 감안하면 아마존이 자사 CPU를 자체 개발 CPU로 내재화하면 CPU 판매율이 한 자릿수 초반대 정도 감소할 수밖에 없다.

실제로 아마존, 마이크로소프트, 메타 등의 거대 서버 업체들이 서버 증설을 조금 미루기만 해도 반도체 업황이 둔화되었다. 특히 2022~2023년에 들어 거대 서버 업체들이 하나같이 종전 대비 반

기존 서버 시장과 클라우드 서버 시장의 성장률 추이

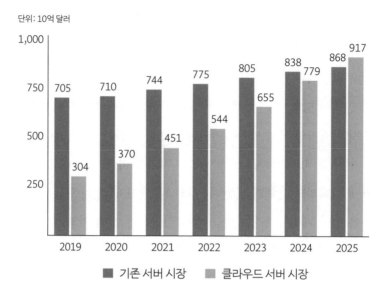

단위: 10억 달러

■ 기존 서버 시장　■ 클라우드 서버 시장

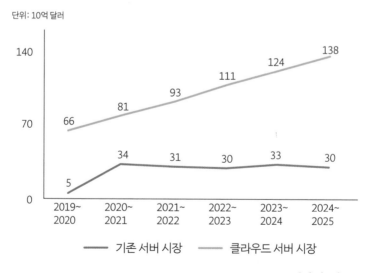

단위: 10억 달러

―― 기존 서버 시장　―― 클라우드 서버 시장

출처: 가트너Gartner

도체 구입을 30~40%가량 줄이자 CPU, GPU, 메모리 반도체 등의 각종 반도체 판매량이 5~10% 급감하며 반도체 기업들의 실적도 곤두박질쳤다. 자체 개발 비중이 늘어나면 이러한 실적 감소가 더욱 빈번해질 것이다. 물론 아마존이 자체 CPU를 개발한다고 해서 인텔이 망할 리는 없겠지만 또 어떤 고객사가 이탈할지 시장의 우려가 커지면 기업 밸류에이션을 낮추는 요인이 될 수 있다.

서버 업체의 자체 CPU 개발에는 막대한 비용이 들어가므로 개발에 실패하면 손해가 만만치 않다. AMD가 연간 2~3조 원의 비용을 연구 개발에 투입한다는 점을 감안하면 서버 기업들이 CPU 하나를 개발하는 데 최소 수천억 원이 들 수 있다. 그럼에도 아마존이 자체 CPU를 개발하는 이유는 맞춤형 제품을 개발해서 얻는 이득이 만만치 않다고 판단했기 때문이다. 특히 자사 서버 운용 방식에 최적화된 CPU를 개발하면 CPU의 전반적인 동작을 더욱 효율화할 수 있다. 즉 종전보다 적은 개수의 CPU로도 종전과 동일한 서버를 운영할 수 있다.

이는 CPU 구매 비용의 절감으로도 이어지지만 또 장점이 있다. 더욱 적은 수의 CPU로 서버를 운영할수록 전기요금과 같은 운영비용을 줄일 수 있는 것이다. 실제로 서버 업체들은 규모가 커질수록 운영비용 부담이 커진다. 지금까지 서버 업체들이 끌어다 쓰는 전력은 전 세계 전력 수요의 1~2%에 불과했지만 향후 20년간 10%대까지 증가한다. 이미 서버 업체들의 전력 소모량이 너무나 커진 탓에 2022년에 들어 세계 전기 설비 업체들(국내 업체로는 HD현대일렉트릭이 대표적이다)의 초호황이 본격화되기도 했다. 전 세계 전력은 제한되어 있으므로 서버 업체들에 대한 전력 부담 요구는 늘어날 것이다. 또한 CPU 공급이 부족해졌을 때의 위험을 최소화하고, 자체 CPU를 만든다는 이유만으로 인텔이나 AMD와의 가격 협상에서 유리해진다는 장점이 있다.

물론 자체 개발한 CPU에 단점도 있다. 아마존을 예로 들면 자체 CPU는 오직 아마존 서버에 최적화되어 있으므로 수요가 제한적이다. 반면 전 세계 서버 시장과 PC 시장에 제품을 내다 파는 인텔과 AMD는 규모의 경제 효과가 월등히 뛰어날 수밖에 없다. 게다가 아마존이 자체 CPU를 확대하며 인텔과 AMD의 경쟁력이 저하된다면 가장 이득을 보는 기업은 아마존이 아니라 두 기업의 CPU를 저렴하게 사가는 다른 기업이 될 수 있다. 특히 구글, 마이크로소프트, 메타 등의 경쟁 서버 업체가 더욱 이득을 누릴 수도 있다.

수천억 원 규모의 비용을 감당할 수 있는 기업이라면 누구나 자체 CPU 개발을 한 번쯤 꿈꿔볼 것이다. 그러나 돈이 있다고 해서 개발에 뛰어들 수 있는 것은 아니다. 앞서 이야기했듯 서버는 CPU 외에도 주변장치, 메모리 반도체까지 필요하다. 또한 서버가 다양해지면 프로세서도 다양해진다. 인텔과 AMD는 이에 관해 종합 솔루션을 제공해왔다. 이는 서버 업체들이 갖기 어려운 장점이다. 아마존은 자체 CPU 개발뿐 아니라 CPU와 메모리 반도체의 궁합을 향상하는 데도 막대한 비용을 들여야 한다. 이러한 이유로 자체 CPU 개발을 십수 년간 이어갈 수 있는 서버 업체는 소수로 제한될 것으로 예측된다. 만약 서버 시장이 아마존이나 마이크로소프트와 같은 소수 기업 중심으로 과점화된다면 모르겠으나 전 세계 수많은 서버 기업이 각각 고유한 영역에서 서버 사업을 영위하기 때문에 인텔과 AMD의 제품 수요는 꾸준히 늘어날 수밖에 없다. 따라서 자체 CPU 개발이 곧 인텔과 AMD의 성장 종말을 의미하지 않는다.

서버 업체들의 자체 CPU 개발에 대한 전망은 다양하게 갈린다. 현재로서는 수년 뒤 이들 업체의 CPU 점유율을 예측하는 것은 무의미하다. 서버 업체들이 자체 CPU를 개발한다는 사실만으로 CPU 업체들의 영향력이 약화될 거라는 주장도 있다. 그러나 영향력 약화가 이들 기업의 성장이 어렵다는 것을 의미하지는 않는다. CPU 진영의 범용 제품과 서버 진영의 자체 제품은 모두 일장일단이 있고, 또 각기 성장하는 그림이 그려질 것이기 때문이다. CPU와 메모리 반도체를 통합하는 형태의 칩이 꾸준히 확대되며 기술 변화가 일어난다는 점이나 인텔과 AMD가 새로운 후공정 기술을 공격적으로 준비하며 CPU 경쟁력을 높이는 점도 예측을 어렵게 만든다.

그에 비해 자체 칩 개발 동향이 어떤 기업에 수혜가 될지는 명확하다. 서버 기업이 새로운 칩을 설계하는 과정에서 스스로 할 수 없는 영역이 반드시 존재하기 때문이다. 이러한 영역은 외부 기업에 의존할 수밖에 없다. 예컨대 서버 기업이 막대한 비용을 투입한다 하더라도 지난 인텔과 AMD가 수십 년간 칩을 설계해온 역량을 바로 쌓아 올릴 수는 없다. 따라서 인텔과 AMD처럼 자체적으로 칩의 모든 부분을 설계할 수 없으니 서버 기업은 ARM

이 제공하는 기초 설계도를 더욱 큰 설계도로 완성해 나가며 CPU 를 완성하는 방식을 택한다. 결국 ARM에 의지해 CPU를 완성하는 것이다.

자체 설계 칩이 늘어날수록 수혜를 보는 기업들

앞서 설명한 대로 서버 기업이 칩의 기초 설계부터 자체적으로 뛰어들기는 어렵다. 그동안 인텔, AMD, ARM과 같은 극소수 기업만 오랫동안 기초 설계도를 제작해왔다. 또한 설계를 수행하려면 설계도 프로그램이 필요한데 대표적인 기업으로 시놉시스Synopsys 와 케이던스Cadence가 있다. 아울러 서버 기업들은 칩 제조도 직접 수행하기 어려워 파운드리에 의존하며 대체로 TSMC, 삼성전자, 인텔이 나누어 담당한다. 이 중 TSMC는 칩 제조 능력이 가장 뛰어나고 칩 설계에서 제조로 이어지는 중간 과정에 경쟁력이 막강하다. 그러나 TSMC는 이미 고성능 칩 제조에 전사 역량의 절반 이상을 투입하고 있어 모든 수요에 대응하기 어렵다. 따라서 삼성전자와 인텔은 꾸준히 낙수 효과를 받을 것으로 보인다.

또한 서버 기업의 칩 제조 물량이 늘어나면 업무 상세 영역에 따라 정도는 다르겠지만 전공정에 소재와 장비를 공급하는 기업이 수혜를 받는다. 아울러 AMD와 인텔이 칩렛 경쟁을 공격적으로 확대하는 가운데 서버 기업들의 CPU 또한 칩렛과 같은 첨단 기술을 점차 따라갈 것으로 전망된다. 이는 작은 칩렛들을 이어 붙이는 공정 등 후공정이 더욱 복잡해지며, 후공정용 장비나 소재를 공급하는 기업이 수혜를 받을 수 있음을 의미한다.

다만 고성능 칩은 주로 TSMC, 삼성전자, 인텔과 같은 선두 파운드리 기업들이 직접 담당하므로 중소 후공정 업체는 수혜가 제한적일 수 있다. 이에 따라 후공정 전문 기업들보다는 장비 기업들의 수혜 폭이 클 것이다. 한편 파운드리 기업은 서버 업체의 요구에 맞춰 다양한 칩을 찍어낼수록 테스트도 새로 수행해야 한다. 인텔과 AMD가 만드는 CPU는 칩의 모양이나 작동 방식이 어느 정도 정해져 있지만 아마존, 마이크로소프트와 같은 서버 업체들은 두 기업의 칩과 전혀 다른 모양과 작동 방식으로 칩을 완성해 나간다. 즉 칩을 거의 완성한 단계에서 칩의 성능을 판단하기 위해 전수검사를 수행할 때 칩과 테스트 장비를 이어주는 소켓과 핀을 칩 모양에 맞춰 달리 제작해야 한다. 반도체 칩을 제조하는 기업에는 피곤한 일이 되겠지만 이러한 변화를 노리며 돈을 버는 기업도 있다.

예컨대 상장사 ISC는 CPU나 GPU와 같은 고성능 칩이 완성 단계에서 테스트를 거칠 때 필요한 소켓을 만들어 공급한다. 그런데 서버 업체들이 새로운 CPU를 만들 때마다 ISC는 CPU 특징에 맞추어 소켓을 새로 개발해 공급해야 한다. 과거 ISC는 메모리 반도체용 소켓만 만들었기에 다품종 제작 능력이 부족했다. 이로 인해 메모리 반도체 산업의 호황과 불황에 절대적으로 의존하며 실적이 크게 변동했고 시장에서 높은 밸류에이션을 받지 못했다. 그

반도체 투자의 원칙

러나 CPU 및 GPU 등의 테스트에 쓰이는 소켓을 제조하기 시작하며 사업 영역을 다각화하자 고객사가 100개 이하에서 400개 이상으로 급격히 증가했으며 메모리 반도체 의존도도 70~80%에서 30~40%까지 낮아졌다. 이에 따라 ISC는 점차 리노공업처럼 실적이 안정적으로 증가하면서 시장에서 높은 평가를 받고 주가도 크게 올랐다. ISC와 리노공업 모두 핀과 소켓 제조 사업을 하니 사업 분야가 겹치는 것 같지만 핀과 소켓의 종류가 다소 다르다. 특히 리노공업은 연구 개발 단계에 쓰일 다품종 핀에 더욱 유리하며 ISC는 양산에 들어갈 고성능 CPU와 GPU 등의 칩을 테스트하는 데 더욱 최적화되어 있다.

여기서 상세하게 언급한 기업 외에도 유사 영역에서 사업을 하는 다양한 기업이 있다. 어디선가 치열한 경쟁이 이루어질 때 미소 짓는 기업은 누구일지 관심을 기울여보자.

미래가 밝은 FPGA 시장에 직접 투자가 어려운 이유

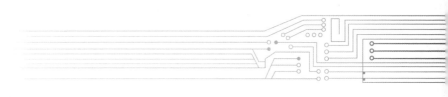

앞서 살펴본 대로 인텔이 만드는 CPU나 퀄컴이 만드는 AP는 칩의 기능이 정해져 있다. 즉 사용자가 CPU를 다른 목적으로 쓰고 싶어도 CPU 역할만 수행할 수 있다. 하지만 반도체 칩도 사다 쓰는 기업들은 때에 따라 기능을 마음껏 수정할 수 있는 칩을 원한다. 기능이 할당되어 있지 않은 칩을 사 와서 거기에 단순 연산 기능, 학습 기능, 통신 신호 처리 기능, 또는 아예 새로운 기능을 부여하려는 것이다.

이처럼 사용자가 칩의 작동 방식을 자유롭게 재설계해 여러 기능을 구현할 수 있는 반도체를 가리켜 PLDProgrammable Logic Device라 한다. PLD는 칩의 작동 방식에 따라 여러 종류로 나뉘는데 그중

반도체 투자의 원칙

에서도 가장 주목받는 PLD는 FPGA_{Field-Programmable Gate Array}다.

FPGA는 프로그래밍이 가능한 반도체로 사용자가 원하는 기능을 직접 구현할 수 있다. 공장에서 칩이 완성된 상태로 찍혀 나올 텐데 어떻게 사용자가 칩의 기능을 자유롭게 바꿀 수 있을까? 그 답은 FPGA의 구조에 있다. FPGA 내부를 들여다보면 칩 일부 공간에 CPU와 같이 수많은 트랜지스터가 있다. 트랜지스터들은 수많은 배선으로 얽혀서 신호를 주고받는다. 즉 트랜지스터가 어떻게 신호를 주고받는가에 따라 칩의 기능이 달라진다. 그런데 FPGA의 내부 한쪽에는 사용자가 데이터를 저장할 수 있는 메모리 공간이 있고, 여기에 칩이 어떤 방식으로 동작할지에 대한 정보를 담을 수 있다. 사용자가 컴퓨터 프로그래밍을 통해 원하는 작동 방식을 입력하면 여기에 기록되는 것이다. 이 메모리 공간에 작동 방식이 기록되면 칩 내의 많은 트랜지스터가 기록된 정보에 따라 작동하면서 사용자가 원하는 기능을 수행하는 전용 칩으로 탈바꿈한다. 그렇다면 FPGA는 왜 서버 시장에서 주목받게 되었을까?

FPGA,
서버를 성장 동력으로 삼다

초창기 서버는 단순히 방대한 데이터를 저장하고 보관하는 역할만 담당했다. 이후 서버 산업이 발전하는 과정에서 서버 역할이 매우 다양해졌다. 초창기 AWS는 아마존의 고객 데이터를 보관하고 아마존 사이트를 운영하는 역할만 맡았으나 이후 아마존이 AWS 사업을 외부 기업으로 확대하는 과정에서 제공하는 기능이 급격히 늘어났다.

서버의 역할은 점점 더 방대하고 복잡해지고 있다. 가령 고객의 컴퓨터 업무를 자동화하는 서비스, 저장된 데이터를 더욱 분산하거나 반대로 중앙 집중화하는 서비스, 저장된 데이터를 다양한 방법으로 검색해주는 서비스, 서버 해킹을 방지하는 보안 모니터링 서비스, 학습 기능을 통해 특정 데이터만 별도로 분리하는 서비스부터 도저히 무슨 기능인지 알기 어려운 서비스까지 종류가 매우 많다. 근래 AWS가 제공하는 서비스는 무려 100가지가 넘으며 새로운 서비스가 계속 등장하고 있다.

이처럼 서버가 새로운 기능을 수행하려면 이에 특화된 새로운 반도체가 필요하다. 과거 서버처럼 CPU, GPU만으로는 대응하기 어려운 것이다. 그런데 앞서 설명했듯이 다양한 맞춤형 반도체를 기존 반도체 기업이 모두 만들어줄 수는 없다. 따라서 서버 업체들은 FPGA를 대안으로 꼽는다. 서버에 특화된 기능을 수행해줄 반도체 칩이 없으니 차선책으로 FPGA를 사서 필요한 기능을 직접 구현하는 것이다.

FPGA는 수치만 따지면 CPU나 GPU보다 성능이 현저히 낮다. 다양한 쓰임새를 염두에 두고 개발되었지, 성능 향상을 우선순위에 두고 개발된 칩이 아니기 때문이다. 또한 FPGA는 칩 내부가 매우 복잡하다. 다양한 용도로 쓰일 수 있도록 칩 내에 더욱 많은 구조물을 미리 만들어두었기 때문이다. 따라서 공간 효율성이 떨어져 칩의 소형화가 어려우며 제조하기도 매우 까다롭다. 당연히 제조 단가도 훨씬 높다. 이러한 비효율성으로 인해 고성능 칩으로 개발하는 것이 쉽지 않으며 대신 다양한 응용을 중시한다.

서버에서도 마찬가지다. 고성능 연산이 필요한 영역은 CPU나 GPU가 담당하고 FPGA는 CPU와 GPU 사이에서 이들을 보조하는 역할로 주로 쓰인다. 가령 도로를 달리는 도난 차량을 인식하는 인공지능 서비스가 있다고 해보자. CPU와 GPU는 CCTV가 촬영한 동영상 데이터를 연산하며 차량 번호판을 인식해 번호판 글자를 추출해낸다. 이 과정에서 동영상의 특정 색상만 걸러내는 특수 작업을 FPGA에 넘겨 집중적으로 부탁하는 것이다. 이처럼 FPGA에게 역할을 줘서 구분하면 연산 효율을 극대화하고 서버 구축 비용도 절감할 수 있다. 또한 서버 기능을 더욱 빠르게 다양화할 수 있다.

FPGA가 반도체 산업에서 특별한 위치를 지켜온 이유

그런데 FPGA의 성능이 CPU와 GPU에 비해 낮다고 해서 FPGA의 성능이 발전할 수 없다는 뜻은 아니다. FPGA가 더욱 다양한 기능을 빠르게 처리하려면 CPU와 GPU를 따라가며 꾸준히 성능이 향상되어야 한다. 앞서 설명한 대로 트랜지스터 크기가 꾸준히 작아지고 개수도 많아져야 하는 것이다. 또한 FPGA를 통해 더욱 다양한 기능을 구현하려면 트랜지스터 간 연결이 더욱 복잡해질 수밖에 없다. 따라서 FPGA 제조사는 트랜지스터 미세화와 더욱 복잡한 설계를 통해 새로운 FPGA를 꾸준히 만들어낸다.

여기서 그치지 않는다. FPGA는 쓰임새가 늘어날수록 종류가 다양해졌다. 간혹 일부 투자자 중에 FPGA는 그저 백지 같은 역할이니 칩 종류도 얼마 되지 않을 거라 생각하는 경우가 있는데 FPGA는 종류가 무수히 많은 다품종 제품이다. 따라서 확장성 한계를 꾸준히 극복해야 한다.

따라서 FPGA 제조 업체는 성능을 높이고, 미세 공정을 도입하고, 더욱 다양한 기능을 넣을 수 있는 확장성을 갖추면서도 전방 산업의 요구에 맞춰 다양한 FPGA를 꾸준히 출시해야 한다. 이처럼 까다로운 조건을 만족하며 FPGA 시장에서 살아남으려면 만만치 않은 경쟁력이 필요하다.

자연스레 FPGA 산업은 이러한 조건을 만족시킬 수 있는 소수 기업 중심으로 과점 체제가 형성되었다. 현재 FPGA 시장을 주도하는 기업은 사실상 미국의 자일링스와 인텔로 압축된다. 2018년부터 FPGA 세계 시장에서 자일링스는 약 50%의 점유율을, 인텔은 약 40%의 점유율을 차지하고 있다. 그 뒤로 미국의 마이크로칩 테크놀로지Microchip Technology와 래티스 세미컨덕터Lattice Semiconductor가 약 10%의 점유율을 차지하며 그 외의 기업들은 합산 점유율이 3% 수준에 불과하다. 특히 자일링스와 인텔은 FPGA에 첨단 미세 공정을 적극적으로 도입하며 트랜지스터 밀도를 공격적으로 높여왔다.

또한 자일링스와 인텔은 신사업에 대응할 수 있는 FPGA를 앞서 출시하며 시장 내 우위를 유지해왔다. 자일링스는 신시장에 더욱 빠르게 대처했다는 평가를, 인텔은 더욱 다양한 FPGA를 출시하며 다양성에 대처했다는 평가를 받는다. 실제로 자일링스는 인공지능이나 5G 산업에서 다른 반도체 칩과 통합해서 사용할 수 있는 특화된 FPGA를 누구보다 앞서 출시하며 경쟁력을 자랑했다.

반면 인텔은 자사 CPU에 통합할 수 있는 FPGA를 재빠르게 출시하며 자일링스를 바짝 추격하고 있다. FPGA는 사용자가 작동 방식을 자유롭게 설계하는 반도체이므로 모든 기능이 갖추어져야 하는 CPU 같은 칩보다 제품 개발 시간이 적다. 일부 제품은 불과 3개월이면 개발을 끝내고 시제품이 나오기도 한다. 이러한 특성에 더해 CPU 사업을 영위하는 장점을 살려 인텔은 FPGA 시장에서도 두각을 나타내왔다.

인텔은 2015년에 자일링스와 함께 FPGA 시장을 주도하던 알테라Altera를 인수하며 현재 위치로 단숨에 도약했다. 알테라는 인수 직전까지만 해도 인텔 CPU와 함께 사용될 수 있는 FPGA를 개발하고, 또 인텔에 자사 FPGA 제조를 맡기는 등 인텔과 협력관계를 맺으며 성장 동력을 찾고 있었다. 그러다 2010년대 중반에 서버 업체들의 FPGA 사용이 점차 늘어나고 서버 사업을 본격화하던 마이크로소프트, 바이두 등의 업체들이 알테라와 합작사 설립을 논의한다는 이야기가 들려오자 인텔은 알테라를 통째로 사버리기로 결정한다.

인텔은 알테라를 약 15조 원에 인수하며 서버 업체들을 대상으로 강력한 협상력을 유지할 수 있었다. 이러한 인텔의 도약을 눈여겨본 AMD는 2020년 무려 60조 원에 달하는 금액을 주고 자일링스를 인수하겠다는 놀라운 결정을 한다(반도체 산업 사상 최대 규모의 인수합병이었다). AMD는 자사 CPU, GPU 사업과 자일링스와의 시너지를 높게 평가했다. 특히 이들 제품을 한데 묶어 서버 및 인공지능 시장을 공략하는 방안을 여럿 발표했다. 당시 AMD는 칩렛 기반의 CPU를 출시하며 PC 시장에서 인텔을 바짝 추격했지만 서버용 CPU 시장에서는 점유율이 10%에 불과했다. AMD는 이를 공략할 무기로 자일링스 인수를 결정한 것이다.

인텔은 왜
IPU를 출시했을까?

인텔과 AMD의 경쟁은 서버 시장의 빈틈을 공략하고 CPU, GPU 사업과의 시너지를 확대하는 방향으로 전개될 예정이다. 한 예로 인텔의 IPUInfrastructure Processing Unit를 들 수 있다. 서버가 처리하는 작업량이 적을 때는 서버의 CPU와 GPU가 여유롭게 연산 작업을 수행하지만 서버 트래픽이 몰리면 연산 작업이 늘어날 뿐만 아니라 트래픽도 처리해야 해서 CPU와 GPU의 작업 부담이 순간 급증하며 연산 효율이 떨어진다. IPU는 이러한 서버의 급격한 환경 변화를 고려해 트래픽 처리 등의 서버 인프라 작업을 수행해주는, 서버에 특화된 FPGA로 출시되었다. 서버 업체들은 프로그래밍을 통해 IPU에 여러 가지 서버 인프라 기능을 구현했다.

여기서 더 나아가 인텔은 IPU 제품군을 확대했다. 특히 FPGA뿐 아니라 특정 서버 기능을 집중 수행할 수 있게 프로그래밍된 맞춤형 IPU를 출시하며 구글과 같은 고객사를 끌어들였다. 또한 2021년에는 IPU를 인텔의 서버용 CPU인 제온 프로세서와 결합해 성능을 극대화한 혼합 제품군을 출시했다. 인텔은 알테라를 인수한 후에도 CPU 역할을 더욱 다양화하겠다는 의지를 굽히지 않으며 CPU 역할론을 강조해왔다. IPU-제온 결합 제품 출시는 이제는 CPU에만 의존하지 않고 더욱 다양한 제품 조합으로 틈새시장 구석구석까지 섬세히 공략하겠다는 태도 변화를 의미하는 것이기도 하다.

인텔과 AMD가 알테라와 자일링스를 인수함에 따라 FPGA 시장은 경쟁사 진입을 더는 허용하지 않는 거대 공룡 업체들의 싸움으로 자리 잡았다. 그런데 이들 기업의 경쟁력은 여기서 끝나지 않는다. FPGA를 효율적으로 사용하려면 칩의 성능이 좋아야 하지만 사용자가 프로그래밍을 얼마나 잘하는지도 중요하다. 그런데 이러한 프로그래밍이 여간 어려운 일이 아니다. 컴퓨터 프로그래밍 언어를 사용하더라도 이를 칩 설계에 잘 적용할지는 별개의 문제다. 개발자들이 이러한 설계 능력까지 갖추는 것은 현실적으로 쉽지 않다. 그래서 자일링스와 인텔은 개발자가 FPGA를 쉽게 설계할 수 있도록 돕는 종합 플랫폼을 꾸준히 확대해왔다. 엔비디아가 CUDA를 발전시켜온 것과 유사하다.

엔비디아가 CUDA를 개발한 이유는 GPU를 다루는 것이 매우 까다롭기 때문이다. FPGA 또한 기능이 더욱 다양해지고 CPU, GPU와 한데 묶여 쓰일수록 다루기가 매우 까다롭다. 인텔과 AMD가 CPU, GPU와 시너지를 낼 수 있는 새로운 FPGA를 출시할수록 개발자들은 CPU와 GPU에 대한 이해도까지 높여야 한다. 따라서 추후 FPGA의 복잡성이 늘어나는 만큼 개발자들이 더욱 손쉽게 사용할 수 있는 프로그램 키트의 지원 방안이 마련되어야 한다.

이는 추후 인텔과 AMD의 또 다른 경쟁력이 될 것이다. 실제로 인텔은 2020년에 들어 '원API'라는 새로운 플랫폼을 발표했다. FPGA, CPU, GPU를 아우르며 프로그램을 개발하는 과정을 지원하는 통합 플랫폼으로, 인텔의 FPGA와 엔비디아의 GPU를 융합해 서버 기능을 구현할 수 있도록 CUDA와도 호환된다. FPGA가 자사 CPU, GPU뿐만 아니라 타사 제품까지 넘나들며 통합되는 흐름을 겨냥한 것이다. 또한 엔비디아와 AMD를 겨냥한 것이기도 했다.

향후 인공지능 서버가 확대되면 FPGA의 수요는 더욱 증가할 수밖에 없다. 인공지능 서버도 나름대로 특화되어 매우 다양한 기능을 제공할 것이기 때문이다. 가령 인공지능 초창기에 등장한 구글의 알파고는 학습에 초점을 두었다. 2015년에 이세돌 9단과 바둑 시합을 한 이유도 학습 능력을 자랑하기 위함이었다. 그러나 근래 등장하는 AI의 기능은 더욱 놀랍다. 챗GPT와 같이 최적의 자료를 취합해 답변을 만들어내는 기능을 집중적으로 수행하기도

하고 노벨AI처럼 사용자가 문장을 입력하면 가장 알맞은 그림을 자동으로 그려주기도 한다.

이처럼 인공지능 서버마다 제공하는 서비스가 다른 만큼 기능에 특화된 반도체가 제각각 필요하다. 인공지능 시장은 모름지기 다품종 중에서도 다품종을 자랑하는 영역인 것이다. 그러나 이처럼 FPGA의 미래가 밝은데도 FPGA 업체에 투자하기엔 현실적인 어려움이 따른다. 사실상 인텔과 AMD가 유일한 투자처인데 두 기업은 FPGA 사업보다 CPU, GPU 사업이 더 중요하기 때문이다. 그렇다면 FPGA 기업에 직접 투자는 불가하더라도 어떤 대안을 찾아볼 수 있을까?

FPGA와 함께 성장하는 국내 기업도 있을까?

1997년에 설립된 국내 상장사인 매커스는 설립 당시만 해도 국내에서 빠르게 성장하는 IT 산업에 다양한 반도체 칩을 개발해 공급하겠다는 목표를 가지고 있었다. 당시 많은 팹리스 기업이 탄생했는데 이들 기업을 가리켜 국내 1세대 팹리스라 부른다. 그러나 포부와 달리 매커스는 2000년대부터 매출을 확보하기 어려워했고 결국 사업을 전자 부품 조립과 셋톱박스 사업 등 다소 상이한 영역으로 확대하며 반도체 기업의 면모가 사라지기 시작했다.

그러다 매커스는 반도체 유통 사업이라는 새로운 사업 아이템을 또 하나 확보한다. 해외에서 판매되는 여러 반도체 칩을 고객사에게 맞춤형으로 제공하겠다는 것이다. 특히 자일링스가 만드는 다양한 FPGA를 국내 IT 기업들에 맞춤형으로 공급하는 사업에 주력했다.

당시 국내 IT 기업들은 자사 전자제품 제조나 서버 구축 등을 할 때 해외에서 반도체를 사다 썼다. 하지만 전 세계에서 쏟아져 나오는 수만 가지 반도체 중 무엇을 써야 할지 난감해하는 경우가 많았다. 게다가 대부분의 IT 기업은 반도체에 대한 이해도가 그리 깊지 않아 적절한 칩 구매 외에도 종합적인 기술 지원을 받았으면 했다. 어떤 칩을 사서 어떻게 제품에 탑재하고 자사 서비스에 적용할지 도움을 원했던 것이다. 반도체 유통 업체들은 이러한 고민을 함께 해결해준다. 반도체 유통 사업은 이마트처럼 단순히 창고에 칩을 쌓아두고 판매하는 사업이 아니다. 고객이 원하는 칩과 부가 서비스를 함께 제공하는 종합 솔루션 사업에 가깝다. 매커스의 유통 사업도 마찬가지였다.

유통 사업에서 성과가 나기 시작하자 매커스는 기존의 복잡한 사업 구조를 효율화하기 위해 반도체 유통 사업만 떼어낸다는 결단을 내린다. 그렇게 새로운 회사로 분리되어 현재의 매커스가 탄생했다. 매커스는 분리 이후에도 칩 유통 사업에 집중했다. 유통 사업이 점점 성장하며 안정적인 흑자 구조에 들어서자 규모를 확대하기 위해 더욱 다양한 칩을 유통하기 시작했다. 이처럼 규모가 커지는 가운데서도 매커스가 가장 주력으로 유통하는 제품은 자일링스의 FPGA였다. 2000년대부터 2024년 초까지 매커스가 유

반도체 투자의 원칙

통하는 칩의 80% 이상은 자일링스 제품이다.

반도체 유통 기업은
어떤 경쟁력을 갖추고 있을까?

흔히들 반도체 산업에 투자한다고 하면 기술력이 뛰어난 기업이
나 성장성이 무궁무진한 기업에 주목해야 할 것만 같다고 말한다.
이에 비해 반도체 유통 사업을 하는 기업들은 시장에서 거의 주목
받지 못한다. 유통이라고 하니 슈퍼마켓과 흡사할 것만 같다는 생
각이 들고 비즈니스 모델의 매력이 없어 보이기 때문이다.

그러나 반도체 유통 업체는 전방 IT 기업의 수요에 따라 최적
화된 칩을 제공하는 솔루션 사업의 특징이 강하다. 자일링스가
판매하는 제품의 종류는 정확히 공개되지 않았으나 자일링스의
FPGA를 유통하는 업체들의 대표 제품만 수백 가지가 넘는다. 또
한 FPGA가 전자 부품 형태로 완성되거나 CPU 등과 조합되어 쓰
이는 경우까지 고려하면 실질적인 제품 종류는 수천 가지에 달한
다. 개발자 입장에서는 수많은 반도체를 어떻게 조합해 써야 할지
난감할 수밖에 없고 이러한 어려움을 해결하는 역할을 매커스가
담당한다.

매커스뿐만 아니라 반도체 칩을 솔루션 형태로 유통하는 업체
들의 경쟁력은 오랜 기간 칩을 공급해온 이력에 기인한다. 장기간
칩을 공급해야 고객사가 원하는 최적의 칩을 빠르게 찾아내어 공

급할 수 있기 때문이다. 또한 오랜 공급 이력을 바탕으로 다양한 제품에 대한 이해도도 함께 높아지므로 더욱 수준 높은 솔루션을 제공할 수 있다. 매커스는 FPGA 분야에 특화되어 독보적인 경쟁력을 쌓아왔다.

매커스의 유력한 경쟁 상대는 누구일까? 매커스와 동일한 사업을 하는 기업으로는 자일링스의 한국 지사인 자일링스 코리아가 있다. 비상장사인 에브넷코리아도 자일링스 FPGA를 유통하는 사업을 영위한다. 그러나 에브넷코리아는 매커스 대비 규모가 1/10에 불과하기 때문에 보통은 자일링스 코리아가 비교 대상 기업으로 언급된다. 자일리스 코리아가 자일리스 제품을 국내에 직접 내다 팔면 매커스보다 경쟁력이 훨씬 높지 않을까? 하지만 자일링스 코리아는 삼성전자와 같은 국내 최대 기업에 한해 직접 영업한다.

FPGA를 사다 쓰는 국내 기업은 아무리 적게 잡아도 500개가 넘고 전 세계적으로는 수천 개에 달한다. 자일리스가 이들 고객사를 직접 상대하는 것은 불가능하다. 그저 칩을 배달하는 것이라면 가능할지도 모르지만 반도체 유통 사업은 기술 지원까지 종합적으로 이루어지기에 단순 배달만으로는 고객사를 절대 만족시킬 수 없다. 그렇기에 매커스와 같은 유통업체가 탄생한 것이다. 삼성전자는 자일링스와 대규모 거래를 진행할 뿐 아니라 새로운 FPGA를 여럿 공동 개발하기에 자일링스의 많은 부서가 삼성전자를 전담한다. 그리고 이 과정에서 삼성전자에 FPGA를 대량 직접 공급한다. 그러나 FPGA를 사가는 대부분의 국내 기업은 자일링스와 이처럼 강한 협력 관계를 맺기 어려우며 매커스와 주로 거래한다. 따라서 자일링스 코리아는 매커스와 경쟁관계라 볼 수 없다.

FPGA 관련 기업에 투자하기에 앞서 주의할 점

FPGA와 매커스도 좋아 보인다. 그렇다면 바로 매커스 주식을 매수하면 수익을 낼 수 있을까? 당연한 소리지만 그렇지 않다. 시기에 따라 반도체 섹터의 영업환경이나 밸류에이션 같은 변수를 고려해야 하기 때문이다.

또한 매커스의 고객사도 고려해야 한다. 매커스는 국내 500개 이상의 IT 기업에 다양한 FPGA를 공급하는데, 유독 반도체 장비 기업과 통신 장비 기업의 비중이 높다. 특히 상장사로도 이름이 널리 알려진 와이아이케이, 엑시콘 등의 메모리 반도체 관련 장비 제조 업체에 FPGA를 활발히 공급해왔다. 물론 이들 기업에만 제품을 공급하지는 않지만 50% 이상의 매출이 이들 기업에서 발생하기에 반도체 장비나 통신 장비 업황에 예민하다. 이외에 가전 업체, 의료 장비 업체, 산업 설비 업체 등에도 FPGA를 공급하고 있으나 반도체 장비 산업은 호황과 불황 때 변화가 매우 크다 보니 장비 업체로 팔려나가는 FPGA도 시기에 따라 물량이 크게 달라질 수 있다.

따라서 FPGA 산업이 꾸준히 성장하고 주가도 그에 따라 오를 것이라 생각하면 오산이다. 핵심 고객사와 매출 비중 변화에 따라 투자 전략을 면밀히 세워야 한다. 반도체 장비 업체에서의 매출 비중이 높은 경우에는 장비 업체들이 불황 기조에 들어서 실적이 감소할 때 주가 하락에 유의하되, 주가가 충분히 하락하면 FPGA 판매량이 반등할 것을 기대하며 투자하는 전략도 좋은 방법일 수 있다.

참고로 인텔이 인수한 알테라도 국내 많은 기업에 FPGA를 공급하고 있다. 알테라의 FPGA를 공급하는 대표 상장사로는 유니퀘스트가 있다. 그러나 유니퀘스트는 알테라의 FPGA 외에도 수십 개 고객사에 칩을 고루 공급한다. 따라서 FPGA 산업과 함께 성장할 기업이 누구일지, 그 와중에 산업 성장과 주가가 동행하지 않을 수 있다는 점, 그리고 반도체 유통 업체의 특징 등을 명쾌히 설명하기 위해 매커스를 사례로 들어 설명했다. 이외에도 반도체 유통 사업을 영위하는 상장사가 적지 않으니 나름대로 찾아보길 추천한다.

삼성전자와 SK하이닉스의 성장성을 의심하지 말라

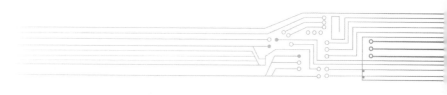

서버 산업이 성장하면 GPU, CPU, FPGA와 같은 비메모리 반도체의 역할이 날로 커진다. 특히 고성능 칩의 수요가 빠르게 늘어날수록 엔비디아, 인텔, AMD는 기술 경쟁을 더욱 확대하기 때문에 시장에서 큰 주목을 받는다. 이 과정에서 메모리 반도체 사업에 집중하는 국내 반도체 기업들은 어떤 역할을 맡을까? 비메모리 반도체가 중요해질수록 메모리 반도체의 역할도 더욱 커진다. CPU, GPU, FPGA 시장을 엔비디아, 인텔, AMD가 과점하고 있듯 메모리 반도체 시장은 삼성전자, SK하이닉스, 그리고 미국의 메모리 반도체 제조사 마이크론Micron Technology이 과점하고 있다. 이들 기업은 결코 적지 않은 수혜를 얻는다.

CPU와 GPU는 복잡한 연산을 끊임없이 수행하며 이 과정에서 중간 결괏값이 계속 나온다. 예를 들어 다음과 같은 식을 풀어본다고 해보자.

$$\frac{3}{10}+\int_2^5 xdx+\sqrt[3]{27}+_9C_5 = ?$$

대부분 이 식을 쪼개어 앞에서부터 차근차근 계산할 것이다. 이렇듯 계산하다 보면 중간 결괏값이 여러 차례가 나온다. 수학 문제를 풀 때 식을 앞에서부터 계산하다가 중간 결괏값이 나오면 어디에 잠시 적어둔 뒤 나머지 식을 계산했던 기억을 떠올려보자.

CPU와 GPU도 마찬가지다. 연산 과정에서 수많은 중간 데이터가 발생하며 이를 어딘가에 잠시 저장해두어야 한다. 중간 데이터는 먼저 CPU 또는 GPU 칩 내부에 생성된 '캐시'라는 영역에 저장된다. 그러나 캐시는 용량이 매우 작아서 임시 데이터를 많이 저장할 수 없다. 캐시는 용량 대신 오직 속도에 집중하기 때문에 공간을 많이 차지하고 용량 극대화가 어렵다. 따라서 캐시에 담기지 못하는 임시 데이터는 결국 CPU나 GPU 등의 연산 칩 외부에 저장해야 한다. 바로 D램이다.

그런데 서버의 CPU나 GPU는 매우 고차원의 연산을 수행한다. 연산 횟수가 매우 많은 것이다. 그러다 보니 D램에 저장되는 임시 데이터가 매우 많아지고, 또 D램에 저장된 데이터들을 읽어들이는 작업이 너무 많이 필요하다. 자연스레 두 가지가 중요해진다. 첫째, D램에 임시 데이터를 저장하거나 다시 꺼내올 때 매우 빠른 속도로 데이터를 이동시켜야 한다. 둘째, D램에 임시 데이터를 최대한 많이 저장해야 한다.

기존 D램의 문제점을 극복하라

먼저 첫째 항목을 고민해보자. 어떻게 D램으로 데이터를 최대한 빠르게 보내고 꺼내올 수 있을까? 정답은 통로를 많이 만들면 된다. 자주 막히는 고속도로 구간의 차선을 넓히는 것과 비슷하다고 보면 된다. 연산 칩과 D램은 두 칩 사이에 만들어진 통로를 통해 데이터를 주고받는다. 당연히 통로가 많을수록 더욱 많은 데이터를 병목 현상 없이 빠르게 옮길 수 있다. 그러면서도 두 칩의 거리를 최소화해야 한다. 고속도로가 일직선이 아니라 곳곳을 굽이굽이 돌아간다면 아무리 차선이 많아도 시간이 오래 걸릴 것이다. 이처럼 두 칩을 최대한 가깝게 배치해 통로를 줄이면 같은 시간에 데이터를 더욱 많이 전송할 수 있다. 그러나 이는 말처럼 쉽지 않다.

우리가 사용하는 컴퓨터 본체 내부를 잠시 떠올려보자. 본체 뚜껑을 열면 메인보드라 불리는 커다란 PCB 기판이 있고 기판 일부에 CPU와 D램이 기본적으로 멀리 떨어져 설치된다. 두 칩 사이에는 많은 데이터가 오가기 때문에 통로가 많이 필요하다. 그러나 연산 칩과 D램이 멀리 떨어진 구조에서는 이러한 통로를 기판에

D램이 1개일 때의 기판 예시

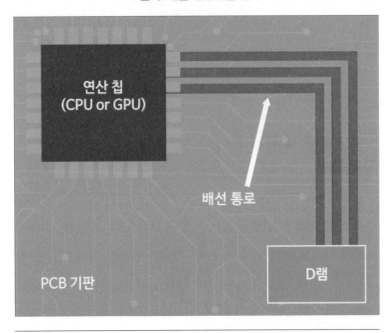

대개의 PC나 서버는 PCB 기판에 연산 칩과 D램이 꽤 멀리 떨어져 있다. 따라서 두 칩을 이어주는 배선 통로가 필요한데 PCB 기술의 한계로 배선을 많이 만들기 어렵다.

많이 만들기가 어렵다. 통로를 많이 만들려면 PCB 기판에 금속 회로를 더욱 가늘고 조밀한 형태로 많이 새겨야 하는데, 현재 PCB 업체의 제조 기술 한계로 그러기가 어렵다. 비단 우리가 사용하는 컴퓨터뿐 아니라 서버도 같은 문제를 겪어왔다.

그런데 서버가 날로 발전하자 D램이 더욱 많이 필요해졌다. 앞서 말했듯이 서버에 사용되는 연산 칩은 PC용보다 성능이 훨씬 높아 D램에 더욱 많은 데이터가 저장되고 오가야 한다. 즉 D램의 용량이 더욱 커져야 하며 D램이 2개, 4개, 8개와 같이 많이 필요하

반도체 투자의 원칙

D램이 2개일 때의 기판 예시

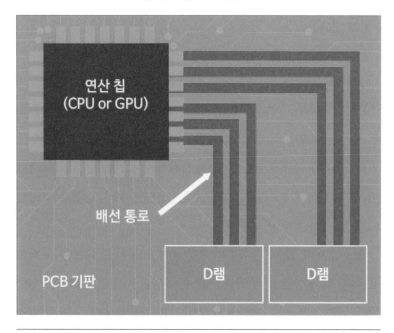

서버는 D램이 더 많이 필요하다. 따라서 1개의 연산 칩과 여러 개의 D램을 동시에 이어주어야 하는데 기판 기술의 한계로 어려운 편이다.

다. D램이 많아지면 PCB 기판이 복잡해지고 연산 칩과 D램을 이어주는 회로가 더 많이 필요하지만 회로 설치 공간은 제한적이다.

이렇게 되면 연산 칩과 D램 사이에 통로를 충분히 만들지 못해 연산 칩이 D램으로 한 번에 많은 데이터를 전송할 수 없어 데이터 병목 현상이 나타난다. 따라서 연산 칩이 백날 좋아지더라도 중간 데이터를 자유롭게 쓰고 읽을 수 없으니 빠른 연산이 불가능하다. 수학 문제를 풀 때 시험지에 식을 풀어 쓸 공간이 부족하면 문제를 풀기 어려운 것과 비슷하다.

HBM은
어떤 구조일까?

이러한 문제를 해결하기 위해 대두된 기술이 HBM High Bandwidth Memory, 고대역폭 메모리이다. HBM은 기존에 사용되던 D램을 아예 새롭게 만들기 위해 등장한 기술이다. 2013년부터 기술이 표준으로 자리 잡으며 본격적으로 논의되기 시작했고 2020년대에 들어서며 수요가 크게 늘어나기 시작했다. HBM은 기존 D램과 비교해 크게 두 가지 특징이 있다.

앞서 2개의 칩이 하나의 기판에 수평으로 붙을 때보다 수직으로 붙을 때 성능을 더욱 극대화할 수 있다고 설명했다. HBM의 첫 번째 중요한 특징은 D램 칩 여러 개가 수직으로 붙는다는 것이다. 두 칩을 수평으로 부착하면 신호 전달을 위해 회로를 많이 새겨야 한다. 그러나 이는 쉽지 않다. 따라서 두 칩을 수직으로 붙이되 칩 내부에 수많은 수직 기둥을 형성하고 기둥을 통해 전기 신호를 주고받는 방식을 택했다(기둥 형성과 칩을 수직으로 붙이는 TSV 기술은 뒤에서 자세히 설명하겠다). 수천 개에 달하는 기둥으로 두 칩은 한 번에 수천 개의 데이터를 고속으로 주고받을 수 있다. 게다가 두 칩의 거리 또한 기판에 수평으로 놓을 때보다 극단적으로 짧아진다. 따라서 데이터가 오가는 시간이 더욱 적다.

HBM의 두 번째 중요한 특징은 PCB 기판뿐 아니라 인터포저와 같은 특수 기판에서 쓰일 때가 많다는 것이다. HBM은 원래 고사양 CPU, GPU와 함께 쓰이기 위해 제조된다. 알다시피 PCB 기

반도체 투자의 원칙

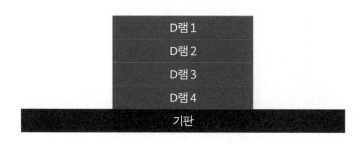

D램을 수직으로 붙인 HBM 구조

D램 1
D램 2
D램 3
D램 4
기판

HBM의 가장 큰 특징은 D램 칩을 수직으로 이어 붙인다는 것이다. 덕분에 칩과 칩 간에 데이터가 고속으로 전송된다.

술로는 기판에 회로를 많이 만들기 어려워 인터포저가 대안으로 많이 쓰이고 이를 가리켜 2.5D 패키징이라고 한다. HBM 또한 연산 칩과 수많은 데이터를 매우 빠르게 주고받기 위해 인터포저에 실장되는 경우가 많다. 인터포저는 수직으로 놓인 HBM과 연산 칩 간의 데이터 이동을 극대화한다.

HBM은 가장 고성능 D램이므로 자연스레 고성능 연산 칩과 함께 쓰인다. 따라서 이들 칩을 인터포저에 실장하는 기술 또한 만만치 않게 어렵다. TSMC나 삼성전자와 같은 선두 반도체 기업들은 이 기술을 직접 수행하며 기술 발전을 주도하고 있다.

InFO는 서로 다른 종류의 두 칩을 하나의 인터포저 위에 수평으로 실장한 다음 에폭시 소재로 한 번에 덮어씌워 하나의 칩으로 완성하는 기술이다. TSMC는 InFO 외에도 유사 기술인 CoWoSChip on Wafer on Substrate 등을 보유하고 있으며 이를 HBM에도 활발히 적용하고 있다. 메모리 반도체 업체가 공급하는 HBM과

2.5D 구조를 갖춘 HBM

| D램 1 |
| D램 2 |
| D램 3 |
| D램 4 |

연산 칩

인터포저 기판

HBM은 단독으로 쓰이기보다 고성능 비메모리 반도체와 함께 쓰인다. 특히 인터포저 기판에 고성능 비메모리 반도체와 함께 붙어 2.5D 구조로 쓰이는 경우가 많다.

자사가 제조한 연산 칩을 하나의 인터포저 위에 부착한 뒤 최종적으로 1개의 칩으로 완성하는 것이다. TSMC는 엔비디아에 서버용 고성능 GPU를 여러 차례 공급해왔는데, 이 GPU는 하나의 인터포저에 SK하이닉스에서 공급받은 HBM과 TSMC가 제조한 GPU를 동시에 실장해 완성한다. 단순히 GPU만 만들어 공급하는 것이 아니라 HBM을 전달받은 뒤 서이들 칩을 하나의 인터포저에 패키징하는 기술까지 직접 담당했다.

TSMC가 AMD에 공급한 고성능 서버용 인공지능 반도체도 마찬가지였다. AMD는 2023년 인공지능 서버에 사용되는 고성능 반도체인 'MI300X'을 공개했다. TSMC는 삼성전자에서 공급받은 HBM과 직접 제조한 GPU를 하나의 인터포저에서 1개의 칩으로 완성해 AMD에 공급했다. 삼성전자 또한 TSMC와 유사한 'I-Cube'라는 기술을 개발해 여러 차례 발표했다. I-Cube는 TSMC의 InFO 또는 CoWoS와 유사하며 삼성전자는 여기에 사용되는 고성능 인터포저까지 직접 제조했다. HBM을 구성하는 D 램 개수에 따라 I-Cube 2, I-Cube 4, I-Cube 8 등으로 불린다.

HBM이 확대되면 삼성전자, SK하이닉스, 마이크론은 커다란 수혜를 누린다. 종전에는 기판 기술의 한계로 D램 수를 늘려나가기 어려웠지만 이제는 4개, 8개, 16개, 20개 등 칩을 수직으로 부착하며 개수를 수월하게 늘릴 수 있다. 이는 CPU 또는 GPU와 같은 연산 칩의 추가 성능 향상으로 이어진다.

특히 기존에는 D램의 구조상 한계로 성능 개선이 어려웠으나 이제는 공격적으로 칩을 설계할 수 있으며, 이는 D램 수요를 끌어올리는 기폭제가 된다. 따라서 메모리 반도체 3사(삼성전자, SK하이닉스, 마이크론)는 새로운 칩 개발 외에도 HBM 기술을 더욱 끌어올려 적층하는 칩의 개수를 늘려나가면 자연스레 D램 수를 늘리면서 D램 시장을 확장하는 효과를 얻을 수 있다.

메모리 반도체 3사 중에 HBM 기술을 주도적으로 개발해온 기업은 SK하이닉스였다. 2013년부터 HBM이라는 개념이 등장했지만 마이크론은 다소 다른 기술을 지향했다. SK하이닉스는 HBM과 연산 칩을 인터포저에 수평으로 실장하는 2.5D 패키징 방식에 중점을 두었다. 반면 마이크론은 연산 칩까지 HBM과 함께 수직으로 적층해 완전한 3D를 구현하겠다는 계획을 세우고 이를 가리켜 HMC Hybrid Memory Cube 라 불렀다.

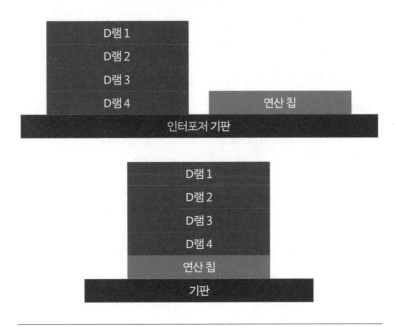

SK하이닉스와 마이크론의 패키징 방식 차이

| D램 1 |
| D램 2 |
| D램 3 |
| D램 4 |

연산 칩

인터포저 기판

| D램 1 |
| D램 2 |
| D램 3 |
| D램 4 |
| 연산 칩 |

기판

SK하이닉스는 D램을 여러 개 적층한 HBM과 연산 칩을 인터포저에 따로 부착하는 2.5D 패키징 방식을 지향한 반면(상단 그림), 마이크론은 여러 D램과 연산 칩까지 모두 한 번에 수직으로 적층하는 HMC를 지향했다(하단 그림). 결국 SK하이닉스의 HBM이 시장을 빠르게 개척하며 시장을 지배하게 되었다.

마이크론은 왜 HBM 시장에서 첫발을 늦게 내딛었을까?

마이크론의 방식대로 여러 개의 D램뿐 아니라 연산 칩까지 모두 수직으로 이어 붙이는 것은 매우 어려웠다. 부착 기술 난이도도 높았지만 연산 칩을 수직으로 부착할 수 있게 새로 만들어야 했기 때문이다. 이러한 기술을 발전시키는 데 시간이 오래 걸렸다. 반면 SK하이닉스가 추구하던 2.5D 방식은 기술 발전이 더욱 용이했다. 오직 D램에 한해 수직으로 이어 붙이는 데 집중해 HBM을 완성하고, 연산 칩은 수직으로 함께 붙이는 대신 인터포저에 따로 붙이는 방향으로 인터포저 기술을 집중 발전시킨 것이다.

인터포저는 두께가 100μm 내외로 매우 얇으며 기존 PCB 기판 대비 배선 회로가 10배 이상 많은 고성능 기판이다. 따라서 기판 제조가 매우 까다롭다. 그럼에도 기판 제조 기술을 발전시키는 것이 여러 칩을 모두 수직으로 이어 붙이는 것보다 수월했다. 그 덕에 마이크론이 HMC 기술을 구현하는 데 집중하는 동안 SK하이닉스와 이를 뒤쫓기 시작한 삼성전자는 HBM을 더욱 빠르게 적용할 수 있었고 2010년대 중반 서버용 반도체가 확대되는 과정에서 HBM을 선제적으로 적극 판매하며 HBM 시장을 주도한다. 마이크론은 2018년에 HMC의 어려움을 인정하고 뒤늦게 SK하이닉스와 삼성전자를 따라 HBM 기술을 확보하는 데 전념했다.

특히 마이크론이 인텔에 공급한 HMC의 성능이 인텔의 기대에 미치지 못했다는 이야기도 들렸다. 마이크론은 뒤늦게 HBM을 완성해 시장에 선보였지만 현재도 SK하이닉스와 삼성전자의 HBM 시장 내 점유율은 90% 이상에 이른다. 추후 HBM 기술은 더욱 많은 D램을 한 번에 수직으로 적층하는 데 집중될 예정이다.

수직으로 적층하는 D램이 많아질수록 칩에서 발생하는 막대한 열을 방출하기 어려워져 칩 수명이 단축되고 칩과 칩 사이에 데이터가 오가기 위한 수직 기둥을 더욱 많이 만들어야 한다. 또한 칩을 수직으로 부착하는 과정에서 범프(2장 참고)와 같은 구조물도 많이 만들어주어야 한다. 메모리 반도체 3사는 이러한 기술을 극복하며 HBM 시장의 주도권을 쥐어나갈 것이다.

메모리 반도체 성장이 다시 가팔라지는 이유

HBM은 제조 공법이 어렵다는 이유로 메모리 반도체 기업들이 기존 D램에 비해 값을 2~3배 높게 부르기 때문에 수익성이 매우 뛰어나다. HBM을 제조할 수 있는 기업은 전 세계에 3사뿐이라는 점을 감안하면 높은 가격대는 한동안 지속될 것이다.

2023년 국내 반도체 산업의 주식들이 크게 오르기 전까지만 해도 대부분의 투자자는 메모리 반도체 산업을 엔비디아와 비교하며 부정적인 의견을 피력했다. '서버 시장이 성장할수록 GPU와 같은 반도체는 수혜를 입지만 메모리 반도체는 성장하지 못한다'거나 '국내 반도체 업체들도 메모리 반도체를 그만 만들고 GPU와 같은 칩을 개발해야 한다'는 식이었다.

그러나 이는 모두 잘못된 생각이다. 서버 시장이 확대될수록 GPU는 물론 메모리 반도체의 성장성이 커질 수밖에 없다. 먼저 연산장치가 더욱 방대한 데이터를 만들어낼수록 데이터의 임시 저장과 영구 저장을 위한 메모리 반도체 수요도 비례해서 증가한다. 더욱이 연산장치의 속도가 빨라질수록 임시 데이터 저장을 위

반도체 투자의 원칙

한 메모리 반도체 수요가 더욱 늘어나므로 메모리 반도체는 가파르게 성장한다.

앞서 이야기하길 반도체는 무척 다양하며 전방 시장에 따라 수요가 빠르게 늘어나는 것도 있고 그렇지 못한 것도 있다고 했다. 그런데 메모리 반도체 중에서도 서버 시장을 중심으로 사용되는 고사양 메모리 반도체일수록 더욱 가파르게 성장하리라 전망된다. 특히 HBM은 추후 10년간 연평균 30%에 달하는 놀라운 성장을 보일 것으로 예측되는데 이는 GPU나 차량용 반도체 등 모든 반도체와 비교해도 결코 뒤지지 않는 가파른 성장이다.

HBM 외에도 고사양 메모리 반도체의 수요가 꾸준히 늘어났기 때문에 메모리 반도체의 성장률은 그동안 반도체 산업 평균 내비 높게 나타났다. 한동안 이러한 경향이 유지될 것으로 보인다. 불과 10년 전만 해도 전체 반도체 산업에서 메모리 반도체가 차지하는 비중은 15~20%에 불과했으나 근래에는 25~30%에 달한다.

서버용 반도체 산업
주요 기업 정리

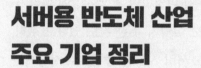

서버 산업은 근래 반도체 산업을 가장 빠르게 성장시키는 주요한 전방 산업이다. 방대한 데이터를 저장해 주는 서버부터 시작해 클라우드 서버, 인공지능 서버까지 서버의 종류도 다양해지고 있으며, 서버가 제공하는 서비스가 늘어나며 서버 산업이 고도화되고 있다. 자연스레 이에 사용되는 반도체도 매우 빠르게 발전하고 있다.

자일링스(AMD)

반도체 중에 FPGA만 집중적으로 설계하는 기업으로, 1984년에 설립되어 업력이 그리 길지 않지만 다양한 FPGA를 집중적으로 설계하며 알테라와 함께 FPGA 시장을 양분해왔다. 서버 시장의 성장에 따라 서버용 FPGA를, 자율주행 시장의 성장에 따라 차량용 FPGA를, 인공지능 시장의 성장에 따라 인공지능 서버용 FPGA를 대거 출시하며 맞춤형 제품을 확대해왔다. 유망 산업이 성장하는 과정에서 수혜를 나누어 받는 대표적인 기업이다.

자일링스는 칩 제조를 주로 TSMC에 맡겨 왔으며 기존 활발히 사용하던 22nm 공정, 16nm 공정 외에도 최근에는 5nm 공정과 그 이하 공정까지 도입하며 고사양 FPGA를 적극 확대하고 있다. 자일링스는 2020년에 AMD에 인수된 후 AMD 사업부에 편입되어 AMD의 CPU, GPU 사업과 함께 시너지를 강화해나가고 있다. 엔비디아가 GPU를 이용해 인공지능 시장을 독주하는 가운데 AMD는 CPU와 FPGA를 적절히 결합하여 시장의 수요를 더욱 섬세하게 맞추어줄 제품을 확대하고 있다.

매커스

매커스는 자일링스가 제조하는 FPGA를 국내 여러 기업에 유통하는 유통 전문 기업이다. 단순 유통에 그치지 않고 고객이 요구하는 최적의 FPGA를 맞춤형으로 제공하며 기술도 지원한다. 매커스의 고객은 통신 관련 기업, 반도체 장비 기업, 서버 사업을 영위하는 IT 기업, 가전제품을 만드는 IT 기업, 의료 장비를 만드는 메디컬 기업 등 매우 다양하다. 최근 들어 국내 서버 산업이 성장을 거듭하면서 서버 고객들에 공급하는 FPGA가 꾸준히 늘어나고 있다. 물론 매커스는 꼭 서버 시장이 아니더라도 FPGA를 필요로 하는 전방 시장이 늘어나거나 기존 시장이 커지면 자연스레 수혜를 입는다. 다만 주의할 점도 있다. 국내 IT 산업이 호황일 때는 매커스가 유통하는 FPGA의 수요도 꾸준히 늘어나지만 IT 산업이 불황에 들어서면 FPGA 산업도 주춤하기 시작한다. 또한 전방 산업이 성장하는 중에도 판매가 주춤하는 구간이 생길 수 있어 이때는 매커스에 대한 투자 심리가 일시적으로 줄어들 수 있다. 자세한 내용은 본문을 참고하길 바란다.

베시

네덜란드에 본사를 둔 베시Besi는 반도체 장비를 전문으로 제조하는 기업이다. 여러 종류의 장비 중에서도 후공정 장비를, 그중에서도 칩을 기판 등에 부착해주는 본딩bonding 장비를 가장 잘 만들어왔다. 전 세계 어떤 반도체 기업이든 칩을 기판에 붙일 때 베시의 장비를 고민할 수밖에 없다. 베시는 본딩 공정용 장비 시장에서 50%에 가까운 점유율을 자랑하며 고성능 칩 본딩에서는 점유율이 70~80%에 이른다.

칩렛, HBM 등 고사양 칩 제조 기술이 늘어날수록 여러 칩들을 정교하게 이어 붙이는 작업이 중요해지는데, 이에 필요한 장비

반도체 투자의 원칙

를 베시가 세계 최초로 내놓은 적이 수없이 많다. 특히 하이브리드 본딩과 같은 새로운 개념을 실현하는 장비도 세계 최초로 출시하며 위력을 과시해왔다. 베시는 TSMC, 인텔, 삼성전자, SK하이닉스 등의 세계적인 반도체 기업은 물론 세계 최대의 후공정 전문 기업인 ASE, 앰코 등에도 장비를 공급하고 있다. 이들 고객사가 새로운 본딩 공법을 요구하거나 고성능 칩 생산 공장을 증설하는 시기에 집중적으로 수혜를 입는다.

한미반도체

한미반도체는 후공정에 사용되는 일부 전용 장비를 집중적으로 제조해온 기업이다. 대표적인 후공정 제조 장비는 웨이퍼에 만든 여러 개의 칩을 개별 칩으로 절단하는 장비, 절단된 칩의 외형을 검사하는 장비, 이들 칩을 다음 공정으로 옮기기 위해 칩을 정렬하는 장비 등이다. 이러한 장비는 메모리 반도체와 비메모리 반도체 제조 공정 전반에 두루 쓰인다. 한미반도체는 이들 장비를 주로 대만과 중국을 비롯한 세계 반도체 기업들에 공급해왔다.

2010년대까지만 해도 중화권에서 발생하는 매출이 대략 절반을 차지하고 국내 반도체 기업에서 발생하는 매출은 제한적이었다. 그러나 2020년대에 들어 큰 변화가 나타나기 시작했다. 한미반도체는 2010년대 중반부터 SK하이닉스와 손잡고 칩을 기판 위에 실장하는 본딩 장비를 오랜 기간 개발해왔다. 이 장비가 HBM

시장의 개화와 맞물려 SK하이닉스로 대량 공급되기 시작하면서 한미반도체의 장비 포트폴리오가 확장되었다. 이후 더욱 다양한 본딩 장비를 개발하기 시작했으며 앞으로 세계적인 본딩 장비 기업과의 경쟁을 확대하는 방향으로 발전하리라 전망된다.

본딩 장비는 단순히 칩을 기판에 붙이는 데서 끝나지 않는다. 본딩 기법에도 여러 종류가 있고 칩의 사양에 따라 부착 방식이 다르므로 수요처에 따라 본딩 장비를 맞춤형으로 개발해야 한다. 특히 한미반도체의 본딩 장비는 우선 SK하이닉스의 HBM에 특화되어 개발되었는데, 칩들을 수직으로 붙이는 과정 중 칩들의 가접합 단계에 주요하게 쓰인다. 한미반도체가 이처럼 더욱 다양한 장비를 맞추어 판매할수록 경쟁력 향상으로 이어진다. 매출처 확대 추이를 함께 살펴보면 한미반도체 분석에 도움이 될 것이다.

티엘비

티엘비는 반도체 기업이 아닌 PCB 제조 기업이다. PCB 중에서도 메모리 반도체에 사용되는 PCB를 집중적으로 제조해왔다. 티엘비는 메모리 반도체를 최종 제품인 RAM, SSD 등으로 완성하는 과정에서 여러 칩들을 이어 붙이는 데 필요한 모듈 PCB를 전문으로 제조한다. 이들 제품은 삼성전자와 SK하이닉스가 만드는 메모리 반도체에 주로 사용된다. 티엘비는 삼성전자와 SK하이닉스 모두에서 점유율 선두를 유지해왔다.

서버 산업이 성장하면 서버용 메모리 반도체도 함께 성장하고 서버용 RAM과 서버용 SSD의 성장이 가속화된다. 티엘비는 이에 사용되는 서버용 PCB도 공급한다. 특히 PC용 메모리 반도체보다 서버용 메모리 반도체에 사용되는 PCB의 단가가 훨씬 높다. PC용 제품은 마진이 한 자릿수 초반에 불과하지만 서버용 제품은 두 자릿수 이익률도 넘보는 것으로 알려져 있다. 따라서 서버 시장에 실적이 크게 영향을 받을 것으로 전망된다.

한양디지텍

티엘비가 메모리 반도체를 실장할 PCB를 제조한다면 한양디지텍은 칩을 PCB 위에 실장하여 모듈을 완성하는 후공정 전문 기업이다. 또한 한양디지텍은 D램에 특화된 사업 구조를 띠며 삼성전자가 제조한 D램을 PCB 기판에 실장하는 사업을 집중적으로 담당해왔다. 삼성전자는 PC용 D램, 모바일용 D램, 서버용 D램 등 여러 종류의 D램을 만드는데, 이 중에서 PC용 D램과 서버용 D램은 주로 PCB 기판에 칩 여러 개를 부착한 모듈화 형태다. 한양디지텍은 2010년대 중반까지만 해도 주로 PC용 D램을 모듈화하는 사업 구조였지만 2010년대 후반부터 서버용 D램 모듈화 사업도 꾸준히 확대하며 대폭 성장했다.

서버 산업이 성장하면서 서버용 D램도 종류가 더욱 다양해지고 있다. 고성능 영역에서는 HBM이 등장했고, HBM보다는 다소 하위 시장을 노리는 CXL computer express link D램도 등장했다. 한양디지텍은 이들 제품보다 상대적으로 낮은 성능의 서버용 D램을 모듈화하는 사업을 집중적으로 담당해왔다. 비록 HBM과는 무관한 기업이지만 삼성전자가 HBM과 같은 고성능 D램에 사업을 집중할수록 이보다 낮은 성능의 제품은 외주화가 활발히 일어나므로 외주 후공정 기업에 대한 수요가 증가할 수 있다. 아울러 추후에 삼성전자가 더욱 다양한 종류의 D램 모듈화를 한양디지텍에 위탁할 가능성도 고려해볼 수 있다. 한양디지텍은 삼성전자와의 위탁 계획 등 정보가 잘 알려지지 않는 관계로 실적 추정이 매우 까다로워 사실상 분석하기가 쉽지 않다. 그러나 외주 제품 종류를 확대한다는 소식이 들린다면 분석을 고려해보자. 아울러 삼성전자의 외주 물량은 D램 업황에 민감하므로 D램 시장의 분위기를 함께 살펴보며 분석해야 한다.

이수페타시스

이수페타시스는 PCB 제조 기업으로 PCB 중에서도 통신 분야에 사용되는 PCB를 주력으로 제조해왔다. 그러다 전방 시장을 다각화하기 위해 2020년대에 들어 서버용 PCB 사업을 본격적으로 확대하기 시작했다. 티엘비가 메모리 반도체용 PCB를 제조하는 것과 달리 이수페타시스는 여러 종류의 비메모리 반도체에 제각기 사용되는 PCB를 제조한다. 2022~2023년을 지나며 서버용 제품

반도체 투자의 원칙

의 매출 비중이 절반 수준으로 늘어났다. 통신 시장은 대체로 성장이 제한된 편이다. 전 세계 인구가 이미 통신을 충분히 이용하고 있기 때문이다. 이에 반해 서버 시장은 꾸준히 성장하는 편이라 이수페타시스 입장에서는 외형 확대를 위한 성장 동력으로 삼기에 유리하다. 특히 이수페타시스의 서버용 PCB는 엔비디아의 가속기 제품군에 탑재되어 엔비디아의 성장 수혜를 입기도 했다.

서버용 PCB가 이수페타시스의 성장을 추가로 이끌 예정이나 주의할 점도 있다. 이수페타시스 매출의 절반가량은 여전히 통신용 PCB에서 발생한다. 따라서 통신용 PCB 제품 판매가 둔화될 때는 서버용 제품 판매가 늘어도 이수페타시스 실적이 나쁠 수 있다. 통신용 PCB의 마진이 더욱 높아서 서버용 PCB 판매가 확대되도 실적이 역성장할 수 있는 것이다. 따라서 매출 비중 분석을 선행하고 두 시장의 분위기를 꼭 함께 살펴보도록 하자.

차량용 반도체는 다른 반도체에 비해 가파르게 성장하고 있다. 비록 자동차 산업 규모가 빠르게 성장한다고 보기 어렵지만 자동차 산업의 패러다임이 내연기관에서 전기차로 이동하고 자율주행 기술이 확대되면서 반도체 수요가 급격히 증가한 것이다. 그러다 보니 많은 투자자가 차량용 반도체를 첨단 반도체로 인식하는 경우가 많다. 그러나 차량용 반도체는 쉽게 단정하기 어렵고 기존 반도체보다 구조가 훨씬 복잡하다.

PART 6

자동차 산업과
반도체

차량용 반도체의 핵심과 ECU 시장의 성장

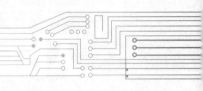

차량용 반도체의 역사는 1960년대까지 거슬러 올라간다. 1950년 대 후반부터 자동차 업계는 연료를 엔진에 어떻게 정밀하게 주입할지 집중적으로 고민했다. 그 결과 1960년대에 고도화된 연료 분사 전자 장치가 등장하기 시작했다.

1968년에 드디어 최초의 차량용 반도체가 등장했다. 당시 폭스바겐에서 선보인 '타입 3E'Type 3E라는 모델에 탑재된 연료 분사 시스템으로 독일 보쉬Bosch가 개발했다. 이 시스템은 놀랍게도 반도체를 통해 엔진의 온도와 압력에 따라 연료를 정밀하게 분사했다. 마이크로프로세서와 같은 고성능 칩이 쓰이지는 않았지만 25개의 트랜지스터가 정밀한 스위치의 역할을 수행했다. 그전까지 차량

부품 업체에 불과했던 보쉬가 차량용 반도체 기업으로 탈바꿈한 계기가 이때였다. 현재 세계 최고의 자동차 부품 기업 중 하나인 보쉬는 차량용 반도체 사업에서도 두각을 드러내며 칩의 자체 설계 능력과 제조 능력을 모두 보유하고 있다. 2020년대부터는 유럽연합EU의 지원에 힘입어 반도체 사업에 공격적으로 투자하고 반도체 기업을 대상으로 인수합병을 적극적으로 수행해왔다.

차량용 반도체가 등장한 이후 차량의 기능이 꾸준히 늘어나면서 차량용 반도체의 쓰임새가 더욱 넓어졌다. 엔진 성능을 높이기 위해 엔진부에 사용되는 반도체가 늘어났고 구동 및 제동에도 반도체가 쓰이기 시작했다. 1980년대에 들어서는 엔진에서 배출되는 유해 가스를 제어하는 데 반도체가 도입되었다. 실내 온도 제어를 위한 공조 시스템과 엔진에서 만든 전력을 여러 부품에 전달하는 데도 반도체가 확대 탑재되었다. 이처럼 차량용 반도체가 늘어나는 과정에서 주목할 만한 점은 새로운 기능에 특화된 저성능 반도체를 중심으로 쓰임새가 확대되었다는 것이다.

차량용 반도체는
왜 계속 늘어날까?

현재 차량에 탑재되는 반도체 칩은 50~300개에 이른다. 이들 반도체는 어디에 쓰일까? 예를 들어 승용차에 탑재되는 자동변속기는 운전자가 액셀이나 브레이크를 밟을 때, 또 오르막길이나 내리막길 등 환경에 따라 기어를 자동으로 변속한다. 차량이 사람처럼 직접 판단을 내리는 것이다. 이 과정에서 반도체가 필요하다. 실제로 자동변속기에는 커다란 PCB 기판에 최소 3~4개의 반도체 칩이 붙는다. 이들 칩은 센서가 보내준 전기 신호를 연산해 차량 주변 환경을 분석하고 변속기에 전기 신호를 보낸다. 이처럼 자동변속기에도 여러 종류의 반도체 칩이 쓰인다.

또 다른 예를 들자면 차량에 디스플레이가 설치되자 디스플레이 구동을 위한 반도체가 탑재되기 시작했다. 또 노면에서 오는 충격을 최소화하기 위해 고급 차량을 중심으로 에어 서스펜션이 확대되자 서스펜션 제어를 위한 반도체가 탑재되었다. 그 외에 긴급 SOS 호출을 위한 통신용 반도체, 내비게이션 자동 업데이트를 위한 반도체, USB 충전과 스마트폰 무선 충전 기능을 위한 반도체가 있다. 또한 겨울철만 되면 타이어의 공기압이 부족하다는 안내 문구가 뜨기도 하는데 타이어 압력을 모니터링하는 데도 반도체가 필요하다. 트렁크 하부를 발로 차서 트렁크 문을 여는 킥 모션 기능과 차량 앞뒤에 달린 카메라가 주변 환경을 인식하는 데도 촬영 데이터를 변환하고 연산하는 반도체가 추가로 필요하다.

이처럼 차량 기능이 많아질수록 함께 탑재되는 반도체도 늘어났다. 1970년대부터 2000년대까지는 차량을 정밀하게 제어하는 용도로 반도체가 확대되었고 이후에는 차량에 새로운 기능을 확대하는 용도로 반도체가 확대되었다. 그런데 이처럼 많은 반도체는 자동차 어디에 있을까?

ECU,
차량용 반도체의 핵심

차량용 반도체는 주로 ECU_{Electronic Control Unit} 형태로 탑재된다. ECU는 반도체가 아니라 차량의 특정한 기능을 수행해주는 전자 부품 장치다. 간혹 ECU가 자동차에서 뇌 역할을 한다고 소개되는데 1개의 ECU가 여러 기능을 수행하는 것이 아니라 여러 ECU가 각각의 기능을 담당하므로 ECU는 뇌보다는 자율신경에 가깝다고 볼 수 있다.

와이퍼를 작동하면 와이퍼 기능을 담당하는 ECU가 와이퍼에 명령을 내려 와이퍼 기능을 수행하며 가속 페달을 밟으면 엔진 제어 ECU가 엔진을 정밀하게 조절한다. 또한 브레이크를 밟으면 ABS_{Anti-locking Brake System} 기능을 수행하는 ECU가 명령을 내려 브레이크를 정밀하게 제어해 차량이 미끄러지지 않게 한다. 근래 자동차는 온습도와 무관하게 시동이 걸리는데 이 또한 ECU가 환경에 따라 구동부를 정밀하게 제어하기 때문이다. 이처럼 ECU는 여러 기능을 수행하는 여러 종류의 전자장치다.

ECU 중에는 반도체 칩 없이도 작동하는 게 있긴 하지만 대부분의 ECU는 기능이 복잡해지면서 반도체 칩이 1개 이상 탑재된다. 따라서 모든 ECU에 반도체 칩이 탑재되지는 않더라도 대체로 차량용 반도체는 ECU와 함께 쓰인다고 보면 된다. 앞서 설명했듯 수행하는 기능에 따라 각기 다른 ECU가 자동차에 여럿 탑재된다. 즉 긴급 SOS 호출에 쓰이는 반도체와 스마트폰 무선 충전에 쓰이는 반도체는 전혀 다르다. 게다가 동일한 기능을 담당하는 ECU라도 ECU 제조사, 차량용 반도체 제조사에 따라 각기 다른 칩이 탑재된다. 가령 특정 기능을 1개의 칩으로 구현하는 기업도 있고, 여러 개의 칩으로 구현하는 기업도 있다. 차량용 반도체가 이처럼 다품종에 기반하므로 소품종 대량 생산에 익숙한 거대 반도체 기업들은 차량용 반도체 사업에 난처해한다. 사업 방식이 전혀 다르기 때문이다.

현재 자동차 산업 동향을 요약하자면 차량의 기능이 늘어나면서 ECU의 종류와 탑재량이 꾸준히 늘었다. 특히 차량에 새 기능이 추가될수록 그 기능을 수행하는 새로운 ECU가 꾸준히 채용되었으며 이들 ECU에 탑재되는 반도체도 점점 다양해졌다.

실제로 차량용 반도체 제조 기업인 일본의 르네사스는 차량의 기능에 따라 매우 다양한 반도체 칩을 판매하고 있다. 게다가 반도체 칩은 세부 성능에 따라 종류가 더욱 다양해진다. 가령 르네사스가 취급하는 차량용 반도체 제품군 중에 40nm 공정으로 제조되는 범용 차량용 반도체 제품군은 작동 온도, 작동 주파수, 메모리 용량, 코어 개수와 같은 사양에 따라 칩이 30~40가지로 분류된다. 기본적인 칩만 해도 이렇게 다양한데 칩들을 어떻게 조합해 모듈화하는지에 따라 ECU 조합이 수백 가지 만들어진다.

차량용 반도체 기업들은 여러 종류의 칩뿐 아니라 칩들을 조합해 ECU를 만들어 판매한다. 이처럼 차량용 반도체 사업을 수행하려면 고객사가 원하는 맞춤형 제품을 다양하게 찍어낼 수 있어야 한다.

ECU의 특징과
시장 진출의 어려움

이처럼 칩이 다양해지면 어떤 문제가 생길까? 칩의 종류가 다양한 이유부터 살펴보자면 지금껏 자동차 제조사는 차량에 새로운 기능을 도입할 때마다 그에 맞추어 새로운 ECU를 개발해 탑재하는 방식을 선호해왔다. 이에 따라 근래 차량 1대당 탑재되는 ECU는 적게는 50개부터 많게는 1,000개에 이른다. 그런데 차량의 기능을 여러 ECU가 나눠 맡는 방식으로 발전되다 보니 자연스레 ECU 하나당 담당하는 기능이 제한되었다. 즉 차량에 탑재되는 ECU는 날로 많아졌지만 EUC마다의 성능이 높지 않은 것이다. 1개의 고성능 ECU가 여러 기능을 담당하는 것이 아니라 여러 저성능 ECU가 각기 다른 기능을 담당한다는 뜻이다. 이처럼 ECU의 성능이 비교적 낮다 보니 ECU에 탑재되는 차량용 반도체도 대체로 성능이 낮다. 수치로만 따지면 1980년대에 등장한 CPU보다 성능이 낮은 제품들이 적지 않다.

대개의 차량용 ECU에 탑재되는 반도체 칩은 8비트, 16비트 칩이 일반적이었으나 2020년대에 접어들며 32비트 칩이 확대되어 왔다. 여기서 비트는 데이터의 최소 단위를 의미한다. 반도체 칩이 처리하는 데이터는 0과 1로 이루어진 디지털 데이터인데 '0' 또는 '1' 한 자리를 1비트라 한다. 8비트 프로세서는 한 번에 8비트의 데이터를(8개의 0 또는 1을), 16비트 프로세서는 한 번에 16비트의 데이터를 처리한다는 뜻이다. 근래에는 32비트 칩의 비중이 절반을 넘고, 나머지는 16비트와 8비트 칩이 차지한다. 인텔이 1972 년에 출시한 프로세서Intel 8008가 8비트 프로세서임을, 1978년에 출시한 프로세서Intel 8086가 16비트 프로세서임을 감안하면 차량에 탑재되는 프로세서는 성능이 상당이 낮은 편이다. 컴퓨터와 비교 하면 32비트도 낮은 편에 속하지만 말이다.

이처럼 성능이 낮은 칩은 단가 또한 낮다. 실제로 차량용 반도 체 중 저렴한 칩은 1개당 고작 수백 원에 불과하다. 차량 1대에 차 량용 반도체를 100개 정도 탑재하는 데 들어가는 비용은 350달러 내외로 알려져 있다. 인텔이 만드는 CPU 1개가 이 정도 가격을 훌쩍 넘는다는 점을 감안하면 매우 저렴하다고 할 수 있다.

근래까지만 해도 이러한 차량용 반도체의 특징은 자동차 업체 들의 선호에도 부합했다. 자동차 업체의 비즈니스 모델은 차량에 들어가는 1만~2만여 가지 부품을 최대한 값싸게 조달한 뒤 조립 하는 것이다. 이 과정에서 부품을 조립해 모듈화하는 비용도 낮추 는 데 집중했다. 실제로 주식시장에서도 자동차 부품주라 하면 이 익률이 낮거나 단가 인하에 시달리는 기업이라는 꼬리표가 따라 다니는데, 이는 자동차 산업의 기본 특징에서 비롯된다.

이러한 특징은 반도체를 탑재할 때도 나타난다. 자동차 제조사 는 새로운 ECU를 탑재할 때 ECU에 사용되는 부품과 반도체를 최대한 저렴하게 조달해 기능을 구현하는 데 익숙하다. 그러니 차 량용 반도체 칩 또한 저성능 칩을 중심으로 수요가 발생해왔던 것 이다. 즉 여태껏 자동차 산업에 쓰인 차량용 반도체는 다양한 저 성능 반도체가 차량 1대당 여러 개씩 탑재되는 방향으로 발전되

반도체 투자의 원칙

어왔다.

한편에서는 차량용 반도체 산업이 빠르게 성장하는데 삼성전자와 SK하이닉스도 여기에 집중해야 하지 않느냐는 이야기가 나온다. 그러나 두 기업은 지금껏 메모리 반도체 중심의 사업을 영위하며 자연스레 반도체를 창고형 방식으로 팔아왔다. 특히 메모리 반도체 중에서도 가장 성능 높은 값비싼 메모리 반도체를 집중적으로 제조한다. 즉 비싼 제품을 창고에 쌓아두고 고객이 찾아오면 제품을 건네주는 방식으로 사업을 한다.

그러나 여전히 많은 차량용 반도체는 고객이 요구하는 수천 가지 반도체 칩을 일일이 맞춤형으로 개발해 제작하는 기술이 밑받침되어야 하며 칩의 단가 또한 매우 낮다. 삼성전자와 SK하이닉스 입장에서 소품종 제품만으로 규모의 경제를 극대화하기에 불리한 아이템인 것이다. 게다가 지금껏 차량용 반도체를 잘 만들어왔던 기업들은 고객의 요구에 맞춰 매우 다양한 칩을 찍어낼 수 있는 제품 개발력과 맞춤형 서비스를 갖췄으며 다양한 제품군을 이리저리 섞어 여러 형태의 ECU로 공급하는 경쟁력도 있다. 따라서 뒤늦게 삼성전자와 SK하이닉스가 이러한 사업에 뛰어들어도 원하는 만큼의 경쟁력을 갖추기 어렵다.

따라서 삼성전자와 SK하이닉스 입장에서는 연간 수십조 원의 설비 투자와 연구 개발을 거듭하며 메모리 반도체 산업에서 경쟁력을 더욱 공고히 하는 것이 유리하다. 즉 제조를 잘한다는 강점을 살리면서 규모의 경제를 키울 수 있는 파운드리와 같은 사업에 진출하는 것이 낫다. 이들 기업의 차량용 반도체 사업 방향은 잠시 뒤에 다시 살펴보자.

차량용 반도체의
또 다른 핵심 특징

차량용 반도체의 또 한 가지 핵심은 성능보다도 안정성이 더욱 중
요하다는 것이다. 앞서 말했듯이 차량용 반도체는 대체로 성능이
낮고 단가도 저렴하다. 그에 반해 칩의 오작동은 대형 사고로 이
어질 수 있다. 실제로 급발진 사고가 일어날 때마다 ECU와 ECU
에 탑재된 반도체 칩이 늘 유력한 용의자로 언급된다. 당연히 사
고에 민감한 자동차 업체는 차량용 반도체를 도입할 때 극도로 높
은 칩의 신뢰도를 요구한다.

특히 차량용 반도체 중에서도 안전과 관련된 칩의 신뢰도는 미
국항공우주국NASA이 요구하는 우주선용 반도체의 신뢰도와 거의
비슷한 수준이다. 차량용 반도체의 신뢰도를 정의하는 대표적인
기준인 ISO26262에 따르면 신뢰도가 가장 높아야 하는 일부 차
량용 반도체는 10억 시간 동안 작동할 때 단 1회 이하의 오작동
만 허용된다. 안전과 무관한 다른 종류의 반도체와 비교하면 무려
1,000배에서 10,000배 이상의 신뢰도가 요구된다고 볼 수 있다.
게다가 차량용 반도체는 50가지가 넘는 각종 테스트를 모두 통과
해야 한다. 특히 차량은 뜨거운 온도와 차가운 온도를 오가므로
칩은 매우 가혹한 조건에서도 오작동 없이 작동해야 한다. 반도체

업체들이 이러한 조건을 모두 만족하며 칩을 만들어내기 쉽지 않을 것이다.

그럼에도 차량 기능에 이상이 생겨 사고가 발생하면 당연히 반도체 업체들이 표적이 된다. 그러니 삼성전자와 SK하이닉스 입장에서는 굳이 이러한 위험까지 무릅쓰며 차량용 반도체 사업에 무리하게 뛰어들 필요가 없었던 것이다. 이들 기업이 시장에 뛰어들어도 성과를 내기까지 매우 오랜 시간이 필요한 점도 걸림돌이다. 또한 새로운 경쟁사가 차량용 반도체 시장에 등장한다 하더라도 자동차 업체 입장에서는 칩의 신뢰도가 가장 중요하기에 이미 검증된 기업의 제품을 쓰려는 경향이 강하다.

따라서 자동차 제조사 입장에서 칩의 신뢰도를 가장 쉽게 파악하는 방법은 결국 칩을 공급해오던 업체의 제품을 꾸준히 사용하는 것이다. 이러한 이유로 지난 수십 년간 수천 종류의 차량용 반도체를 제조하며 두각을 보인 독일의 인피니언Infineon, 네덜란드의 NXP, 일본의 르네사스, 스위스의 ST마이크로일렉트로닉스STMicroelectronics, 미국의 텍사스 인스트루먼트와 온세미컨덕터ON Semiconductor가 이러한 까다로움을 극복하며 경쟁력을 갖추어왔다.

저성능 칩의 성장을 무시하지 말라

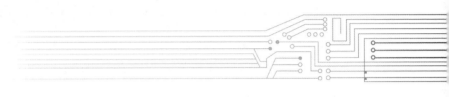

세계적인 차량용 반도체 기업인 인피니언, NXP, 르네사스, 텍사스 인스트루먼트, ST마이크로일렉트로닉스 등 다섯 개 기업은 2018년부터 차량용 반도체 세계 시장에서 약 50%에 가까운 점유율을 차지하며 시장을 주도해왔다. 그중에서도 인피니언과 NXP는 인수합병을 통해 세계 시장 점유율 1위를 서로 넘보며 10% 이상의 점유율을 기록했다.

그런데 이 5개사는 차량용 반도체 사업만 영위하지 않는다. 차량용 반도체 비중이 높은 인피니언과 NXP만 보더라도 각사 매출에서 차량용 반도체가 차지하는 비중은 절반 이하에 불과하다. 따라서 이들 기업을 차량용 반도체 기업이라 칭하기에는 무리가 있

반도체 투자의 원칙

지만 여기서는 편의상 이들을 차량용 반도체 기업으로 표현하니 문맥에 따라 차량용 반도체 산업에서 가장 앞선 기업 정도로 이해하기 바란다.

그렇다면 이들 기업의 나머지 매출은 어디서 나올까? 5개사는 차량용 반도체 외에도 여러 종류의 비메모리 반도체를 고루 설계하고 제조한다. 가령 NXP는 차량용 반도체에서 매출의 약 40%가 발생하지만 각종 공장과 제조 시설에 사용되는 산업용 반도체, 사물인터넷용 반도체, 스마트폰용 반도체의 비중도 30%를 넘어선다. 그 외에 통신용 칩에서도 매출의 15%가량이 발생한다. 텍사스 인스트루먼트, 인피니언, 르네사스, ST마이크로일렉트로닉스는 전력 반도체 사업도 고루 영위하고 있다(전력 반도체는 설명하기에 내용이 무척 방대해 이 책에서는 부득이하게 다루지 못했다).

또한 르네사스는 각종 백색 가전에 사용되는 다양한 종류의 반도체를 제조하는 것으로도 유명하다. 가정에서 사용되는 냉장고, 전자레인지, 전기밥솥 등에는 각 기기에 최적화된 마이크로프로세서가 탑재되는데 르네사스는 이러한 다양한 칩을 세계적인 가전 업체에 고루 공급한다. LG전자의 백색 가전 또한 르네사스의 프로세서를 활발히 채용해왔으며, 앞서 언급했듯이 LX세미콘은 르네사스의 백색 가전용 프로세서를 국산화하는 사업을 근래 들어 본격화했다.

차량용 반도체를 적극 공략하는 기업, 보쉬

본론으로 돌아와서 투자자 입장에서는 차량용 반도체 주요 기업 5개사에 투자하자니 절반에 미치지 못하는 매출 비중이 다소 아쉬울 수 있다. 그러나 차량용 반도체의 공급 부족이 확대되던 2020~2022년에는 이들 기업의 실적이 급격하게 상승하며 차량용 반도체의 수혜 기업임을 다시 한번 입증했다. 한편, 이들 기업을 뒤따르는 차량용 반도체 기업으로는 독일의 보쉬가 있다. 1886년에 설립된 보쉬는 자동차 부품 사업을 집중적으로 영위해왔다. 독일뿐 아니라 전 세계에서 가장 앞선 자동차 부품 회사로 연간 매출액이 약 100조 원을 웃도는데, 2022년 현대모비스 매출액의 2배를 훌쩍 뛰어넘는 규모다. 우리가 흔히 알고 있는 고급 외제차에는 보쉬의 부품이 대거 탑재된다고 보면 된다.

보쉬는 자동차 부품 사업에 집중해온 만큼 반도체 사업의 비중은 비교적 낮은 편이다. 정확한 매출 규모를 공개하지 않고 있으나 과거에 알려진 자료를 바탕으로 유추하면 전체 매출 대비 한 자릿수 중반에 불과할 것으로 예상된다. 그러나 보쉬는 근래 들어 미래 성장 동력을 확보하는 데 집중하며 반도체와 인공지능을 중심으로 전략을 재편하기 시작했다. 그중에서도 반도체 사업에 공격적인 투자를 거듭하며, 특히 기존 자동차 부품 사업과의 시너지까지 염두에 두고 여러 반도체 중 차량용 반도체를 집중적으로 확대하는 전략을 내세우고 있다. 차량용 반도체 주요 기업 5개사가 여러 종류의 반도체까지 고루 만드는 것과는 차별된다.

또한 보쉬는 차량용 반도체의 설계뿐만 아니라 제조까지 직접 수행할 수 있는 역량을 갖추었다. 2022년에는 연평균 1조 원을 웃도는 금액을 반도체 공장의 설비 투자에 쏟으며 반도체 기업으로의 전환을 공언했다. 기존에 차량용 반도체 사업을 공격적으로 확대해온 NXP와 인피니언뿐 아니라 반도체 사업 비중이 현저히 낮은 보쉬까지 반도체에 공격적인 투자를 거듭하는 데는 유럽연합의 의지도 담겨 있다.

지난 100년 넘게 자동차 산업의 패권은 유럽이 쥐고 있었다. 그러나 전기차와 자율주행 시대에 들어서며 유럽의 패권이 약해질 것이 명확해졌다. 현재 아시아 국가들이 차량용 배터리 기술을 주도하고 있는데 차량용 반도체 기술 또한 앞으로 주도할 것이 뻔했기 때문이다. 이런 가운데 유럽연합은 2030년까지 반도체 자급률을 높이면서 반도체 세계 시장 점유율을 기존 10% 수준에서 20%까지 확대한다는 목표를 내세웠다. 여기에 보조금 지원과 세제 혜택 등의 정책을 내놓았고 NXP, 인피니언, 보쉬 등이 그 수혜를 가장 먼저 누리고 있다.

특히 보쉬는 차량용 반도체 선두 기업들과 규모나 기술에서 격차가 있었지만 유럽연합은 각종 반도체 지원 정책을 주도할 기업으로 여러 차례 보쉬를 선정하며 지원을 아끼지 않았다. 그 덕에 보쉬는 2021년에는 반도체 사업에 10억 유로라는 회사 역사상 최대 설비 투자 비용을 집행했고, 2022년에는 또다시 30억 유로라는 유례없는 금액을 반도체 설비 투자에 쏟아붓는다는 계획을 발표했다. 반도체 기업으로 도약한다는 포부를 차근차근 실행하고 있는 것이다.

보쉬는 지금껏 차량용 반도체 중에서 전기자전거의 동력 장치 구동을 위한 반도체나 차량에 탑재되는 센서 반도체에 강점을 가져왔다. 향후에는 자동차 부품 사업을 병행한다는 특이점을 더욱 살릴 것으로 보인다. 자사가 만드는 여러 자동차 부품과 함께 쓰이는 차량용 전력 반도체나 부품별 특화된 반도체의 개발에 집중할 것으로 전망된다. 차량용 반도체 선두 기업 중 자동차 부품 사업까지 영위하는 기업은 보쉬가 유일하다. 따라서 두 사업의 시너지를 적극 공략해야 하며 이는 추후 자동차 시장 내 공급망에서 강점이 될 수 있다.

한편 2020년대 초반과 같이 차량용 반도체 부족 사태가 재현된다면 부품 업체에는 어떤 일이 생길까? 반도체가 부족하다는 이유로 반도체와 함께 쓰이는 부품들까지 판매되지 못한다. 2021년에도 전 세계적으로 차량용 반도체 공급난이 가속화되어 각종 차량용 반도체를 수급받지 못하게 된 완성차 업체들은 차량의 기능을 빼버리는 초강수를 두었다.

실제로 BMW는 발로 차 트렁크 문을 여는 킥 모션 기능과 운전석에 차가운 바람을 넣어주는 통풍 시트 기능을 빼버리고 차량을 판매했다. 이처럼 기능이 빠지면 관련 부품을 공급하는 업체들도 손실을 떠안게 된다. 트렁크를 자동으로 열고 닫는 모션 부품과 운전석의 공기를 흡수해 바람을 일으킬 시트 부품 등을 출고할 수 없기 때문이다. 그러나 부품사가 반도체 사업까지 영위하며 반도체 자급을 이루어내면 반도체뿐 아니라 부품까지 안정적으로 공급할 수 있다.

차량용 반도체 제조사는 어떤 경쟁력을 갖추고 있을까?

2020년 이전만 해도 투자자뿐 아니라 반도체 업계에서 차량용 반도체 산업에 대한 관심이 현저히 적었다. 차량에 사용되는 반도체 칩의 기술이 낮고 칩 제조 단가도 저렴했기 때문이다. 게다가 자동차 판매 환경의 변동도 심해 반도체 섹터가 불황일 때는 더욱 소외되었다.

또한 세계에서 가장 앞서는 인텔, 삼성전자, AMD와 같은 거대 반도체 기업들은 차량용 반도체에 주력하지 않았기에 이 반도체 기업들이 주축이 되어 개최한 각종 학술 세미나에서도 자연스레 주목받기 어려웠다. 서버용 반도체, 인공지능 반도체, 고성능 칩 제조 공정이 각종 학술 세미나의 주요 주제였고 연구 인력 또한 이러한 주제로 논문을 써야 높은 평가를 받을 수 있었다. 실제로 최근까지도 아시아 국가들이 주축이 되어 열리는 반도체 학술 세미나에서는 차량용 반도체가 주요 주제로 꼽히지 않는다.

이처럼 관심이 덜한 가운데 차량용 반도체 기업들은 묵묵히 제 갈 길을 걸어왔다. 더욱 다양한 종류의 칩으로 영역을 넓혀가며 다품종 사업을 강화해온 것이다. 실제로 차량용 반도체 선두 기업 중 하나인 인피니언은 2000년대 중반까지만 해도 제품 포트폴리오가 매우 다양해 경쟁력이 크게 부족한 메모리 반도체 사업까지 영위했다. 그럼에도 흑자와 적자를 오가며 뚜렷한 경쟁력을 갖추지 못하다가 2010년대에는 스마트폰 시장에서 가능성이 있을 기업 정도로만 언급되었고 그마저도 인텔에 통신 칩 사업을 매각하며 시장에서 존재감을 거의 갖지 못했다. 하지만 2010년대 중반을 지나며 반도체 산업 성장에 따라 여러 제품에 걸쳐 사업이 안정되었고 차량용 반도체와 전력 반도체도 뚜렷하게 성장하면 주목받기 시작했다. 그렇다고 해서 비교적 성능이 낮은 칩을 잡다하게 만들어내는 비즈니스 모델이 크게 변한 것은 아니다. 현재도 인피니언의 제품군을 살펴보면 대단한 첨단 기술로 고사양 제품을 찍어낸다고 보기 어렵다. 그럼에도 지금은 삼성전자조차 인수하기 어려운 일류 비메모리 반도체 기업으로 우뚝 섰다.

비록 일각에서는 차량용 반도체 칩의 성능이 여전히 낮고 단가가 저렴하다는 편견에서 벗어나지 못하고 있지만 이제는 인피니언을 비롯해 차량용 반도체 선두 기업들의 독보적인 지위를 부인하기 어렵다. 차량 전장화와 함께 근래 몇 년 사이에 차량에 탑재되는 칩이 급격히 많아졌고, 또 앞으로 더욱 많아질 예정이다 보니 시장 규모가 급속히 불어나고 있다. 이 과정에서 이들 기업의 규모도 빠르게 커지며 다른 기업이 추격하기 어려운 구조가 형성되었다.

차량용 반도체 선두 5개사는 차량의 전장 기능이 급격히 늘어나기 시작한 2010년대 후반부터 경쟁력이 급격히 커지기 시작

반도체 투자의 원칙

했다. 2016년에는 NXP가 세계 차량용 반도체 산업에서 규모 기준으로 가장 앞서 있었다. 그런 와중에 퀄컴이 사업 확장을 위해 NXP를 인수하고자 했고 인수 비용으로 약 470억 달러를 제안한다. 양사 모두 만족할 만한 인수 비용이었기에 인수가 성공할 뻔했으나 중국의 반대로 실패했다. 그로부터 3년 후 삼성전자가 NXP를 인수할 것이라는 소문이 돌기 시작했을 때는 NXP의 몸값이 600억 달러 이상으로 급격히 불어났다. 또다시 2년 후 NXP의 몸값이 너무 올라 삼성전자가 인수하기 어려울 것이라는 소문이 떠돌아다닐 때는 NXP의 몸값이 잠정적으로 800억 달러 이상에 이르렀다(삼성전자는 NXP 인수를 검토한다는 사실을 한 번도 인정하지 않았다).

이는 NXP에만 해당되는 이야기가 아니다. 인피니언, 르네사스, ST마이크로일렉트로닉스도 2020년 전후로 불과 5년 만에 몸값이 2배 이상 뛰었다. 다양한 차량용 칩을 만든다는 강점에 더해 규모의 경제까지 성공적으로 갖추면서 시장에서 기업 가치를 더욱 높게 매기기 시작한 것이다. 이들 기업을 따라잡으려면 방대한 제품 포트폴리오와 공급 레퍼런스, 그리고 대규모 생산 능력까지 갖추어야 한다. 그래서 차량용 반도체 사업에 뒤늦게 뛰어든 퀄컴이나 삼성전자는 차량용 반도체 역량을 스스로 키우기 버거워 인수합병이라는 대안을 선택했으나 이마저도 어려움을 겪고 있다. 막연히 생각하면 거대 기업이 자본력으로 밀어붙이며 차량용 반도체 사업에 발을 걸치기만 하면 우후죽순 성장할 것만 같지만 실상은 기존 업체를 인수하지 않고는 경쟁력을 갖추기 어렵다.

이들 거대 기업이 차량용 반도체 기업을 탐내는 이유 중 하나는 차량용 반도체 선두 기업이 반도체 칩을 설계하고 제조하는 사업뿐 아니라 칩을 모듈화해 ECU로 완성하는 사업까지 꾸준히 확대하며 규모와 기업 가치를 키우고 있기 때문이다. 이 과정에서 다른 기업들과 기술 협력 관계를 맺으며 자율주행 전용 ECU를 내놓는 등 미래 자동차 산업 변화에 대응해 새로운 제품을 꾸준히 확대하며 경쟁력을 극대화해왔다. 차량용 반도체를 여럿 개발하는 것도 쉽지 않지만 ECU에 이르기까지 폭넓은 제품군을 고루 갖추는 것은 더욱 어려운데 이를 선제적으로 준비해온 것이다.

반도체 산업은 단순히 고사양의 값비싼 칩을 찍어내야만 일류 기업이 되는 것이 아니다. 반도체 칩의 종류가 무척 다양한 만큼 특화된 분야 안에서 전문성과 규모의 경제를 갖추면 고유의 경쟁력을 갖출 수 있다. 반도체를 사용하는 전방 산업은 날로 늘어나고 또 빠르게 성장한다. 그만큼 경쟁력을 갖출 수 있는 분야도 늘어나고 있다. 특히 전방 시장이 늘어날수록 틈새시장도 활발히 생겨나기에 이러한 시장을 집중 공략하는 기업은 또 다른 경쟁력을 얻을 수 있다. 따라서 단순히 칩의 성능과 가격만 보고 기업의 경쟁력을 쉽사리 판단하기 어려운 것이다. 중저가 제품을 주로 찍어내는 기업이라도 결코 얕봐서는 안 되지만 많은 사람은 인피니언과 NXP가 차량용 반도체 기업 선두에 오르고 나서야 그 진가를 깨달았다.

해성디에스가
한때 외면받았던 이유

반도체 산업이 굉장히 세분화되어 있고 공급이 빠르게 변하기 어렵다는 특수성 때문에 산업 전반에 걸쳐 앞서 소개한 것과 비슷한 사례가 자주 목격된다. 또 다른 사례를 살펴보자. 차량용 반도체는 비교적 성능이 낮지만 안정성은 매우 뛰어난 칩이 주를 이룬다. 이처럼 안정성이 뛰어난 저사양 칩을 만들 때는 리드 프레임lead frame이란 부품을 빈번히 사용한다(다음 그림에서 빨간색 원으로 표시한 다리 같은 부분이 리드 프레임이다). 리드 프레임은 일부 저사양 칩을 만들 때 쓰이는 부품으로 칩을 기판에 부착하기 위한 중간 부

리드 프레임

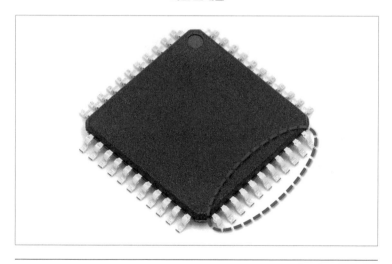

일부 저사양 칩에는 리드 프레임이 사용된다(빨간 점선 내부).

품이라 생각하면 쉽다. 칩을 기판에 붙이는 후공정 때 리드 프레임을 사용하면 기판이 아닌 리드 프레임에 최종 부착된 상태로 칩을 판매할 수 있다.

차량용 반도체는 칩의 내구성을 강화하고 열 배출이 용이하도록 리드 프레임을 빈번히 사용한다. 리드 프레임을 사용하면 신호가 오가는 면적이 넓으니 열이 빠르게 배출되어서 뜨거운 환경에서 사용하기 유리하다. 실제로 리드 프레임을 사용하면 다양한 온도 범위에서 칩의 수명을 5~10배까지 끌어올릴 수 있다. 그런네 리드 프레임은 고성능 칩에는 사용하기 어렵다. 앞서 설명했듯이 고성능 칩은 칩과 기판 사이에 전기 신호가 오갈 수 있는 배선 통로가 무척 많이 필요하기 때문이다(리드 프레임은 칩과 기판의 연결 다리를 무한정 만들 수 없다).

이렇듯 저사양 칩 중심으로 사용되는 부품이다 보니 리드 프레임은 저성능 부품 정도로 인식되어왔다. 저렴한 칩을 만들 때 쓰이는 부품이니 당연히 첨단 제조 공정보다는 저가 공세가 더 중요했으므로 리드 프레임 제조 기업 또한 시장에서 그리 높은 평가를 받지 못했다. 주식시장에서도 반도체 산업에 엮이기보다는 전자부품 산업에 속한 저렴한 부품 제조 기업 정도로 인식되었다. 리드 프레임을 주력 사업으로 삼아온 국내 상장사인 해성디에스도 마찬가지였다. 2019년 전까지만 해도 반도체 관련 질문 중에 해성디에스에 대한 것은 드물었으며 존재감도 희미했다. 그래서 당시 나는 반도체 산업 강의에서 해성디에스를 '숨겨진' 차량용 반도체 수혜 기업으로 말하기도 했다.

반도체 투자의 원칙

해성디에스는 2014년에 삼성테크윈에서 떨어져 나와 새로 설립된 기업이다. 삼성테크윈에는 원래 반도체 부품 사업 부문MDS이 있었는데 당시 반도체 부품 사업은 적자를 기록했고 삼성테크윈의 미운 오리라 불리기도 했다. 반도체 부품 사업이 높은 평가를 받지 못하자 삼성그룹은 반도체 부품 사업의 주축을 삼성전기로 모으고 해당 사업 부문을 모두 독립시켰다. 당시 이 부문의 핵심 제품은 리드 프레임이었다. 그러나 저부가가치 사업으로 인식되며 이들 사업이 모두 딸려 나왔고 자연스레 지금까지도 해성디에스의 주력 사업이 되었다.

해성디에스는 독립 후 2~3년간 사업 재편을 거치며 규모를 키우고 수익성을 개선해 기업 가치를 끌어올렸다. 그럼에도 시장에서 다른 반도체 기업만큼 주목받지 못했다. 상장 시에도 그리 인기를 끌지 못해 사측이 희망한 공모가 밴드의 최저 가격으로 공모가가 결정되며 간신히 턱걸이 가격이 형성되었다. 리드 프레임의 매력이 높지 않았기 때문이다. 2017년에 들어서는 제품 판매 부진으로 성장이 정체되면서 수익성 하락까지 더해져 2년 가까이 영업이익이 역성장했다. 자연스레 시장에서 해성디에스에 대한 관심이 더욱 줄어들었다. 해성디에스가 고부가가치 제품을 만드는 기업이라면 많은 투자자가 되려 매수의 기회로 여기거나 강성 주주 모임까지 관찰되었을 텐데 전형적인 부품 업체 정도로 인식되었기에 주가마저 실적보다 크게 꺾여 2년간 절반 이상 하락했다.

그러나 근래의 해성디에스는 반도체 산업에 관심을 둔 투자자라면 모르기 어려울 정도다. 많은 투자자가 자연스레 차량용 반도체 시장 성장의 수혜 기업으로 이야기하며 차량용 반도체 산업이 언급될 때마다 빠지지 않고 등장한다. 혹시 고부가가치 부품을 만드는 기업으로 탈바꿈한 것일까? 아니다. 2023년까지 해성디에스의 매출 60~70%는 리드 프레임에서 나온다.

리드 프레임은 1970년대부터 활발히 사용되며 다양한 칩에 보편적으로 적용되었다. 한편으로는 당대 수준의 저성능 칩에 주로 적용되었다고 볼 수 있겠다. 그러나 저사양 제품이라 해서 시장성이 없다는 뜻은 아니다. 되려 저성능 부품이기에 이 사업을 굳이 하려는 기업 또한 많지 않다.

또한 앞서 말했듯이 반도체 산업은 안정성을 중시하며 극히 보수적이기에 새로 등장한 기업의 부품을 쉽사리 사다 쓰지 않는다. 차량용 반도체 업체 또한 새로운 공급사를 염두에 두지 않는다. 안정성이 입증된 기존 업체와 거래하며 차량용 반도체의 소재와 부품도 좀처럼 교체하지 않고 제조 공정도 잘 바꾸지 않으며 미세 공정과 같은 첨단 공정 도입에도 보수적이다. 이에 따라 대부분의 칩에는 구형 공정이 우선 적용된다(예외적으로 여러 기능을 수행하거나 연산이 매우 빨라야 하는 고성능 칩은 첨단 공정이 빠르게 도입되는데 이는 뒤에서 재차 설명하겠다). 차량용 반도체는 칩 개발 과정 중에 안정성 검증 및 향상 작업에만 3~5년가량 걸린다.

차량용 반도체에 쓰이는 리드 프레임 또한 칩의 안정성 문제 때문에 보수적으로 공급될 가능성이 높다. 리드 프레임을 사 가는 차량용 반도체 업체들은 더더욱 새로운 공급사를 염두에 두지 않고 보수적으로 접근한다. 즉 리드 프레임 사업은 만만한 사업이 아닌 것이다.

저사양과 고사양
모두에 걸쳐 투자 기회를 노려라

해성디에스는 과거 삼성테크윈 시절부터 삼성전자, 인피니언, NXP, ST마이크로일렉트로닉스 등을 주요 고객사로 삼아왔다. 특히 삼성이란 타이틀이 고객사 확보에 큰 도움이 되었는데 삼성에서 분사된 직후에는 삼성 타이틀이 사라진다는 이유로 일부 고객사가 이탈할 정도였다. 다행히 삼성에서 전달된 기술을 이어가고 투자 또한 확대한다는 계획을 전하며 분사 이후에도 주요 고객사에 제품을 꾸준히 공급할 수 있었다. 특히 과거 삼성테크윈 시절부터 그룹사 내에서 삼성전자향으로 공급하는 물량보다 인피니언, NXP 같은 유럽 반도체 기업으로 공급하는 물량이 3배 이상 많을 정도로 해외 고객사를 중심으로 사업 역량을 갖추어왔다.

　해성디에스의 성공에는 삼성테크윈 시절부터 갖추어온 남다른 기술력이 있었다. 리드 프레임은 겉보기엔 은빛으로 반짝거리지만 내부에는 주로 구리 소재가 쓰인다. 구리가 전도성이 뛰어나고 가격도 싸기 때문이다. 그러나 구리로 만든 리드 프레임은 부식에 매우 취약하며 구리와 칩의 접합부에서도 수명이 단축되는 여러 문제점이 발생한다. 따라서 내부 소재는 구리를 쓰되 겉면에는 다른 금속을 도금해 리드 프레임을 완성한다. 리드 프레임 도금에 쓰이는 소재는 다양하다. 은을 구리 위에 도금하기도 하고 니켈을 이용하기도 한다. 그런데 시간이 지날수록 리드 프레임의 구리층과 다른 금속층이 벌어지거나 금속 간 결합이 약해지면 전자 제품에서 분리될 수 있다. 사용하는 소재에 따라 이러한 불안정성을 최소화할 수 있다.

해성디에스는 제품에 따라 은, 니켈, 금, 팔라듐을 적절히 조합해 리드 프레임을 완성한다. 이처럼 여러 종류의 금속을 합금 형태로 도금하면 리드 프레임의 안정성이 더욱 향상된다. 특히 팔라듐은 다루기 까다롭지만 금과 비교될 정도로 부식 방지 효과가 탁월해 리드 프레임의 수명을 더욱 높여준다. 해성디에스는 세계 최초로 팔라듐을 리드 프레임 제조에 활용해 제품 양산을 시작했다.

한편 여러 종류의 합금을 도금할수록 리드 프레임이 두꺼워지고 칩도 전반적으로 커진다. 해성디에스는 삼성테크윈 시절부터 갖춘 도금 기술력을 이용해 경쟁사 대비 더욱 얇게 도금함으로써 유연한 모양의 리드 프레임을 완성하고 도금에 필요한 금속 재료의 원가도 낮추어 원가 경쟁력을 확보했다.

앞서 살펴보았듯이 리드 프레임은 한가운데 칩이 부착되고 그 주변에 여러 다리가 뻗어 나오는 모양이다. 이러한 모양을 먼저 형성하고 도금이 이루어진다. 일반적으로 넓고 얇은 구리 금속 플레이트의 일부 불필요한 영역을 제거해 리드 프레임 고유의 모양을 완성한다. 불필요한 영역을 제거하는 방법은 두 가지다. 첫 번째는 금형 절단기로 잘라내는 방식으로, 이렇게 제조된 리드 프레임을 SLFStampled Lead Frame라고 부른다.

두 번째는 구리를 녹이는 소재를 이용해 불필요한 영역만 녹여내는 방식으로 이를 이용한 리드 프레임을 ELFEtched Lead Frame라고 부른다. 이 방식은 구리 원판 소재를 녹이는 과정에 특수 소재와 노광 장비 등 다소 값비싼 부자재가 들어가고 공정 시간도 길어서 SLF 공법 대비 높은 기술력이 필요하고 제조 단가가 높다. 그러나 더욱 정밀한 리드 프레임 제조가 가능해 다양한 칩에 대응할 수 있다. 특히 8비트보다는 32비트 차량용 반도체와 같이 상대적으로 성능이 높은 칩에 대응하기 수월하다.

해성디에스는 리드 프레임 사업 외에도 날로 커지는 메모리 반도체 시장을 겨냥해 패키지 기판 사업에 많은 투자를 거듭했다. 그럼에도 리드 프레임 설비 투자에도 손을 놓지 않아 경쟁사의 점유율을 더욱 흡수할 수 있었다. 이후 고객사가 차량용 반도체 사업에서 성과를 확대하기 시작하자 해성디에스의 공급 물량도 따라 늘어났다. 차량용 반도체 사업을 확대한 업체들에 오래전부터 제품을 공급해왔던 점이 결실로 이어진 것이다. 이에 더해 미중 무역 전쟁에서 중국에 공장을 둔 경쟁사의 입지가 줄어든 점, 경쟁사가 리드 프레임보다 서버용 패키징 기판과 같은 고부가가치 사업 확대에 집중한 점, 그리고 해성디에스의 리드 프레임 제조 공법의 원가 경쟁력이 뛰어나다는 점까지 점유율 상승에 큰 영향을 미쳤다.

해성디에스는 삼성테크윈에서 분사될 당시에는 리드 프레임 세계 시장에서 점유율이 5~6%에 불과하고 공급 규모도 세계 5위권이었으나 근래에는 점유율이 9~10%에 이르며 세계 3대 리드 프레임 업체로 올라섰다. ELF로 한정하면 세계 1위이지만 SLF는 일본과 대만의 경쟁사가 꾸준히 설비 투자를 확대하며 격차를 유지하고 있기에 해성디에스의 점유율은 약 5위권에 머물러 있는 것으로 보인다.

그전까지 자동차는 내부 공간이 워낙 넓기에 차량용 반도체를 굳이 작게 만들 이유가 없었다. 그러나 최근 차량에 탑재되는 반도체 칩이 기하급수적으로 증가하자 칩이 차지하는 면적을 줄일 필요가 생겼다. 차량용 반도체는 안정성을 중시하기에 구형 공정을 우선 도입하지만 이제는 칩의 면적을 줄여야 할 때 미세 공정도 도입하고 있다. ELF 공법을 이용한 리드 프레임을 사용하면 칩을 소형화하기 쉽다. 따라서 앞으로 ELF 수요가 점차 늘어날 것이며 이는 ELF 1위인 해성디에스에 좋은 기회가 될 것이다.

차량용 반도체나 리드 프레임은 저사양이라는 인식 때문에 한때 큰 관심을 받지 못했다. 게다가 전방 자동차 산업은 세계 경기에 따라 자주 소외받았다. 그러나 차량용 반도체 업체들은 다각화된 제품 포트폴리오와 ECU까지 이어지는 제품 경쟁력을 바탕으로 성장했다. 또 해성디에스는 팔라듐을 비롯한 여러 금속을 정밀하게 도금하는 기술을 통해 리드 프레임을 사용하는 칩 중에서도 나름대로 고부가가치 칩을 중심으로 시장을 공략해왔다. 그 결과 이들 기업은 차량용 반도체 시대에 들어서자 크게 성장했으며 규모도 급격하게 불어났다.

여기서는 다소 큰 분량을 할애해 해성디에스를 설명했지만 이는 해성디에스 주식을 매수하라는 뜻이 아니다. 실제 투자 시에는

반도체 투자의 원칙

투자 시기에 맞추어 실적 방향이나 밸류에이션 등을 분석해야 한다. 특히 전방 자동차 산업의 분위기도 앞서 파악해야 한다. 해성 디에스를 소개한 이유는 첨단 기술력과 독보적인 고부가가치 제품만 찍어내는 것만이 경쟁력이라 치부하는 일각의 시선을 조금이라도 바꿔보기 위함이다. 거듭 강조하지만 기술력만 쫓는 투자자는 투자 기회를 찾기 어렵다. 더욱이 유사한 사례가 반도체 산업 전반에 걸쳐 다양하게 나타나고 있으니 이를 토대로 투자 기회를 잡아보길 바란다.

테슬라는 왜 차량용 반도체를
직접 개발했을까?

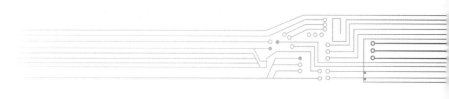

지금껏 자동차 산업은 차량의 기능이 늘어날수록 ECU도 늘리는 방식으로 전장화가 이루어졌다. 앞서 설명했지만 이에 따라 근래 차량에 탑재되는 ECU는 50~100개가 기본이며 전기차나 고사양 차량일수록 400~1,000개에 달한다. 향후 자율주행이 확대되면 더욱 늘어날 수 있다. 그런데 2019년부터 놀라운 일이 일어났다. 테슬라가 자사 차량에 자체 개발한 반도체를 탑재하기 시작한 것이다.

테슬라가 자체 개발한 반도체는 기존에 여러 개의 ECU가 각각 나누어 담당하던 역할들을 3~5개의 칩으로 모두 수행한다. 특히 자율주행 기능, 배터리 전력 제어 기능, 디스플레이에서 각종 정보

반도체 투자의 원칙

와 엔터테인먼트를 제공하는 인포테인먼트infortainment 기능을 하나로 묶어 이들 칩이 처리한다. 기존에는 30~40개 반도체가 역할을 나누어 이들 기능을 수행했다. 이와 다르게 테슬라는 차량에 탑재되는 ECU와 이에 딸려 들어가는 반도체 칩의 개수를 크게 줄였다. 그러자 자동차 업계에서는 난리가 났고 도요타는 자사 기술보다 무려 6년 이상 앞선 기술이라며 놀라움과 경계심을 표했다. 왜 이런 반응이 나왔는지 살펴보도록 하자.

ECU 개수를 늘렸을 때 생기는 문제점

앞서 설명했듯 지금껏 자동차 산업은 ECU와 차량용 반도체의 수가 늘어나는 방향으로 발전해왔다. 그러나 ECU 수가 늘어날수록 차량 제조에 불리한 점이 하나둘 나타나기 시작했다. ECU를 작동하려면 ECU에 전력을 끊임없이 공급해야 한다. 이를 위해서는 엔진에서 만든 에너지를 전력으로 바꾼 후 일일이 배선으로 이어 모든 ECU에 연결해야 한다. 게다가 일부 ECU가 다른 ECU들과 신호를 주고받으며 동작하는 경우가 많아졌다. 이에 따라 더욱 많은 배선을 통해 ECU와 ECU를 서로 이어야 하는 경우가 급격히 늘어났다.

이처럼 배선을 통해 ECU를 복잡하게 이어주는 기술을 흔히 CANController Area Network이라고 부르며 차량 제조 시에 매우 중요한 기술 중 하나다. 인피니언과 같은 차량용 반도체 기업들은 반도체와 ECU 판매뿐 아니라 CAN 기술력을 발전시켜 차량 내 ECU 간 통신 효율을 극대화해 경쟁력을 높여왔다. 그러다 더욱 전문적으로 발전하면서 상단 바디, 차량 하단 섀시, 차량 구동 관련 파워트레인 등 구역에 따라 CAN이 나뉘었다.

문제는 ECU가 너무 많아진 나머지 ECU에 배선을 일일이 연결하기 까다로워졌다는 것이다. 자동차에는 ECU 외에도 수많은 전장 부품이 탑재되고 여기에 전력을 공급하기 위해 배선이 매우 많이 필요하다. 그런데 ECU와 전장 부품이 꾸준히 늘어나서 지금은 배선을 잇는 데만 수 킬로미터의 전선이 필요하다. 이렇게 되면 차량도 무거워지고 차량 제조 시 수작업으로 배선을 하나하나 이어야 해서 비효율성이 높아진다. 더군다나 차량에 탑재되는 ECU가 늘어날수록 소프트웨어 비용이 급증하기 시작했다.

ECU는 차량의 전자 기능을 수행해주는 컴퓨터와 비슷한 부품이라 작동할 프로그램이 필요하다. 윈도우라는 운영체제가 있어야 컴퓨터 프로그램을 실행할 수 있듯 ECU에도 ECU 공급 업체가 자체 개발한 운영체제와 작동 프로그램이 탑재된다. 그런데 이 소프트웨어가 자동차 업체에 골칫거리가 되었다.

차량용 반도체나 ECU는 완성차 업체 입장에서 하나의 부품에 지나지 않아 제조 단가를 추적하기 쉬워서 단가 인하를 추진하기에 문제가 없었다. 그래서 ECU 공급 업체들은 유형 부품보다 소프트웨어를 통해 수익성을 극대화하고자 했다. 소프트웨어는 원재료 없이 개발비와 인력을 투입하면 완성되는 무형 자산이기에 완성차 업체는 적정 가격을 산출하기 어려워 단가 인하도 잘 추진하지 못했다. 그 결과 ECU 탑재량이 꾸준히 늘어나자 자동차 업체 입장에선 소프트웨어 비용이 부담이 되기 시작했다. 실제로 ECU 구입 비용의 60~80%가 소프트웨어 구입 비용이었다.

따라서 완성차 업체는 여러 ECU의 기능을 하나로 통합하면 ECU 소프트웨어 구입 비용을 대폭 절감할 수 있음에 주목하며 ECU 개수를 늘리지 않는 방법을 점차 고민하기 시작했다. 2010년대에 들어서 대부분의 완성차 업체는 일부 기능에 한해 통합 ECU 개발을 본격화했다. 차선 유지 기능을 위한 통합 ECU나 사고 시 안전벨트를 자동 조절하는 능동형 안전벨트 등을 중심으로 여러 ECU의 통합화를 시도한 것이다. 차량 전반에 걸쳐 더욱 다양한 기능을 하나로 묶어야겠다는 고민은 최근에야 본격화되었다. 2020년대 전까지는 차량에 탑재되는 전장 부품이 빠르게 늘어나 완성차 업체는 ECU 통합에 많은 신경을 쓰지 못했다. 그런 가운데 2019년에 테슬라가 여러 ECU를 하나로 합친 통합 ECU를 들고 나오자 자동차 업계가 충격에 빠진 것이다.

통합 ECU의
선구자가 된 테슬라

테슬라는 왜 반도체를 직접 만들기 시작했을까? 앞서 설명한 내용에 답이 있다. 바로 자사 차량에 여러 기능을 구현할 수 있는 최적화된 칩을 탑재하면서도 차량 제조 비용을 절감할 수 있기 때문이다. 즉 애플과 어느 정도 유사한 면이 있다. 그런데 애플이 기존 CPU를 살짝 바꾸어 자사 칩을 출시했다면 테슬라는 기존에 없던 새로운 칩을 만들고자 했다. 그전까지 통합 ECU가 차량에 활발히 도입되지 않았기 때문이다. 테슬라는 자체 반도체를 탑재한 덕에 ECU를 대폭 줄일 수 있었다. 여전히 통합 ECU가 수행하지 못하는 기능도 있었지만 탑재되는 ECU를 10개 이하로 줄였고, ECU에 연결된 복잡한 전선 또한 절반 이하의 길이로 줄였다.

이는 테슬라가 향후 통합 ECU에 사용되는 반도체 칩의 사양을 향상하기에 유리하다. 기존에는 차량에 새로운 기능이 들어갈 때마다 이에 맞추어 반도체를 개발해 탑재해야 했다. 이제는 10개 이하의 칩을 고사양으로 개발한 뒤 거기에 여러 기능을 넣을 수 있다. 특히 자율주행을 구현하려면 매우 복잡한 기능이 연이어 작동해야 한다. 주변 환경을 파악하는 인식 기능, 인식한 데이터를 해석하는 인지 기능, 해석한 데이터를 따라 고차원적인 판단을 내리는 판단 기능, 그리고 이들을 차량 구동부에 최종 전달하는 동작 기능이 각 영역에서 순차적으로 진행되어야 한다. 기존 ECU 방식으로는 기능마다 ECU를 따로 개발해야 한다. 그러나 테슬라는 이들 기능을 하나의 칩으로 묶어 한 번에 연산 처리한다. 특히 사양이 더욱 높은 칩으로 복잡한 연산을 고속으로 처리하며 자율주행 효율을 극대화할 수 있다.

통합 ECU의 장점은 여기서 그치지 않는다. 자동차와 스마트폰을 곰곰이 비교해보자. 일반적으로 스마트폰 업체들은 제품 출시 이후 2년간 소프트웨어 업데이트를 지원하며 새로운 기능을 개발하면 기존 구형 스마트폰에도 추가해준다. 즉 스마트폰 구입 이후에도 새로운 기능이 지속적으로 추가될 수 있다. 그러나 자동차는 업데이트가 매우 어렵고 기껏해야 내비게이션 지도 정보를 업데이트하는 정도다. 몇 가지 이유가 있겠지만 기존 ECU 구조도 한몫한다. ECU가 각 기능을 나눠 담당하면 차량에 새로운 기능을 추가할 때 ECU를 통째로 뜯어고쳐야 한다. ECU 소프트웨어를 업데이트해 기능을 추가하려 해도 반도체 칩의 성능이 제한적이라 기능이 구현되지 않는 경우가 많았다.

그러나 하나의 고성능 칩에 기능을 집중하면 추후 새로운 기능을 추가하기 수월하다. 게다가 여러 기능을 융합해 새로운 기능을 제공하기에도 유리하다. 기존에는 차량을 구입할 때 어떤 옵션을 선택하느냐에 따라 차량 기능이 정해졌고 이후 기능을 추가하고 싶어도 불가한 경우가 대부분이었다. 차량에 관련 부품과 ECU가 탑재되지 않았기 때문이다. 그러나 통합 ECU에서는 이야기가 달라진다. 완성차 업체는 소프트웨어 업데이트만으로도 차량에 더욱 새로운 기능을 제공할 수 있다. 가령 주행 모드를 더욱 다양화해 스포츠 주행 모드나 연비 절감 모드를 추가할 수 있다.

또한 완성차 업체는 부품을 선탑재해 차량을 출고시킨 뒤 구독 서비스를 구현할 수 있다. 핸들을 따뜻하게 데우는 핸들 열선 기능을 차량에 미리 탑재한 다음 매월 추가 비용을 지불하면 해당 기능을 작동하는 것이다. 기존에는 열선 기능만 담당하는 ECU가 홀로 역할을 수행했기에 열선 기능을 추가하고 싶다면 ECU를 뜯어내 해당 ECU의 소프트웨어를 별도로 업데이트해야 했다. 또한 차량 중앙에서 해당 기능을 켜고 끌 수 없었다. 그러나 이제는 통합 ECU를 통해 여러 기능을 통합해 중앙 집중적으로 관리하고, 차량 내 결제 기능과 통신 기능을 합쳐 1개의 중앙 ECU가 차량의 세부 기능들을 일일이 켜고 끄며 제어할 수 있다.

향후 ECU의 발전 방향

그렇다면 차량용 반도체는 어떤 방향으로 흘러갈까? 테슬라 외의 완성차 업체들도 ECU 통합을 가속화하고 있다. 그러나 문제는 흩어져 있는 ECU를 한 번에 통합하는 데 오랜 시간이 걸리고 반도체 통합까지는 더욱 오랜 시간이 필요하다는 것이다. 이에 따라 주요 기능을 중심으로 ECU를 통합하되 유사 기능별로 통합 ECU가 여러 개 탑재되는 방향으로 전개될 것으로 보인다. 기능을 크게 대분류로 나누어 통합화가 이루어지는 것이다. 그에 비해 일부 기능에서는 현재와 같이 개별 ECU가 탑재되는 방향으로 발전될 것으로 보인다.

통합 ECU가 쓰인다는 것은 ECU에 사용되는 반도체 또한 통합화된다는 뜻이다. 특히 차량의 인포테인먼트(뒤에서 자세히 설명하겠다)나 자율주행 기능에서는 이러한 통합화가 매우 중요하다. 여러 기능을 한데 묶어 더욱 큰 하나의 기능으로 완성하기 때문이

반도체 투자의 원칙

다. 주변 환경 인식 기능, 데이터 해석 기능, 판단 기능 등을 모아 자율주행 기능으로 최종 완성하는 식이다.

이외에도 차량 전방을 관찰하며 차선 이탈을 감지하는 기능, 전방 상황에 따라 상향등을 켜고 끄는 기능, 장애물 발견 시 경고하는 기능도 개별적으로 구현할 수 있지만 하나로 합치기에도 용이하다. 이러한 기능들은 우선적으로 통합 대상이 될 수밖에 없다. 반면 킥 모션 기능은 앞선 기능들과 연관성이 상당히 떨어진다. 전기차가 확대될수록 이처럼 연관성이 떨어지는 부품도 그 수가 꾸준히 늘어난다. 완성차 업체들은 궁극적으로 이러한 기능도 통합하기를 원하지만 우선순위는 낮을 것이다. 따라서 통합 ECU 트렌드를 따라 반도체가 통합화된다 해도 기존 차량용 반도체 업체의 다품종 생산 구조가 축소되지는 않는다.

특히 ECU가 통합되면 ECU 수가 줄어들 것만 같지만 새로운 기능과 ECU가 꾸준히 등장하기에 ECU 수를 줄이는 건 결코 쉽지 않다. 새로운 기능들을 또다시 통합하는 가운데 새로운 ECU와 이에 맞는 차량용 반도체가 계속 등장할 것으로 보이며 다양한 칩을 폭넓게 취급한다는 차량용 반도체 업체의 장점은 향후에도 유지될 전망이다. 따라서 차량의 전장화와 자율주행화가 이루어지는 향후 수년간은 통합 ECU는 통합 ECU대로, 통합되지 않는 개별 ECU는 개별 ECU대로 각기 성장할 것으로 보인다.

다만 통합 ECU의 성장이 더욱 가속될 것으로 보이는 만큼 반도체 업체 또한 통합화에 집중할 수밖에 없다. 특히 다양한 칩을 개발해온 NXP, 르네사스, 인피니언 같은 기업들은 칩의 통합화에서도 더욱 유리한 고지를 밟을 수 있다. 통합 칩을 빠르게 내놓는 기업은 더욱 가파르게 성장할 것이다.

그러나 다양한 칩을 설계해본 경험이 없어 통합 칩을 개발하기 어려운 기업은 새로운 칩을 출시하더라도 상대적으로 성장 속도가 그리 빠르지 못할 수 있다. 게다가 유사한 칩을 개발하는 기업과 경쟁하면서도 통합 칩을 제조하는 기업과 경쟁해야 해서 경쟁 강도가 꽤 높아질 것이다. 이처럼 차량용 반도체가 무조건 성장할 것만 같지만 통합 능력이나 다품종 개발 이력에 따라 경쟁력이 다소 다를 수 있다.

완성차 업체들의 통합 ECU 개발 움직임

완성차 업체들은 근래 통합 ECU 개발을 더욱 적극적으로 확대하고 있다. 기존 ECU 제조사 및 자동차 부품 업체와의 협력 관계를 바탕으로 통합 ECU를 개발하거나 현대모비스와 같은 그룹 내 계열사를 통해 확대하기도 한다. 이 과정에서 통합 ECU에 들어갈 통합 칩을 개발하는 역할은 역시나 차량용 반도체 업체가 맡는다. 기존 차량용 반도체 업체들은 여러 칩을 개발해온 경험을 토대로 통합 칩도 발 빠르게 개발하고 있다. ECU 통합화가 가속될수록 차량용 반도체 시장에서 진입 장벽을 쌓아온 선두 기업들은 자연스레 추가 수혜를 입을 것이다.

반도체 투자의 원칙

그런데 차량용 반도체 기업만 수혜를 입지 않는다. 여러 차량용 반도체를 하나의 칩으로 통합하면 자연스레 칩 성능이 높아지고, 고성능 칩을 만드는 과정에서 미세 공정이 활발히 도입된다. 또한 앞서 말했듯이 ECU 크기가 제한적이라 칩의 소형화 요구가 늘어나고 있는 만큼 미세 공정의 필요성이 날로 커진다. 신뢰성이 우선이라 첨단 공정을 빠르게 도입하지 않는 칩이라도 기존 60nm급 공정이 40nm급 공정으로 전환되거나 기존 22nm 공정이 14nm 공정으로 전환되는 등 5nm, 3nm 같은 최신 공정까지는 아니더라도 난이도 높은 공정이 적용된다. 특히 다음에 소개할 인포테인먼트용 칩에도 7nm, 5nm와 같은 첨단 공정이 활발히 도입된다. 그런데 인피니언, NXP, 르네사스와 같은 차량용 반도체 기업들은 90nm 이상 공정에 주력해왔다. 따라서 주로 이들 공정을 활용한 칩은 TSMC나 삼성전자와 같은 파운드리 기업에 외주 생산을 맡길 수밖에 없다.

예를 들어 ST마이크로일렉트로닉스와 르네사스는 2010년대 초반부터 28nm급 공정을 확보해 미세 공정이 필요한 센서 및 전력 반도체 등 일부 차량용 반도체를 직접 만들어왔다. 그럼에도 대부분의 차량용 반도체 기업은 10nm 이하급 공정을 확보하지 못하고 있다. 공정의 어려움도 있지만 설비 투자 효율이 떨어져 외주 생산이 더 유리하기 때문이다. 따라서 칩의 통합화가 이루어지고 고사양 칩의 비중이 늘어날수록 10nm 이하 공정을 확보하고 있는 TSMC, 삼성전자, 글로벌파운드리, 인텔은 차량용 반도체 수주가 늘어나며 수혜를 입는다.

특히 후술할 인포테인먼트용 칩은 7nm 이하급 공정도 활발히 도입되고 있는데 7nm 이하 공정은 TSMC, 삼성전자, 인텔만 수행할 수 있어 이들 3사가 수혜를 나누어 받을 것이다. 차량용 반도체 외주 생산에서 가장 앞선 기업은 단연 TSMC이지만 파운드리가 호황일 때는 TSMC에 주문을 넣기 쉽지 않아 삼성전자에 낙수 효과가 크게 발생한다. 삼성전자는 파운드리 경쟁력을 확보하기 위해 차량용 반도체 생산을 위한 종합 파운드리 서비스를 확대하고 있어 수혜가 꾸준히 이어질 전망이다.

또한 TSMC와 인텔은 유럽에 파운드리 공장을 꾸준히 확대하고 있다. 이는 반도체 자급률을 높이려는 유럽연합의 정책에 부합하며, 차량용 반도체 업체와 협업하여 유럽에 공장을 짓는다는 점에서도 이들 기업의 수혜가 꾸준할 전망이다. 참고로 ECU에 탑재되는 반도체 칩의 소형화 요구와 함께 ECU에 탑재되는 전자 부품의 소형화 요구도 늘어나고 있다. 특히 ECU에는 MLCC라고 하는 수동소자 부품이 대거 탑재된다. 이 부품은 반도체 칩의 기능 안정화에 꼭 필요하며 반도체 칩의 성능이 높아질수록 MLCC이 많이 탑재되는 만큼 MLCC 소형화 요구가 꾸준히 늘어나고 있다. 따라서 초소형 MLCC부터 대용량 MLCC까지 제품 포트폴리오를 고루 갖춘 삼성전기도 유사한 관점에서 수혜를 입는다고 볼 수 있겠다.

완성차 업체들은 ECU를 점차 통합해나가면서 ECU에 탑재되는 소프트웨어 내재화를 추진하고 있다. 벤츠는 'MB'라는 운영체제를, 도요타는 '아린'이라는 운영체제를, 현대기아차는 '커넥티드

카'라는 운영체제를 각각 개발하며 차량 내 탑재를 확대하는 중이다. 아직 초기 단계라 이러한 운영체제는 주로 디스플레이에서 내비게이션, 오디오, 차량 설정 등을 띄워주는 데 한정적으로 쓰인다. 추후 통합 ECU가 확대되면 차량 구동, 안전과 같은 기능까지 포함될 예정이다.

그러나 소프트웨어 개발은 만만치 않다. 개발 인력도 많이 필요하고 완성차 업체 간 소프트웨어 개발 경쟁이 치열하기 때문이다. 구글과 애플은 완성차 업체의 이러한 어려움을 간파해 이들과 협업하거나 자체 자동차를 출시하며 소프트웨어 중심의 운전 환경을 계획하고 있다.

수혜가 큰 만큼 경쟁도 치열한
차량용 인포레인먼트 반도체

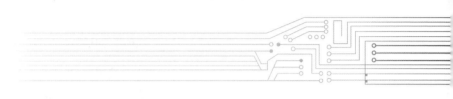

1990년대에 들어 디스플레이 패널이 얇고 가벼운 LCD로 바뀌자 자동차에도 디스플레이가 탑재되기 시작했다. 초기 자동차 디스플레이는 음악 재생 화면이나 내비게이션을 보여주는 목적으로 쓰였다. 근래에는 디스플레이를 통해 스마트폰과 연동하거나 심지어 화면을 터치해 자동 주차를 수행할 수도 있다. 그 외에도 스마트폰처럼 날씨를 확인하거나 차량 관련 제품을 구입할 수 있으며 시스템을 세부적으로 설정하는 등 더욱 다양한 용도로 쓰이게 되었다. 디스플레이를 통해 수행할 수 있는 기능이 크게 늘어난 것이다.

이처럼 다양한 기능에도 불구하고 디스플레이는 여전히 내비게이션과 차량 정보를 알려주는 인포메이션 기능이나 음악 재생과 같은 엔터테인먼트 기능을 주로 담당하고 있다. 이러한 이유로 차량의 디스플레이가 제공하는 각종 기능을 통틀어 인포테인먼트라고 한다. 그런데 인포테인먼트 기능을 수행하려면 음악을 재생해주는 반도체나 위성과 통신을 주고받으며 내비게이션을 실행해주는 반도체와 같이 인포테인먼트 전용 반도체가 필요하다.

차량 기능이 발전하면
차량용 반도체도 발전한다

인포테인먼트용 반도체는 당연히 한 종류만 있지 않으며 기능이 다양해질수록 각 기능을 담당하는 새로운 반도체가 출시되고 있다. 인포테인먼트용 반도체도 통합 ECU 트렌드를 따라 점차 여러 기능이 하나의 칩으로 통합되며 성능이 높아지고 있지만 완성차 업체들이 새로운 인포테인먼트 기능을 빈번히 출시하다 보니 새 기능을 담당하는 별도의 칩이 꾸준히 등장하고 있다. 가령 내비게이션 기능, 음악 재생 기능, 주차 시 후방 카메라가 찍은 화면을 보여주는 기능처럼 이미 오래전부터 쓰인 기능들을 하나의 칩에 합치더라도 운전자의 음성 및 표정 인식 기능이 등장하면 이를 전문으로 수행해주는 칩이 별도로 출시되는 것이다.

주목할 점은 향후 자율주행 기능이 확대되면 인포테인먼트 기능이 매우 빠르게 발전하리라는 사실이다. 흔히 자율주행이라 하면 주행과 안전이 가장 중요할 것 같지만 완성차 업체들의 기술 동향을 살펴보면 실내 기능 향상도 무척 중요하다. 기존에는 차량의 안전한 이동이 가장 중요했지만 이제는 차량이 안전을 직접 책임지기에 실내에서 시간을 보낼 것들을 제공하는 게 더 중요해졌기 때문이다. 한 예로 운전 중에 디스플레이 화면을 보며 온라인 쇼핑을 즐기거나 금융 거래를 할 수 있는 기능이 여러 차례 소개되고 있다. 이에 따라 인포테인먼트용 칩은 일부 기능을 하나의 칩으로 통합하면서도 차량에 새로 탑재되는 기능을 전문으로 담당하는 칩이 추가되는 움직임이 수년간 이어질 것으로 보인다.

자동차 인포테인먼트용 반도체를 전문으로 개발해온 국내 상장사 중에 텔레칩스가 있다. 1999년 설립된 텔레칩스는 설립 직후엔 MP3, 핸드폰, 유선전화 등에 사용되는 반도체 칩을 설계하는 데 주력했다. 특히 음성을 녹음할 때 음성 데이터를 더욱 효율적으로 압축해 음성 파일의 용량을 줄이는 기술을 구현해 MP3 시장에서 이름을 널리 알렸다. 이후에는 동영상 데이터를 처리하는 반도체 칩까지 영역을 확장하며 멀티미디어 전용 반도체에 주력하는 기업으로 거듭나기도 했다. 그러나 점차 관련 시장이 축소하거나 경쟁이 치열해지는 가운데 2000년대 중반부터 차량용 반도체로 사업을 다각화했다.

텔레칩스는 차량용 반도체 중에서도 기존 사업과 관련된 인포테인먼트용 반도체로 진출했다. 당시 차량에는 MP3 기기를 연결해 음악을 재생하는 기능이 확대 도입되고 있었는데 텔레칩스는 여러 인포테인먼트 칩 중에서도 오디오 프로세서를 공급하며 차

반도체 투자의 원칙

량용 반도체 시장에 진입했다. 특히 합법적으로 다운받은 음악 파일만 재생할 수 있게 특화된 칩을 내세우며 자동차 업계를 공략했다. 기존 모바일 기기용 멀티미디어 칩을 활발히 개발해온 경험을 인정받은 덕분에 현대차는 물론 닛산, 르노삼성자동차까지 칩을 공급하며 차량용 인포테인먼트 반도체 기업으로 자리 잡기 시작했다.

이후 완성차 업계가 디스플레이를 통해 수행할 수 있는 기능을 늘려나가자 텔레칩스도 이에 대응해 인포테인먼트용 반도체를 더욱 다각화했다. 완성차 업체들은 내비게이션의 지도나 목적지 정보 등을 더욱 정밀하게 보여주는 기능을 늘려가기 시작했는데 그러려면 이미지 처리 기능을 담은 반도체 칩이 필요했다. 텔레칩스는 멀티미디어 칩을 설계하던 역량을 이용해 이를 수월하게 개발해냈다. 이후에는 이미지 처리 기능과 기존 오디오 기능을 모두 하나의 칩에 담아 차량에서 인포테인먼트 기능을 종합적으로 제공하는 칩을 내세우며 시장을 공략했다. 근래에는 차량의 인포테인먼트 기능을 종합적으로 수행하는 인포테인먼트용 AP가 텔레칩스의 주력 제품이다. 인포테인먼트용 AP는 스마트폰의 AP처럼 인포테인먼트의 머리 역할을 하는 칩이라 볼 수 있다.

근래 자동차 산업의 동향을 살펴보면 주목할 만한 새로운 차량 기능이 있다. 지금껏 차량의 디스플레이는 주로 운전석과 조수석 가운데에 탑재되었다. 그런데 2010년대에 들어 디스플레이가 운전석 앞의 계기판에도 쓰이기 시작했다. 아날로그 방식의 계기판이 2010년대 중후반부터 고급 차량을 중심으로 디스플레이로 대체된 것이다. 이제는 바늘이 움직이는 게 아니라 디스플레이 화면에서 속도나 연료량 등의 정보가 나타난다. 이러한 디지털 계기판을 디지털 클러스터digital cluster라고 한다.

차량에 디지털 클러스터를 탑재하면 운전자에게 월등히 많은 정보를 제공할 수 있다. 속도나 엔진 회전수 외에도 실시간 냉각수 온도, 앞차와의 거리, 자율주행 상태를 나타낼 수 있으며, 굳이 속도나 엔진 회전 수가 궁금하지 않은 운전자라면 해당 영역에 다른 정보를 띄워도 된다. 그런데 이처럼 디지털 클러스터를 탑재하려면 디지털 클러스터 전용 반도체가 추가로 필요하다. 이 반도체는 기존 인포테인먼트용 AP와 역할이 유사하다. 디스플레이에 숫자나 이미지 등의 정보를 띄우는 역할이 비슷하다는 것이다.

자연스레 텔레칩스와 같이 인포테인먼트용 AP를 개발해온 기업들은 디지털 클러스터용 AP까지 제품군을 확대해왔다. 사업 영역이 비슷해 시너지가 나기 때문이다. 게다가 기존 인포테인먼트용 AP와 디지털 클러스터용 AP를 하나로 합친 통합 AP까지 개발하기에 이르렀다. 차량에 탑재되는 디스플레이에 더욱 많은 정보를 제공할수록 인포테인먼트용 AP를 만드는 기업들이 이득을 보는 구조인 것이다. 앞서 말했듯이 칩이 수행하는 기능이 늘어나고 여러 칩이 통합될수록 칩의 성능과 단가가 높아진다. 따라서 인포테인먼트와 디지털 클러스터 역할을 한 번에 수행하는 통합 AP는 인포테인먼트용 AP나 디지털 클러스터용 AP보다 단가가 2~3배 높다.

더욱이 자율주행과 별개로 고사양 차종을 중심으로 디스플레

　반도체 투자의 원칙

이가 더욱 확대되고 있다. 가령 기존에는 아무것도 없던 조수석 앞쪽까지도 디스플레이가 점차 탑재되고 있다. 조수석에 착석한 동승자에게도 다양한 엔터테인먼트 기능을 제공하기 위함이다. 그렇다면 이를 위한 AP가 추가로 필요하거나 기존 통합 AP의 성능을 더욱 높여야 한다. 따라서 디스플레이 확대 흐름 속에서 디스플레이 패널 업체뿐 아니라 인포테인먼트용 반도체 기업도 동반 성장하리라 유추해볼 수 있다. 그러나 인포테인먼트용 AP에 집중해온 기업들에 꼭 반가운 소식만 있는 것은 아니다.

빠르게 변하는 인포테인먼트용 반도체 시장

우선 차량용 인포테인먼트용 칩의 특징부터 살펴보자. 차량의 구동이나 안전을 담당하는 칩은 안정성이 극도로 중요하다. 앞서 이야기했듯 일부 칩은 미국항공우주국이 우주선에 탑재하는 칩과 동등한 안정성이 요구된다. 그러나 자동차에 쓰이는 모든 칩이 하나같이 극단적인 안정성을 확보해야 하는 것은 아니다. 인포테인먼트용 칩이 이에 속한다.

인포테인먼트 기능은 대부분 안전과 다소 동떨어져 있다. 운전 중에 재생되던 음악이 갑자기 멈추면 당황스럽겠지만 안전에 치명적인 영향을 주지는 않는다. 이에 따라 인포테인먼트용 칩은 안전을 담당하는 칩에 비해 요구되는 안정성이 상대적으로 낮다.

최근 들어 완성차 업체는 극단적인 안정성보다 기능 다양화를 더욱 중요하게 생각한다. 디스플레이에 새로운 기능을 계속 추가해야 자동차가 잘 팔리는 시대가 되었기 때문이다. 이에 따라 인포테인먼트용 칩은 안전이나 주행을 담당하는 칩보다 진입 장벽이 비교적 낮다고 인식된다. 하지만 극도의 안정성이나 방대한 제품 포트폴리오가 필요 없는 대신 오디오, 이미지, 영상, 통신에 걸쳐 여러 기능을 구현해야 한다. 따라서 과거에 이러한 영역의 칩들을 개발해본 기업이 인포테인먼트용 AP 시장 진입을 노리게 된다.

또한 인포테인먼트 기능이 빠르게 다양해지면서 인포테인먼트용 AP도 기능 및 성능 다양화가 필요해졌다. 이로 인해 다른 차량용 반도체에 비해 상대적으로 미세 공정과 같은 첨단 제조 공법이 더욱 적극적으로 도입되고 있다. 필요에 따라서는 통신 기능과 같이 더욱 다양한 기능이 하나의 칩으로 통합되어야 한다. 텔레칩스가 차량용 오디오 프로세서만 공급하다가 이후 내비게이션 기능까지 수행할 수 있게 이미지 처리 기능도 하나의 칩에 담았던 것처럼 말이다.

이에 따라 인포테인먼트용 칩은 자연스레 차량용 반도체 사업을 영위하지 않던 기업이 차량용 반도체 사업에 진입하고자 할 때 가장 손쉽게 진입할 수 있는 영역이 되었다. 이미지 처리, 오디오 재생, 영상 재생 기능을 수행하는 칩을 만들어본 기업이라면 더욱 그렇다. 실제로 삼성전자가 차량용 반도체 사업에 진입할 때 가장 먼저 출시한 칩도 인포테인먼트용 AP였으며, 엔비디아도 차량용 반도체 사업 초기부터 그래픽 처리라는 강점을 살려 인포테인먼트용 AP를 적극 공략했다. 스마트폰용 칩에 집중하던 퀄컴도 차량용 통신 칩을 내세워 차량용 반도체 시장에 진입했으나 직후 인포테인먼트용 AP를 주요하게 공략하기 시작했다. 미디어텍도 퀄컴과 동일한 전략을 펼치며 근래 들어 인포테인먼트용 반도체 시장에서 퀄컴과 경쟁 구도를 형성하고 있다. 특히 퀄컴은 스마트폰 AP에 주로 쓰이던 스냅드래곤이란 브랜드를 인포테인먼트용 AP에도 적용해 차량용 반도체 시장을 공략했으며 메르세데스-벤츠, BMW, 폭스바겐, 페라리, 스텔란티스 등 고가 자동차 브랜드를 고객사로 삼으며 빠르게 성과를 내기 시작했다. 글로벌 거대 반도체 기업이 인포테인먼트 칩을 집중 공략하며 경쟁력을 갖추고 있는 것이다.

이처럼 인포테인먼트용 칩은 여러 차량용 반도체 중에서도 경쟁 강도가 빠르게 높아지고 있다. 차량용 반도체 사업을 희망하는 기업 대부분이 인포테인먼트에 먼저 관심을 두는 데다가 기존 업체들보다 더욱 나은 칩을 설계하겠다는 포부를 한가득 품고 시장에 진입하기 때문이다. 이로 인해 경쟁 구도가 앞으로 어떻게 변할지 예측하기 쉽지 않다. 투자에서는 가시성이란 변수가 중요한데 인포테인먼트용 칩은 수년간 마음 놓고 투자하기엔 가시성이 아쉽다. 이는 텔레칩스에도 마냥 반가운 소식이 아니다. 텔레칩스의 강점은 오랜 차량용 반도체 업력과 공급 레퍼런스다. 그러나 이 시장에 진입하는 새로운 경쟁사들은 규모가 월등히 클 뿐만 아니라 텔레칩스와 마찬가지로 오디오, 이미지, 영상 처리 등 멀티미티어 관련 칩을 이미 여러 차례 설계해봤다. 다행히 엔비디아 등의 신규 업체들은 규모의 경제를 확보하기 위해 성능이 가장 높거나 범용적인 인포테인먼트 칩을 우선 공략하고 있다. 또한 수많은 차종만큼 인포테인먼트용 칩의 종류도 다양하므로 여전히 텔레칩스가 공략할 수 있는 시장 규모가 크다. 당장의 위협을 걱정할 필요는 없다는 뜻이다.

텔레칩스의
성장 동력 확보를 위한 노력

텔레칩스도 나름대로 노력을 기울이고 있다. 기존 인포테인먼트용 AP에 치우친 구조에서 벗어나고자 더욱 다양한 차량용 반도체로 영역을 확대하며, 특히 차량의 새로운 기능을 담당할 칩 중에서도 기존 사업과의 시너지를 고려해 인포테인먼트용 AP와 작동 원리가 유사한 칩을 우선 공략하고 있다. 대표적으로는 헤드업 디스플레이Head-Up Display; HUD가 있다. HUD는 운전석 전방 유리창에 내비게이션을 띄워주는 기능으로 2020년대부터 고급 차량부터 도입되기 시작했다. HUD가 탑재된 차량은 운전석 앞쪽 대시보드에 디스플레이가 추가로 장착된다. 디스플레이에서 강한 빛이 나오면 앞 유리창이 이를 반사해 운전자는 투명한 유리창으로 길 안내 화면을 볼 수 있다. HUD 기능을 구현하기 위해서도 전용 AP가 필요하다.

그런데 가만히 생각해보면 이 칩의 역할은 기존 인포테인먼트

자동차의 헤드업 디스플레이

차량 운전석 앞 유리에 나타나는 헤드업 디스플레이는 운전을 보조하는 역할을 하며, 이를 구현하려면 해당 기능을 수행해줄 전용 반도체 칩이 필요하다.

용 AP가 차량 중앙 디스플레이에 내비게이션을 띄워주는 것과 크게 차이 나지 않는다. 따라서 인포테인먼트용 AP를 개발한 기업들은 당연히 이 칩도 함께 개발하고 있다. 텔레칩스는 이처럼 인포테인먼트용 AP와 가까운 기능을 성장 동력으로 삼으면서 점차 인포테인먼트와 거리가 먼 칩까지 개발을 서두르고 있다.

또한 텔레칩스는 ADAS Advanced Driver Assistance System라 부르는 운전 보조 시스템 전용 칩에도 활발히 진출 중이다. ADAS는 차선을 이탈하거나 전방에 장애물이 인식되면 경고를 표시하는 등 운전을 종합적으로 보조하는 시스템이다. 텔레칩스는 2023년에 ADAS용 칩 개발에 처음 성공했다. 고객사를 늘리는 데는 시간이 오래 걸리겠지만 유사 영역의 제품을 더욱 다변화하며 인포테인먼트용 AP 외의 비중을 늘려가는 방식으로 경쟁력을 쌓을 것으로 보인다. 차량의 각종 통신 기능을 수행해주는 텔레매틱스telematics 칩 개발도 목표로 삼고 있는데 역시나 같은 이유라 볼 수 있겠다.

그러나 새로운 영역의 칩을 텔레칩스 혼자 개발하기는 쉽지 않다. 이에 따라 텔레칩스는 자본력이 큰 기업이나 다른 반도체 칩을 활발히 개발해온 기업과 협업하고 있다. 2023년에 SK그룹 계열사인 사피온과 기술을 공유하며 자율주행용 ADAS 칩을 함께 개발한 사례가 대표적이다. 2022년에는 LX세미콘이 텔레칩스에 지분 투자를 단행하기도 했다. LX세미콘은 텔레칩스의 지분 약 11%를 확보해 2대 주주로 올라섰다.

LX세미콘이 텔레칩스의 지분을 확보한 데는 차량용 반도체로 사업을 확대하려는 목적도 있으나 텔레칩스가 만들 수 있는 칩의 종류도 늘려 시너지를 내고자 하는 의지가 담겨 있다. 인포테인먼트 외의 영역으로 사업을 확장하려는 텔레칩스와 아날로그 반도체 설계 경험이 풍부한 LX세미콘이 시너지를 내면 더욱 다양한 차량용 프로세서와 전력 반도체를 설계할 수 있을 것이기 때문이다. 다만 이러한 지분 투자는 장기적인 사업 시너지를 위한 것인 만큼 주식을 바로 매수하면 위험하다. 향후 수년에 걸쳐 실제로 어떤 제품이 출시될지 추적해야 한다.

한편으로는 LX세미콘의 시너지까지 등에 업으며 제품군 다각화와 공격적인 제품 개발을 준비하는 배경에 인포테인먼트용 AP에 집중해온 사업 구조가 장기 생존에 불리할 수 있다는 판단이 숨어 있다. 인포테인먼트용 AP 시장의 경쟁이 날로 치열해지는 만큼 텔레칩스에는 위기 요인도 있으나 제품군 확대라는 기회 요인 또한 함께 존재한다. 즉 위기 요인이 있다 해서 당장 큰 위기가 불어닥치지는 않는다.

다행히 전 세계에는 많은 완성차 업체가 있고, 이들은 산하에 다양한 자동차 브랜드를 두며 여러 차종을 찍어내고 있다. 그리고 자동차 브랜드마다 각기 다른 AP를 탑재하고 있다. 그 결과 향후 수년간 완성차 업체들은 여전히 다양한 인포테인먼트용 AP를 요구할 테고, 다품종이란 시장 특성 덕분에 다양한 기업이 개성 있는 AP를 공급할 것이다. 즉 스마트폰용 AP는 퀄컴, 미디어텍, 삼성전자 등이 주로 경쟁하지만, 차량 인포테인먼트용 AP는 더욱 많은 기업이 점유율을 나누어 가질 것으로 예상된다. 향후 인포테인먼트 AP 시장의 경쟁이 강해지더라도 기존 인포테인먼트 AP 업체들의 파이 축소는 제한적이며, 새로운 칩을 개발할 시간도 충분히 주어질 것으로 보인다. 그러나 더욱 장기적으로 보자면 규모의 경제를 갖춘 기업들이 점유율을 끌어 모으는 반면, 새로운 제품 개발에 실패하거나 최소한의 규모를 갖추지 못한 기업들은 점유율을 뺏긴 뒤 시장에서 퇴출될 가능성도 적지 않다.

흔히 차량용 반도체라 하면 무조건 빠르게 성장하고, 앞으로 자율주행 시장이 성장할수록 관련 기업들의 수혜가 반드시 커질 것이라는 인식이 있다. 그러나 차량용 반도체의 종류가 다양하고, 또 칩마다 특성이 다른 만큼 그에 맞는 투자가 필요하다. 예를 들어 인포테인먼트용 AP는 많은 거대 기업이 시장 진입을 준비하고 있는 만큼 다른 차량용 반도체에 비해 상대적으로 가시성이 짧을 수 있다. 즉 수십 년을 묵혀두는 장기 투자보다는 산업 동향을 업데이트하며 수년 단위로 끊어 투자하는 중기 투자 전략이 더욱 유리하다. 차량용 반도체라 하면 환상부터 품는 투자자가 상상 이상으로 많다. 본인은 아니라고 굳게 믿지만 자신도 모르게 무작정 투자하는 투자자도 정말 많이 봐왔다. 충분한 분석을 통해 칩의 특징에 맞는 투자를 진행하길 바란다.

엔비디아와 인텔은 왜 차량용 반도체 사업을 할까?

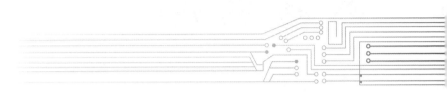

테슬라는 자체 개발한 반도체를 먼저 자사 차량의 통합 ECU에 탑재하기 시작했다. 이를 통해 더욱 뛰어난 자율주행 기능을 제공했는데, 이를 FSD Full Self-Driving라고 일컬으며 마케팅을 펼쳤다. 이후 테슬라는 자율주행 기능 고도화를 위해 반도체 자체 개발을 확대했다. 2010년대 초중반까지만 해도 5년 뒤면 완전한 자율주행이 보편화되리라는 이야기가 나왔지만 2023년에야 자율주행 기술의 중간쯤 되는 자율주행 3단계가 본격화되었다. 자율주행 3단계는 조건부 자율주행을 의미한다. 차량이 일부 조건에서 자율주행을 수행하지만 운전자가 실시간으로 운전에 집중해야 하며 자율주행 조건이 조금이라도 만족되지 않으면 자율주행 기능이 바

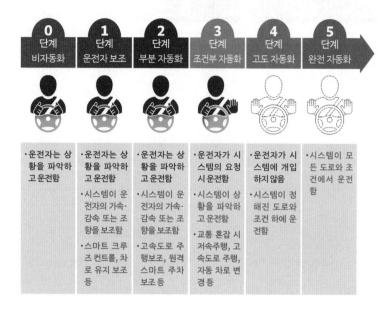

단계별 자율주행 기술

0단계 비자동화	1단계 운전자 보조	2단계 부분 자동화	3단계 조건부 자동화	4단계 고도 자동화	5단계 완전 자동화
·운전자는 상황을 파악하고 운전함	·운전자는 상황을 파악하고 운전함 ·시스템이 운전자의 가속·감속 또는 조향을 보조함 ·스마트 크루즈 컨트롤, 차로 유지 보조 등	·운전자는 상황을 파악하고 운전함 ·시스템이 운전자의 가속·감속 또는 조향을 보조함 ·고속도로 주행보조, 원격 스마트 주차 보조 등	·운전자가 시스템의 요청 시 운전함 ·시스템이 상황을 파악하고 운전함 ·교통 혼잡 시 저속주행, 고속도로 주행, 자동 차로 변경 등	·운전자가 시스템에 개입하지 않음 ·시스템이 정해진 도로와 조건 하에 운전함	·시스템이 모든 도로와 조건에서 운전함

자율주행은 총 5단계로 나뉘며 2023년 기준으로 자율주행 3단계가 본격화되었다.

출처: 현대자동차

로 해제된다. 실제로 자율주행 3단계를 최초로 상용화한 벤츠의 EQS는 60km/h 이하에서만 자율주행이 가능하다.

테슬라는 이보다 더욱 진보된 자율주행을 반도체를 통해 실현하고자 한다. 자동차 제조 업체로서 자동차만 많이 팔아도 적잖은 수입을 벌 수 있지만 테슬라는 도로 위에 돌아다니는 100만 대 이상의 차량을 또 하나의 자원으로 이용하고자 했다. 즉 자사 자동차를 통해 사업을 확장하겠다는 것이다.

자율주행을 위한
테슬라의 고성능 칩, D1

테슬라 자동차는 내부에 설치된 여러 카메라가 주행 내내 끊임없이 주변 환경을 촬영하고 저장한다. 테슬라는 이러한 이미지와 영상 데이터를 끊임없이 분석해 연산장치를 통해 학습시켜 이를 자율주행에 적용하고자 했다. 문제는 방대한 데이터를 어떻게 학습시키겠냐는 것이다. 자율주행 데이터를 끊임없이 연산하려면 고성능 연산장치 1~2개로는 턱없이 부족하며 막대한 양의 반도체 칩이 필요하다.

그 결과 테슬라는 자사 차량들이 도로를 누비며 촬영한 데이터를 자사 서버로 모두 모은 뒤, 서버에 고성능 반도체를 대거 배치해 학습시키는 방법을 고안했다. 서버가 학습을 마치면 결과물이 차량에 다시 전송되어 주행 시 새로운 상황을 마주했을 때 더욱 안전하게 작동하도록 한다. 이를 위해서는 성능이 매우 높은 서버가 필요하다. 테슬라는 이러한 시스템을 구축하기 위해 전 세계 최고 수준의 슈퍼컴퓨터를 개발한다. 그리고 이 컴퓨터에 '도조'Dojo라는 이름을 붙이고 2021년에 도조 프로젝트를 처음 공개한다.

이후 테슬라는 도조가 인공지능 학습을 수행할 수 있게 반도체를 대량 구매했다. 2021년 초기 형태의 도조를 구축할 때는 엔비디아에서 2020년 출시한 'A100 텐서 코어'A100 Tensor Core 5,760개를 집중적으로 이용했다. A100 텐서 코어는 인공지능 서버에 최적화된 GPU로 방대한 생성 데이터를 다루기에 적합하다.

테슬라의 발표에 따르면 당시 도조는 세계 7위 수준의 슈퍼컴퓨터에 맞먹는 성능을 갖추고 있었다. 이후 테슬라는 GPU 수를 늘려가며 도조의 성능을 끌어올렸다. 2022년에 테슬라에서 발표한 도조 프로젝트 진행 상황에 따르면 A100 텐서 코어가 7,360개까지 늘어났다. 테슬라는 그저 GPU 수를 늘려가기만 하지 않고 향후에는 엔비디아의 GPU를 자사의 자체 연산 칩으로 대체하겠다는 계획을 품었다. 그리고 이를 위한 첫 칩으로 'D1'이라는 이름의 칩을 공개했다.

테슬라의 발표에 따르면 D1은 엔비디아의 A100 텐서 코어보다 데이터 연산 속도가 10% 이상 빠르며 연산 과정에서 발생하는 각종 데이터를 한 번에 5배 이상 빠르게 칩 외부로 전달할 수 있다. 이를 통해 영상과 이미지 학습 과정에서 추가적인 성능 향상이 나타난다. 7nm 공정으로 제조된 D1은 약 500억 개의 트랜지스터로 구성되며 부동소수점을 1초에 362조 번 연산할 수 있다. 또한 D1은 1개의 칩이 개별로 동작하거나 25개의 칩이 한 번에 묶여 세트로 동작하기도 한다. 테슬라는 이러한 25개 칩 세트를 120개가량 연달아 설치해 총 3,000개에 달하는 D1을 한 번에 동작시켰다. 이를 통해 전 세계 최고 슈퍼컴퓨터를 능가하는 수준으로 도조의 성능을 끌어올리는 데 성공한다.

그렇다면 테슬라는 왜 자율주행 학습 서버에 사용되는 칩까지 자체적으로 만들고자 했을까? 이는 아마존이 자체 CPU를 설계하는 이유와 흡사하다. 엔비디아가 출시하는 서버용 GPU는 인텔의 CPU와 같이 범용 제품에 해당한다. 그러나 테슬라는 도조가 오직 이미지와 영상 처리라는 특수 기능을 집중적으로 수행하기를 희망했다.

반도체 칩의 성능을 나타내는 지표는 다양하다. 인텔과 엔비디아는 더욱 다양한 고객에게 칩을 많이 팔기 위해 가장 대중적인 지표인 연산 속도나 전력 소모 등을 중심으로 성능을 극대화한다. 그러나 연산 속도나 전력 소모가 좋다고 해서 가장 효율적인 칩이 되지는 않는다. 필요에 따라 전력 소모가 덜 중요할 수도 있고, 연산된 데이터를 칩 외부에 빠르게 전송하는 것이 더 중요할 수도 있다. 특히 테슬라는 D1 25개를 연결해 하나의 칩처럼 구동시키고, 이들 25개 세트를 또다시 여러 차례 연결해 더욱 거대한 연산장치로 작동하는 방법을 고안해왔다. 이를 통해 칩의 연결성을 극대화하고 오직 학습이란 기능에 초점을 맞춘 칩을 확보하고자 했다.

또한 테슬라가 GPU를 직접 만들면 엔비디아의 CUDA와 같은 플랫폼에 종속되는 대신 자사 방식에 따라 GPU를 자유자재로 활용할 수 있다. 자율주행 연구에 최적화된 소프트웨어를 자체적으로 만들어 D1 고유의 작동 방식과 결합할 수도 있다. 테슬라는 아마존처럼 다양한 클라우드 서비스를 제공하려는 게 아니라 자율주행 성능 향상을 목적으로 서버를 구축했다. 범용성을 포기하는 대신 특화 기능에 집중하는 시도가 더욱 효율적이라 판단한 것이다. 따라서 테슬라는 앞으로 더욱 향상된 칩을 주기적으로 선보일 예정이다.

차량용 반도체 사업에
뛰어든 기업들

테슬라가 D1 출시를 예고하자 투자자 사이에서 'D1을 삼성전자가 생산할 수 있을까?', 'D1을 삼성전자가 생산하면 수혜주는 누구인가?' 같은 질문이 쏟아졌다. 국내 언론사가 테슬라의 D1 발표 직후 'D1 생산을 삼성전자의 파운드리가 맡을 가능성이 높다'는 기사를 여러 차례 내놓았기 때문이다. 투자 경험이 적은 투자자라면 이 기사를 보고 자연스레 삼성전자 주식을 매수해야겠다는 생각이 들었을 수 있다.

그러나 삼성전자가 제조를 맡을 가능성이 높다는 의견은 그저 일부 언론사의 추측에 불과하다. 반도체 산업에서는 '확실히 그럴 것 같은 경우'도 있지만 '그럴 수도 있고 아닐 수도 있는 경우'도 비일비재하게 목격된다. 그런데 대체로 후자는 나쁜 결과로 이어진다. 알고 보니 아닌 경우가 훨씬 많기 때문이다. 특히 기술 이해가 필요한 투자 영역일수록 대다수 투자자는 상황을 긍정적으로 생각하는 경향이 강하다. 해당 산업이 빠르게 성장할 것만 같고, 주가가 더 빠르게 오를 것만 같고, 반드시 수주를 따낼 것처럼 느껴지는 것이다. 그러나 기사에서 '그럴 수도 있고 아닐 수도 있다'고 말한다면 아닐 경우를 가정해 투자하는 것이 합리적이다. 필자뿐 아니라 역사상 뛰어난 성과를 낸 투자자들은 본인과 주변의 경험을 토대로 모두 이같이 조언한다.

그런데 테슬라가 자체 칩을 만들기 시작하면 엔비디아가 손해

일까? 그렇지 않다. 테슬라를 뒤이어 다른 완성차 업체들도 비슷한 방식으로 자율주행 시장을 개척해나가고 있다. 완성차 업체의 기술 방향이 비슷하다는 점을 감안하면 앞으로 대규모 서버를 구축할 것이다. 그런데 완성차 업체들은 테슬라처럼 반도체를 자체 개발하기 힘들다. 테슬라는 사업 초기부터 반도체 자체 개발을 염두에 두었지만 다른 완성체 업체들은 기존 반도체 업체와의 협력 강화를 더욱 중시하는 분위기가 형성되어 있었다. 그 결과 엔비디아는 완성차 업체를 대상으로 GPU 사업을 꾸준히 확대하면서 완성차 업체들의 중앙 서버가 도로 환경을 끊임없이 학습하는 기반을 제공하고 있다. 이 과정에서 GPU와 함께 사용될 각종 서버 장치 등의 하드웨어를 GPU와 묶어 제품화했다.

또한 엔비디아는 자사가 공급한 하드웨어에 쓰일 소프트웨어까지 개발해 이를 하나로 묶어 자율주행 학습용 슈퍼컴퓨터를 시장에 내놓았다. 자율주행 시장은 자율주행 수준이 5단계에 이를 때까지 주행 환경 학습을 위한 GPU와 이를 이용한 슈퍼컴퓨터가 더욱 필요하다. 따라서 자율주행 기술이 발전하면 반도체 기업도 수혜를 받게 된다.

엔비디아의 전략은 슈퍼컴퓨터에 그치지 않는다. 엔비디아는 차량에 탑재될 여러 가지 차량용 반도체도 고루 개발하며 차량용 반도체 사업을 적극적으로 확장해왔다. 테슬라가 통합 ECU에 쓰일 통합 칩을 앞서 선보였고 다른 완성차 업체들도 일부 기능을 중심으로 통합 ECU와 칩을 개발하는 가운데 엔비디아도 이들 시장을 공략하고 있다. 특히 인포테인먼트나 자율주행에 쓰일 수 있는 통합 칩을 적극적으로 개발해왔다. 더욱이 엔비디아는 자사 통합 칩을 더욱 다양한 칩들과 결합해 자율주행 시스템을 내놓고 있다. 즉 자사 GPU 외에도 CPU, 카메라, 센서 등을 하나로 모듈화해 완성한 자율주행용 종합 시스템을 완성차 업체들에 판매하기 시작했다.

또한 엔비디아는 완성차 업체들이 차종마다 특화된 기능을 구현할 수 있도로 프로그래밍이 가능한 플랫폼인 '하이페리온' Hyperion을 출시했다. GPU 고객들에게 CUDA를 제공했던 것처럼 GPU만 판매하는 게 아니라 종합 플랫폼을 완성한 것이다. 이를 통해 완성차 업체들을 엔비디아의 생태계로 자연스레 끌어들이고 있다.

인텔의 행보도 엔비디아와 비슷하다. 우선 인텔은 2017년에 약 15억 달러(당시 환율 기준 약 18조 원)에 가까운 금액을 주고 이스라엘 기업인 모빌아이Mobileye를 인수했다. 모빌아이는 차량에 부착된 카메라를 이용해 운전 보조 시스템을 만들어온 기업이다. ADAS 세계 시장에서 가장 앞선 기업이라 평가받으며 자율주행 시장에서도 독보적인 능력을 발휘하고 있다. 현재도 전 세계 차량의 절반 이상이 모빌아이의 ADAS 시스템을 탑재하고 있으며 향후 자율주행 시스템에서도 높은 점유율을 얻을 것으로 보인다.

인텔은 오래전부터 차량용 반도체 시장에서 종합 플랫폼을 완성한다는 방향을 그려왔다. 따라서 모빌아이를 인수하면서 모빌아이와 자사의 CPU 및 GPU 기술을 융합해 플랫폼을 완성하고자 했다. 엔비디아가 칩 설계에 강점이 있는 반면, 모빌아이는 자

　　　　　　　　　　　　　　　　반도체 투자의 원칙

율주행 시스템에 강점이 있다. 두 기업의 사업 영역이 각각 반도체와 시스템으로 나뉘기는 하지만 궁극적으로 인텔이 하이페리온과 같은 플랫폼을 꿈꾸고 있기에 추후 방향은 크게 다르지 않을 것으로 보인다. 또한 모빌아이는 ADAS 시스템에만 강점이 있지 않다. 인텔에 인수되기 전까지 ST마이크로일렉트로닉스 등과 함께 차량용 반도체를 공동 개발하며 자사 시스템에 적용해왔다. 이러한 자체 개발 칩 덕분에 ADAS 시스템을 빠르게 발전시켰을 뿐 아니라 자율주행 시장에서도 앞서가며 두각을 나타냈다.

모빌아이는 2010년대 후반부터 대표적인 자체 칩 브랜드인 '아이큐'EyeQ 제품군을 활용해 다른 기업들보다 앞서 자율주행 4단계를 독자적으로 구현했다. 2017년에 선보인 '아이큐 5'는 매우 작은 크기의 칩 하나만으로도 고속 연산(초당 12조 번 이상)이 가능해 자율주행 시스템을 소형화하고 전력 소모도 크게 낮출 수 있다. 인텔은 모빌아이의 이러한 경쟁력과 자사 칩 설계 기술의 시너지를 높이 평가하며 자율주행에 쓰일 통합 칩을 앞서 개발하되 자사 설계 능력과 제조 기술을 합쳐 칩의 성능을 공격적으로 끌어올리겠다는 전략을 세운다.

모빌아이가 2022년에 발표한 새로운 자율주행용 칩인 '아이큐 울트라'EyeQ Ultra는 초당 176조 번의 부동소수점을 연산할 수 있어 기존 아이큐 대비 성능이 10배 이상이다. 초고속 연산이 필요한 칩인 만큼 TSMC의 5nm 공정이 도입되었고, 그 덕분에 성능뿐 아니라 극단적인 소형화와 저전력까지 구현했다. 모빌아이의 오랜 칩 개발 이력을 바탕으로 제조된 만큼 안정성도 높다. 이를 통해 모빌아이는 세계 최대 완성차 제조사인 폭스바겐 그룹과 미국의 포드Ford, 중국의 지커Zeekr를 단숨에 사로잡아 인텔의 고객으로 끌어들였고 더욱 많은 완성차 업체를 유혹하고 있다.

2022년까지만 해도 모빌아이는 최신 칩 제조를 TSMC에 맡겨왔다. 그러나 아이큐 울트라를 출시하며 일부 구형 제품은 삼성전자에 제조를 의뢰하는 이원화 전략을 펼치기 시작했다. 추후에는 인텔도 제조를 맡아 자사 차량용 반도체 제조 경쟁력 강화에 일조할 예정이다. 인텔은 기존 CPU 사업 구조에서 벗어나기 위해 다른 비메모리 반도체 업체들의 칩을 대신 제조해주는 파운드리 사업도 꾸준히 확대하고 있다. 따라서 모빌아이의 칩을 직접 제조하는 비중을 점차 늘려서 비용을 절감하고 신뢰도 향상을 통해 다른 차량용 반도체 기업들을 고객으로 끌어들이고자 한다.

앞서 이야기했듯 차량용 반도체는 극도로 보수적인 편이라 첨단 공정이 빠르게 도입되지 않는다. 인텔은 2010년대 중반 10nm 공정 개발에 늦어버리는 바람에 첨단 공정 경쟁에서 뒤처져 있다. 따라서 비교적 구형 공정이 많이 쓰이는 차량용 반도체 시장을 공략하는 것이 유리하다. 이러한 이유로 인텔은 모빌아이를 내세워 차량용 반도체 업체들이 활발히 자사 파운드리로 들어올 수 있도록 장벽을 낮추고 있다. 파운드리 사업을 확대하면서 미국뿐 아니라 유럽에 대규모 공장을 지었던 것도 차량용 반도체 고객을 대거 확보하기 위한 포석이라 볼 수 있다. 인텔이 차량용 반도체 업체들을 대거 끌어들여 파운드리 사업의 고객사로 확보한다면 파운드리 시장에서 단기간에 점유율을 확보하며 TSMC와 삼성전자에

반도체 투자의 원칙

이어 3위권 기업으로 안착할 가능성이 적지 않다.

기존 차량용 반도체 기업의
투자 매력이 사라질까?

엔비디아, 인텔, 퀄컴, 테슬라와 같은 거대 기업들이 차량용 반도체 사업에 뛰어들면 기존 차량용 반도체 시장의 강자인 인피니언, NXP, 르네사스와 같은 기업들에 위기가 찾아올까? 영향이 없는 것은 아니나 제한적일 것으로 보인다. 인텔, 엔비디아와 같이 시장 내 새로운 기업이 집중하는 반도체 칩은 기존 차량용 업체의 주력 제품과 상당수 다르다. 새롭게 진입하는 거대 기업들은 기존에 활발히 사용되던 차량용 반도체보다는 향후 새롭게 쓰일 칩의 개발에 집중한다. 완전한 자율주행을 위한 반도체나 자율주행 서버 학습에 필요한 반도체가 대표적이다. 이를 통해 종전에는 관련 칩이 존재하지 않아 완성차 업계가 거의 사용하지 못했던 기능을 제공하고자 한다.

엔비디아와 테슬라 같은 기업이 차량용 반도체를 만든다는 이야기가 전해질 때마다 NXP나 인피니언 같은 기업에 투자하는 투자자 사이에서 우려의 목소리가 나오곤 한다. 그러나 기존 차량용 반도체 기업들은 다품종 생산이라는 탄탄한 경쟁력을 바탕으로 칩의 종류를 더욱 늘리며 꾸준히 성장할 것으로 보인다.

자동차가 새로운 기능으로 무장할수록 기존 차량용 반도체 기업이 만들어야 할 칩이 계속 늘어난다. 게다가 엔비디아와 테슬라가 자율주행 등에 쓰이는 반도체를 공격적으로 개발한다고 해서 이들 기업이 손을 놓고 있는 것이 아니다. ST마이크로일렉트로닉스가 모빌아이와 함께 자율주행 반도체를 개발했듯 미래 자동차 산업에 필요한 대부분의 칩을 공격적으로 개발하며 시장을 뺏기지 않기 위해 노력하고 있다. 따라서 경쟁사 진입으로 파이를 나눠 먹는 그림이 그려지더라도 시장 규모가 워낙 빠르게 성장하고, 또 자율주행용 반도체와 같은 새로운 반도체가 급격히 늘어나기에 파이 자체가 커질 수밖에 없다. 따라서 새로운 기업이 시장에 진입해도 기존 차량용 반도체 기업의 투자 매력이 줄어들지 않는다. 20년쯤 지나 차량용 반도체 산업이 성숙기에 접어들면 산업 내 기업이 줄겠지만 아직은 먼 이야기이기에 앞으로 수년간은 투자 시 산업의 성장성과 칩의 다양화에 중점을 두면 된다. 자동차 산업의 영업환경 변동 또한 중요함은 물론이다.

또한 엔비디아, 퀄컴, 테슬라, 삼성전자와 같은 기업들이 차량용 반도체를 직접 만들수록 그 수혜는 파운드리 기업들이 함께 본다. 그런데 거대 기업들이 차량의 새로운 기능을 구현할 고성능 칩을 중심으로 시장에 뛰어드는 만큼 칩의 제조를 아무에게나 맡길 수 없다. 앞서 DB하이텍 사례에서도 언급했듯 파운드리라 해서 다 같은 파운드리가 아니다. 미세 공정을 통해 고성능 칩을 만들 수 있는 파운드리는 TSMC, 삼성전자, 인텔로 제한된다. 그러니 차량에 고성능 칩의 비중이 늘어나고 ECU 통합화가 이루어질수록 이들 기업의 수혜는 더욱 커진다. 또한 파운드리와 함께 사

반도체 투자의 원칙

업을 하는 기업도 수혜를 보는데, 파운드리 기업이 칩을 제조하기 전에 상세 설계도를 그려주는 에이디테크놀로지나 가온칩스가 대표적이다.

한편 테슬라가 D1 칩을 25개씩 이어 붙여 세트로 구성했듯 GPU의 학습 기능을 강화하기 위해 여러 칩을 연결해 동작시키는 방법이 확대될 것으로 예상된다. 또한 GPU뿐만 아니라 메모리 반도체와 같은 다른 종류의 칩을 연결하는 기술도 확대된다. 이처럼 칩의 연결성을 확대하는 과정에서 후공정 중심으로 새로운 기술이 여럿 등장할 것으로 기대되기에 추후 기술 변화를 살펴보며 관련 후공정 기업을 탐색하는 것도 도움이 되겠다.

삼성전자의
차량용 반도체 사업에 주목하라

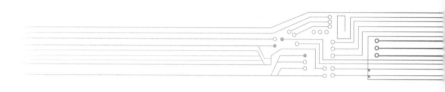

2016년 삼성전자는 미국의 하만Harman을 80억 달러(당시 환율 기준 약 9조 2,000억 원)를 주고 인수했다. 국내 기업이 해외 기업을 인수한 사례 중 최대 규모였다. 하만은 크게 두 가지 사업을 영위한다. 우선 음향기기 업체로 설립된 만큼 현재도 매출의 25~30%가 오디오 등 음향 사업에서 발생한다. 다른 주요 사업은 전장 사업이다. 하만은 1995년에 독일 베커사를 인수하며 차량용 전장 사업을 본격화했고 근래에는 매출의 60% 이상이 전장에서 발생한다. 참고로 삼성전자는 1990년대에 전장 사업을 확대하고자 베커 인수를 시도했다가 실패했고 20년이 지나 하만을 인수하며 베커까지 품게 되었다.

반도체 투자의 원칙

그렇다면 삼성전자는 왜 하만을 인수했을까? 먼저 음향기기 사업은 삼성전자와 시너지가 충분히 크다. 삼성전자가 만드는 여러 전자기기에 스피커가 고루 탑재되기에 하만의 스피커를 확대 채용할 수 있고 스마트폰에도 하만의 이어폰을 끼워 넣어 팔 수 있다. 그러나 전장 산업에서는 하만을 인수한 지 5년이 지나도록 시너지가 명확히 나타나지 않았다. 삼성그룹이 자동차 사업을 하는 것도 아니었고, 전장 사업에 집중하지도 않았기 때문이다. 그러나 전장 사업의 확대라는 바람만큼은 너무나 명확했다. 시간이 지날수록 자사의 모든 사업이 자동차 산업에서도 분명히 시너지를 내리라 판단했기 때문이다.

삼성전자가 전장 사업에서 시너지를 내지 못한 이유

하만은 차량용 전장 사업 중에서도 인포테인먼트 시장에 강점이 있으며 차량용 인포테인먼트 시스템 세계 시장에서 점유율 25%를 자랑하며 1위를 유지해왔다. 더욱이 텔레매틱스에도 강점이 있다. 텔레매틱스는 차량에서 이루어지는 모든 통신 기능을 의미한다. 내비게이션, 차량 시스템 업데이트, SOS 기능 등 통신사와 데이터를 주고받는 기능 모두 텔래매틱스에 포함된다. 하만은 텔래매틱스에서도 두 자릿수 점유율을 유지하며 세계 3위 안에 드는 저력을 보여왔다.

삼성전자가 차량용 반도체 사업을 본격적으로 확대하는 가운데 우선 공략할 가능성이 높은 영역이 인포테인먼트와 텔레매틱스다. 앞서 이야기했듯 새로운 차량용 반도체 기업이 기존 차량용 반도체 기업의 영역, 특히 안전에 관련된 영역을 빠르게 치고 들어갈 수는 없다. 또한 다품종 칩 포트폴리오를 갖추기까지 시간이 오래 걸린다. 이에 비해 인포테인먼트는 상대적으로 칩의 통합화가 빠르고 고성능 칩의 수요가 급격히 늘어나기에 삼성전자 또한 엔비디아와 퀄컴처럼 비교적 수월하게 공략해볼 수 있다.

또한 텔레매틱스는 삼성전자의 통신 칩 사업과 시너지가 명확하다. 삼성전자가 차량용 반도체를 확대하면 하만과 바로 시너지가 나는 구조인 것이다. 이에 더해 삼성전자는 오랜 기간에 걸쳐 스마트폰에 쓰이는 카메라를 내재화해왔다. 과거에는 카메라 기술을 일본의 소니와 파나소닉 등의 기업들이 독식하듯 주도했지만 삼성전자는 카메라에 사용되는 이미지 센서와 각종 카메라 모듈, 부품 등을 점차 내재화하며 일본을 빠르게 추격했다.

이후 자율주행이 확대되어 차량에 탑재되는 카메라가 늘어나자 삼성전자에 기회가 찾아왔다. 스마트폰에서 고성능 카메라 시장을 빠르게 공략해 성공한 적 있는 삼성전자 입장에서는 차량용 카메라를 비교적 쉬운 승부처로 인식할 수밖에 없다. 특히 차량에 탑재되는 이미지 센서는 스마트폰에 사용되는 이미지 센서보다 성능이 낮은 편이라 칩을 개발하기 어렵지 않다. 다만 차량용에 최적화되게 기술을 보완하고 가격 경쟁력을 확보하며 시장을 공략할 필요가 있다. 따라서 삼성전자가 차량용 이미지 센서를, 계열사인 삼성전기가 차량용 카메라 모듈을 공략하면 하만까지 이어지는 수직계열화가 완성된다.

특히 인포테인먼트 기능이 차량 카메라를 적극 이용하는 방향으로 확장되고 있기에 시너지는 충분하다. 가령 주차 시 디스플레이에서 주변 환경을 서라운드 뷰로 보여주는 기술도 인포테인먼트와 카메라가 결합된 기술이다. 삼성전자는 수직계열화를 통해 차량용 반도체 탑재량을 늘리고 하만의 전장 경쟁력도 키우려고 한다. 아쉽게도 성과가 빠르게 나타나지 못하고 있지만 근래 들어 삼성전자의 차량용 반도체 사업이 가시권에 들기 시작하면서 하만에 거는 기대가 날로 커지고 있다.

그러나 2010년대 중후반까지 국내 대표 기업인 삼성전자와 SK하이닉스에서는 차량용 반도체 사업을 한다는 이야기는 거의 들리지 않았다. 차량에 탑재되는 메모리 반도체가 점차 늘어날 테니 삼성전자와 SK하이닉스도 차량용 메모리 반도체를 더욱 공략할 것이라는 기사가 간간히 보일 뿐이었다. 어떤 이유가 있을까?

먼저 이들 기업의 주력 제품은 예나 지금이나 메모리 반도체다. 그런데 차량용 반도체는 대부분 비메모리 반도체다. 따라서 삼성전자와 SK하이닉스가 차량용 반도체 사업을 하더라도 시너지를 내리란 보장이 없었다. 또한 차량용 비메모리 반도체는 고사하고 차량용 메모리 반도체조차 이들 기업 입장에서 중요도가 다소 떨어졌다. 차량용 메모리 반도체는 주로 용량이 작아 가격대가 낮게 형성되고 탑재량도 제한적이기 때문이다. 전 세계에서 스마트폰은 연간 15~20억 대 팔리지만 2022년 연간 자동차 판매량은 약

7,635만 대로 스마트폰 판매량의 1/20에도 미치지 못한다. 또한 스마트폰은 교체 주기가 2~3년으로 짧지만 자동차는 7~8년 이상으로 매우 길다. 고가 자동차와 저가 자동차의 성능 차이도 크기에 실질적으로 값비싼 메모리 반도체가 탑재되는 차량은 제한적이다. 이에 따라 차량용 메모리 반도체 시장 규모는 전체 메모리 반도체 시장 규모 대비 2% 내외에 불과하며 향후 3~5년간 이러한 경향이 이어질 것으로 예상된다.

향후 차량 내 전장 탑재가 늘어나면 차량용 메모리 반도체 시장이 성장하겠지만 규모가 워낙 제한적이다 보니 두 기업은 여전히 스마트폰 시장, 서버 시장과 같은 기존 고객에 집중할 수밖에 없다. 국내 주식시장의 반도체 섹터는 삼성전자와 SK하이닉스가 주도하기 때문에 두 기업이 뛰어들지 않는다면 밸류체인이 형성되기 어렵다. 실제로 삼성전자와 SK하이닉스가 차량용 메모리 반도체에 무관심한 사이 마이크론이 틈새를 성공적으로 공략해 차량용 메모리 반도체 시장에서 1위를 차지하기도 했다. 이러한 이유로 국내 주식시장에서 차량용 메모리 반도체에 대한 이야기는 거의 찾아보기 어려웠다. 삼성전자와 SK하이닉스가 엔비디아와 같은 굴지의 반도체 기업들과 차량용 메모리 반도체 공급을 협력한다는 소식이 2010년대 초반부터 여러 차례 나왔지만 투자자 사이에서 거의 회자되지 못했다.

이후 삼성전자와 SK하이닉스를 두고 차량용 비메모리 반도체를 확대해야 한다는 목소리가 꾸준히 들려왔다. 비메모리 반도체 시장을 공략해 넓은 시장으로 진출해야 한다는 것이다. 삼성전자와 SK하이닉스가 차량용 비메모리 반도체 사업에 적극적으로 진출하지 않는 동안 되려 반도체 사업 경험이 없던 현대차그룹은 2012년 현대오트론을 설립하며 차량용 반도체 개발에 뛰어들었다. 그러나 앞서 이야기했듯 차량용 비메모리 반도체 사업은 다품종과 맞춤형이라는 중요성이 크고, 상대적으로 저가 칩이 주를 이루지만 안정성은 극도로 뛰어나야 한다. 게다가 칩뿐만 아니라 ECU까지 이어지는 사업이라는 점에서 삼성전자와 SK하이닉스는 이 사업에 적극적일 이유가 없었다. 삼성전자가 극히 일부 차량용 반도체만 출시하며 간간히 사업을 영위할 뿐이었다.

삼성전자와 SK하이닉스의
차량용 반도체 시장 공략

그러나 2010년대 후반에 접어들며 상황이 점차 달라지기 시작했다. 통합 ECU의 중요성 확대에 따른 반도체 고사양화, 인포테인먼트용 반도체의 개발 경쟁 확대, 자율주행용 반도체 증가와 차량 내 통신 기능 확대에 따른 새로운 고성능 반도체를 중심으로 사업에 뛰어들기 좋은 조건이 형성되기 시작한 것이다. 삼성전자는 차량에 탑재되는 전장 기능이 늘어날수록 반도체 교체 주기가 짧아질 것으로 내다봤다. 기존에는 완성차 업체가 반도체를 7~8년에 걸쳐 사용하고 차량에 관련 기능을 반복 탑재했지만 전장 기능이 빠르게 발전하자 반도체 사양이 빠르게 개선되어야 했다. 이에 따라 완성차 업체들은 빈번히 새로운 칩을 요구했고 차량용 칩의 교체 주기가 3~4년으로 짧아졌다.

사실 삼성전자는 2000년대 초반부터 차량용 비메모리 반도체 사업을 일부 추진했지만 10년이 넘도록 주요 제품이 거의 없다시피 했다. 그러다 2010년대 중반에 들어 본격적으로 차량용 반도체를 주력 제품으로 삼으며 개발을 확대하기 시작했다. 첫 번째 목표는 인포테인먼트용 AP였다. 완성될 제품에는 스마트폰용 AP를 따라 '엑시노스'라는 이름을 붙였다. 2017년 삼성전자는 엑시노스를 아우디에 공급하게 되었다. 삼성전자가 차량용 비메모리 반도체를 해외 완성차 업체에 공급한 첫 사례였다. 규모도 수천억 원대로 알려져 차량용 반도체 사업에 성공적으로 진입했다는 평가를 받았다.

현재 삼성전자는 인포테인먼트용 AP를 시작으로 차량용 반도체 사업을 본격화하고 있다. 특히 스마트폰용 AP와 마찬가지로 ARM의 설계 자산을 적극적으로 도입하며 AP를 여럿 완성하고 있다. 아우디에 이어 2021년에는 폭스바겐 차량에도 삼성전자가 맞춤형으로 개발한 AP가 탑재되기 시작했다. 이 칩에는 '엑시노스 오토 V7'Exynos Auto V7이란 이름이 붙었으며 LG전자의 전장 사업을 통해 폭스바겐으로 최종 공급된다. 세계 1위 자동차 그룹인 폭스바겐 그룹의 대표 브랜드인 아우디와 폭스바겐에 칩을 공급했다는 점은 의의가 충분히 컸다.

삼성전자는 공급처를 더욱 늘려나가며 인포테인먼트용 AP 시장을 통해 경쟁력을 갖춘다는 전략이다. 또한 폭스바겐에 공급한 엑시노스 오토 V7에는 운전자의 음성과 동작을 인식해 인공지능 기반으로 차량에 각종 음성 및 동작 명령을 내릴 수 있는 기능이 탑재되었는데, 삼성전자는 앞으로 이러한 신기술을 차량용 AP에 대거 탑재하며 경쟁력을 키울 것으로 보인다. 또한 엑시노스 오토 V7은 함께 탑재된 32기가바이트GB급 메모리 반도체를 통해 차량 디스플레이에서 음악 재생, 내비게이션 활성화, 영화 재생 등을 더욱 빠르게 수행할 수 있다. 이처럼 삼성전자는 메모리 반도체 사업의 경쟁력을 인포테인먼트용 AP에도 결합한다는 방침이다.

2023년에 들어서는 현대차와의 협업을 통해 현대차 맞춤형으로 개발한 인포테인먼트용 AP 소식도 전해졌다. 폭스바겐 그룹에 이어 글로벌 완성차 업체를 또 다른 고객으로 끌어들였다는 점에서도 의의가 있지만 국내 완성차 업체와 반도체 업체가 손잡고 칩을 개발한다는 점에서도 의의가 크다. 현대차그룹은 그간 인증된 반도체만 자사 차량에 탑재하겠다는 분위기가 팽배해 NXP, 엔비디아, 인피니언, ST마이크로일렉트로닉스, 텔레칩스 등의 제품만 고집했는데 점차 삼성전자의 실력을 인정하기 시작했다. 또한 과거 삼성그룹과 현대차그룹 간 암묵적인 불신으로 두 그룹의 불화설이 여럿 전해졌으나 각 그룹이 3대 경영을 본격화하며 반도체 사업과 배터리 사업 등 미래 사업에서 협력을 강화한다는 점도 적지 않은 의미를 담고 있다.

삼성전자는 2025년부터 '엑시노스 오토 V920'이란 이름의 인포테인먼트용 AP를 현대차그룹에 공급할 예정이며 제네시스와 EV9와 같은 고사양 차량을 시작으로 적용 모델이 늘어날 것으로 전망된다.

이에 비해 SK하이닉스는 삼성전자와 달리 비메모리 반도체 사업의 규모가 크지 않았다. 당연히 제품 포트폴리오도 제한적이라 삼성전자처럼 단기간에 성과를 내기 어려웠다. 삼성전자는 스마트폰용 AP 개발 경험에 힘입어 차량용 AP도 빠르게 개발했지만 SK하이닉스는 비메모리 반도체 사업 경험이 카메라 센서 중심으로 제한적이었다. SK하이닉스는 2016년부터 마케팅 인력을 중심으로 '오토모티브'라고 부르는 전장 부품 TF를 신설했다. 차량용 반도체 개발에 뛰어들기에 앞서 전장 시장의 동향을 파악하고 중장기적 전략을 수립하기 위해서였다.

여전히 SK하이닉스의 차량용 반도체 사업은 메모리 반도체 말고는 성과가 거의 없으나 틈새시장 공략은 꾸준할 예정이다. SK하이닉스는 2022년에 들어 파운드리 사업을 전문으로 영위하는 키파운드리를 인수했다. 키파운드리는 차량용 반도체를 전문으로 생산해오진 않았지만 추후 차량용 반도체 제조까지 시너지를 낼 수 있는 전력 반도체나 저사양 프로세서를 여러 차례 생산해본 경험이 있다. SK하이닉스의 차량용 반도체 사업이 부재해 관련 밸류체인 또한 거의 형성되어 있지 않지만 추후 키파운드리의 생산 능력과 SK텔레콤(및 자회사)의 인공지능 반도체 사업의 시너지를 통해 차량용 반도체 개발 소식이 하나둘 나올 것으로 기대된다.

인포테인먼트용 AP를 넘어
영역 확장을 노리는 삼성전자

그러나 언제까지 인포테인먼트용 반도체만 고집할 수는 없다. 삼성전자는 2020년대 초반부터 인포테인먼트용 AP 외에도 차량용 반도체 제품군을 적극 확대하고 있다. 대부분의 다품종 차량용 반도체는 인피니언, NXP 등이 선점하고 있고 인포테인먼트용 반도체는 엔비디아와 퀄컴 등이 시장에 참여하고 있는 만큼 치열한 경쟁이 예상된다. 그렇다면 삼성전자는 어떤 차량용 반도체를 주력으로 개발해야 유리할까?

앞서 말했듯이 차량용 반도체는 종류가 무척 다양하며 고객사 요구에 맞춰 제조하는 것이 중요하다. 그런데 차량용 반도체 중 일부는 소품종 대량 생산의 특징을 띤다. 삼성전자 입장에서는 이 영역을 우선 공략하고 신기술을 결합해 기존 공급 업체보다 우위를 점하는 것이 유리할 것이다. 더욱이 칩의 브랜드화도 매우 중요하다. 과거 AMD는 인텔을 따라잡기 위해 애슬론 제품군에서 클럭 스피드를 내세우고, 인텔은 펜티엄을 통해 브랜드화에 성공했다. 삼성전자는 이러한 전략을 모두 차량용 반도체에 담아내야 경쟁력을 급격히 끌어올릴 수 있다. 인포테인먼트용 AP에도 인공지능 기능을 탑재하고 엑시노스란 이름을 붙인 데는 이러한 배경이 있다. 삼성전자의 또 다른 차량용 반도체 사례로는 차량의 통신 기능을 담당하는 통신 칩이 있다.

삼성전자는 자동차 업계 최초로 5G 통신이 가능한 '엑시노스 오토 T5123'Exynos Auto T5123을 출시해 완성차 업체에 공급하기 시작했다. 통신 칩은 굳이 차량 제조사나 차종마다 따로 만들 이유가 없다. 통신 방식이 제한적이고 차량의 통신 규격도 통신사 방식을 따라 정해져 있기 때문이다. 그에 반해 5G와 같은 새로운 통신 기술이 등장하자 삼성전자는 스마트폰용 5G 반도체 개발 경험을 차량용 반도체에 빠르게 적용해 우위를 점했다. 즉 삼성전자는 차량 브랜드와 무관하게 탑재할 수 있으면서 새로운 기능을 담아낸 반도체로 시장을 공략하는 것이 유리하다.

이 같은 관점으로 삼성전자는 전력 반도체와 이미지 센서도 공략하고 있다. 이 외에 차량의 기능이 늘어날수록 고사양 전력 반도체가 필요하며 삼성전자는 기존 제품들과의 시너지를 통해 이를 공략하고 있다.

또한 이미지 센서는 차량의 후방 카메라나 서라운드 뷰 기능을 수행하는 측면 카메라에 사용된다. 이미지 센서는 차량 브랜드와 무관하게 탑재할 수 있고 현재 쓰이는 것들은 성능이 좋지 못해 기술적으로 기회 요인이 많다. 카메라 탑재량이 점점 늘어나는 점도 삼성전자 입장에서 빼놓을 수 없는 기회 요인이다. 삼성전자는 과거에 스마트폰용 이미지 센서 사업을 확대하는 과정에서 '아이소셀'ISOCELL이란 이름의 브랜드를 성공적으로 구축했다. 또한 이미지 센서 내 여러 픽셀들을 분리하는 기술이나 여러 픽셀들을 하나처럼 작동해 어두운 환경에서도 밝은 촬영이 가능한 기술을 적극 개발해 스마트폰에 도입했는데, 이러한 노하우를 차량용 이미지 센서에도 담기 시작했다. 기존 차량용 이미지 센서 업체들이 갖지 못한 기술로 차량의 카메라 성능을 끌어올리려는 것이다.

2021년에 삼성전자는 차량용 이미지 센서를 출시하며 '코너픽 셀'이란 기술을 최초로 선보였다. 이미지 센서 내에 수광 영역을 달리하여 밝은 환경과 어두운 환경 모두에서 잔상 없이 고른 영상을 만들어내 차량의 카메라 기능을 더욱 끌어올릴 수 있는 기술이다. 지금껏 차량에 탑재된 이미지 센서는 성능의 한계로 터널을 오갈 때 햇빛이 갑자기 비치면 카메라가 너무 밝아지거나 신호 대기 중에 신호등 불빛이 빠르게 깜빡이는 현상이 빈번히 발생했다. 삼성전자는 이러한 문제를 해결할 기술을 적극 도입해 전 세계 자동차 업체들을 동시에 공략하고 있다.

이외에도 삼성전자는 소품종 대량 생산이 가능한 품목을 꾸준히 늘려나갈 예정이다. 한 예로 벤츠는 2014년에 자사의 고사양 모델인 CLS의 신형 차량을 출시하며 '멀티빔 라이트'라는 놀라운 기능을 탑재했다. 간혹 조명이 없는 도로를 달릴 때는 반드시 상향등을 켜야 하는데 선행 차량이 있거나 반대편 차로에서 마주 오는 차량이 있다면 상향등을 켤 수 없다. 전방 차량에 너무 강한 빛이 조사되어 운전자의 시력이 일시적으로 상실되므로 더욱 큰 사고로 이어질 수 있기 때문이다. 벤츠는 이러한 어려움을 고려해 헤드라이트의 광원을 매우 세분화했다. 기존에는 일반등과 상향등을 켜는 광원이 각각 1개씩 총 2개 탑재되었다면 벤츠는 헤드라이트의 광원을 무려 24개 이상으로 늘렸다. 그 결과 상향등을 더욱 정밀하게 켤 수 있어 보통 상황에서는 24개 LED를 모두 켜서 전방을 고루 환하게 비추다가 마주 오는 차량이 감지되면 24개

LED 중 일부만 꺼서 마주 오는 운전자의 시력을 보호할 수 있다.

그런데 멀티빔 기술을 구현하려면 성능 좋은 반도체가 필요하다. 차량 전방에 달린 카메라가 실시간으로 전방을 촬영하면 연산 반도체는 선행 차량이나 마주 오는 차량이 있는지 실시간으로 분석한다. 만약 전방에 차량이 감지되면 해당 차량의 위치를 정밀하게 연산하며 어떤 LED를 켜고 끌지 스스로 판단해 LED에 명령을 전달한다. 또한 멀티빔 같은 기술을 특정 완성차 업체가 처음 선보이면 곧이어 다른 완성차 업체도 기술을 따라 도입한다. 특히 차량의 전장 기술은 완성차 업체와 부품 업체가 공동 개발하는 경우가 많고, 또 기술이 크로스 라이센스로 얽혀 있는 등 복잡하다 보니 한 완성차 업체가 독보적으로 기술을 선보이는 경우는 흔치 않다. 따라서 BMW와 아우디는 물론 여타 차량 업체들까지 수년 내에 유사 기술을 탑재하게 된다.

삼성전자는 이러한 기술을 겨냥해 차량용 반도체를 개발한다. 고성능 반도체가 필요한 기술이지만, 곧 모든 차량 제조사가 도입할 것으로 예측되는 기술에 집중해 그에 알맞은 차량용 반도체를 제조하는 것이다. 실제로 삼성전자는 2021년에 '픽셀 LED'PixCell LED란 이름의 지능형 헤드램프 제품을 선보였는데, 여기에는 삼성전자 반도체 부문에서 자체 개발한 첨단 LED와 구동 반도체가 탑재되었다. 이러한 제품을 선제적으로 개발하면 전 세계 완성차 업체를 대상으로 반도체 판매를 늘리며 규모의 경제 효과를 일으킬 수 있다.

일부 투자자는 삼성전자가 차량용 반도체 산업을 적극 공략하니 긍정적으로 볼 수도 있겠지만 안타깝게도 삼성전자의 기존 반도체 사업 규모가 매우 커서 차량용 반도체 사업이 삼성전자의 핵심적인 성장 동력이라 판단하기는 어렵다. 향후 10여 년에 걸쳐 차량용 반도체에서 큰 성과를 내기 전까지는 앞에서 언급한 서버 시장이나 HBM과 같은 고성능 서버용 제품이 더욱 중요한 변수다. 테마성으로 주가가 잠시 오를 수 있겠지만 큰 폭으로 상승하려면 유의미한 매출 비중이 받쳐주어야 한다.

따라서 이보다는 삼성전자가 차량용 반도체 사업을 적극적으로 추진할수록 국내에 관련 밸류체인이 빠르게 성장한다는 점에 주목해야 한다. 실제로 삼성전자가 차량용 반도체 사업을 본격화하자 차량용 반도체와 무관하던 기업이 관련 사업에 발을 걸친 경우가 종종 목격되었다. 한 예가 필자가 숨겨진 차량용 반도체 수혜 기업으로 블로그나 강의에서 언급한 에이디테크놀로지, 두산테스나다. 다만 삼성전자의 차량용 반도체 사업은 최근 빠르게 변하고 있어 관련 기업의 사업 영역도 빠르게 변하고 있다. 따라서 틈틈이 확인하며 상황을 예의주시할 필요가 있다.

차량용 반도체 산업
주요 기업 정리

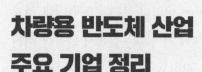

차량용 반도체 산업은 차량용 반도체를 만드는 기업 외에도 차량의 기능 변화를 함께 살펴봐야 한다. 특히 자동차에 새로운 기능이 탑재되면 전용 반도체가 새로 필요하다. 가령 과거에는 주차 시 사이드미러를 접었다 펴는 기능을 구현하는 데도 전용 프로세서가 필요했다. PC, 스마트폰, 서버 산업은 하나의 기업이 이들 산업을 교차하며 반도체를 개발하는 경우가 많지만 차량용 반도체 산업에는 차량용 반도체만 집중적으로 개발하는 기업이 유독 많다. 차량 트렌드 변화에 더욱 주목해야 하는 이유다.

텔레칩스

인포테인먼트용 AP 설계에 강점을 지닌 차량용 반도체 전문 기업이다. 현대기아차를 주요 고객으로 삼아왔으나 2023년부터 유럽 자동차 회사에도 반도체를 공급하기 시작했다. 안전과 자율주행 기술 못지않게 자동차의 인포테인먼트 기술도 빠르게 발전하고 있다. 탑승객에 더욱 다양한 실내 경험을 제공하는 것이 중요한 경쟁력으로 부각되고 있기 때문이다. 이에 따라 인포테인먼트용 AP의 성능이 비약적으로 발전하고 있으며, 이는 텔레칩스에 제품 다변화라는 수혜로 이어진다.

근래 들어 텔레칩스는 인포테인먼트에 치우친 구조를 탈피하기 위해 ADAS용 반도체 사업을 늘려가고 있다. ADAS 기술 또한 매우 빠르게 발전하고 있으며 최근에는 인공지능 기능 등 새로운 기능이 요구되기 시작했다. 텔레칩스는 인포테인먼트용 AP 설계에는 뛰어난 편이나 인공지능 기술 등 더욱 다양한 기술을 독자 개발하기는 어렵다. 이에 따라 여타 인공지능 반도체 설계 기업과 손잡고 ADAS와 인공지능이 결합된 새로운 유형의 칩을 확대 출시하고 있다. 기술이 매우 빠르게 변하는 영역인 만큼 지속적으로 기술 변화를 추적하며 제품 다변화 성과와 신규 고객사 추이 등을 고루 관찰해 투자 기회를 노려야 한다. 인포테인먼트용 AP는 다룰 이야기가 많으므로 자세한 내용은 꼭 본문을 자세히 참고하기를 바란다.

해성디에스

리드 프레임 제조에 강점을 가진 세계 3대 리드 프레임 기업이다. 특히 차량용 반도체 기업들을 오랜 고객으로 삼아왔다. 리드 프레임은 그동안 비교적 저사양 칩에 주로 쓰였다. 그럼에도 리드 프레임 산업은 과점화되어 있어 리드 프레임 기업들의 투자 매력이 주기적으로 나타난다. 또한 차량에 탑재되는 대다수 칩들은 여전히 저사양 칩들이 주를 이루며 통합 칩의 발전에도 불구하고 저사양 칩의 비중은 한동안 높을 것으로 예상된다.

차량용 리드 프레임 또한 자동차 전장화에 따라 수요가 크게 늘어났다. 다만 자동차 업황은 경기에 따른 부침이 크다. 아무리 차량용 리드 프레임 탑재량이 늘어난다 하더라도 자동차 산업의 분위기가 악화되는 시기에는 리드 프레임 수요 또한 일정 기간 감소할 수밖에 없다.

해성디에스는 리드 프레임 사업 외에도 반도체용 PCB 사업을 병행하고 있다. 반도체 칩을 실장하는 PCB 중에 미완성된 칩을 1차로 실장해주는 반도체 패키지 기판 사업을 영위하고 있다. 해성디에스의 패키지 기판은 삼성전자와 SK하이닉스의 메모리 반도체용으로 주로 공급된다. 2020년 전만 해도 해성디에스의 매출 약 75%는 리드 프레임에서 발생했으나 최근에는 패키지 기판의 비중이 약 40%까지 늘어났다. 두 사업의 매출 비중이 모두 유의미하게 큰 만큼 차량용 반도체 업황과 메모리 반도체 업황을 고루 살펴보며 투자 기회를 가늠해야 한다.

반도체 투자의 원칙

칩스앤미디어

팹리스 기업 중 하나인 칩스앤미디어는 칩의 일부 기능에 한해 설계도를 만들어내는 부분 설계도 전문 기업이다. 칩스앤미디어는 이미지 및 영상 처리 영역 설계에 강점이 있다. 앞서 말했듯이 차량에 탑재되는 카메라가 늘어나면서 영상 처리 기술이 더욱 중요해졌다. 결국 차량용 반도체를 개발하는 기업은 영상 처리 기능을 구현하는 과정에서 칩스앤미디어의 설계도를 자주 가져다 사용할 수밖에 없다.

칩스앤미디어는 매출의 20~30%를 차량용 반도체에서 벌어들이고 있다. 또한 차량용 반도체뿐 아니라 영상 처리가 중요한 반도체 전반에 부분 설계도를 공급한다. 최근에는 그림이나 영상을 자동으로 만들어주는 인공지능 서버가 늘어남에 따라 칩스앤미디어의 이미지 및 영상 처리 기술 수요가 지속적으로 늘어나고 있다. 즉 서버용 반도체와 차량용 반도체 성장의 수혜를 고루 입는 기업이라 할 수 있다.

에이디테크놀로지

팹리스 기업은 칩을 설계한 뒤 파운드리에 제조를 맡긴다. 에이디테크놀로지는 이 중간 과정에서 더욱 상세한 설계도를 그려주는 사업을 영위한다. 실제로 칩을 제조하려면 매우 다양한 설계도가 필요하며 팹리스가 설계한 설계도는 이 중 일부에 불과하다. 이처럼 팹리스와 파운드리의 중간 다리 역할을 하므로 파운드리 기업에 제조 문의가 늘어나는 시기에는 에이디테크놀로지도 함께 수혜를 본다. 에이디테크놀로지는 파운드리 기업 중에서도 삼성전자에 의존하며 사업을 영위하고 있다. 최근 삼성전자의 파운드리 사업이 차량용 반도체 고객을 확대하자 에이디테크놀로지에도 차량용 반도체의 재설계 물량이 늘어나고 있다.

또한 에이디테크놀로지는 차량용 반도체 기업들의 요구에 맞춰 더욱 다양한 차량용 반도체 칩을 재설계하고 있다. 칩의 종류가 다양해지고 성능이 높아지는 만큼 재설계 과정도 복잡하며 더욱 다양한 설계 기법이 필요하다. 이는 에이디테크놀로지에 또 다른 성장 동력이 된다. 특히 인포테인먼트용 칩과 같은 일부 차량용 반도체의 성능이 높아지는 과정에서 첨단 공정 사용 빈도가 늘어나면 에이디테크놀로지도 이에 대응해 첨단 공정용 설계를 전문으로 수행한다.

넥스트칩

넥스트칩은 차량에 탑재된 카메라의 이미지 센서가 영상 데이터를 확보하면 이를 가공하는 보조 프로세서를 공급한다. 차량은 매우 다양한 환경에서 주변을 촬영하기에 촬영된 영상의 품질이 고르지 못하다. 또한 차량에 탑재된 카메라 성능이 충분히 높지 못한

반도체 투자의 원칙

관계로 영상 보정이 필요하다. 넥스트칩은 이러한 영상을 보정하는 전용 칩을 개발한다. 자율주행 시장에서 카메라 수가 늘어나고 영상 처리 기술의 고도화가 요구되는 만큼 넥스트칩의 역할은 더욱 중요해질 전망이다. 다만 넥스트칩은 기술 특례로 상장되어 규모나 업력 측면에서 상대적으로 충분히 검증되지 못했다. 주식시장에서는 시가총액이 낮다는 점, 신규 상장사라는 점, 기술 특례라는 점이 위험 요인이 될 수 있으니 유의해야 한다. 따라서 투자 전에 매출처와 수주 확대 현황 등을 고루 분석하기 바란다.

에이팩트

SK하이닉스가 제조하는 메모리 반도체 중 일부 제품군에 한해 성능 테스트를 대신 수행해주는 외주 후공정 기업이다. SK하이닉스의 메모리 반도체에만 의존하는 구조라서 성장에 어려움을 겪다가 최근에는 기존 사업 구조를 탈피하기 위해 신사업을 확대하고 있다. 특히 비메모리 반도체 패키징 전문 기업인 에이티세미콘을 인수하고 패키지와 테스트 서비스를 종합적으로 제공하고자 사업을 재편해왔다. 이 과정에서 신사업의 하나로 차량용 반도체의 패키징과 테스트 수주를 점차 늘려가기 시작했다. 2022년에는 차량용 반도체 테스트를 처음 시작하며 사업 다각화를 알렸다. 그러나 아직 신사업의 규모가 제한적이다 보니 메모리 반도체 테스트 사업이 여전히 중요하다. 따라서 매출 비중을 고려하여 메모리 반도체 영업환경을 우선 살펴볼 필요가 있다.

차량용 반도체 테스트 사업은 2024~2025년을 거치며 매출 비중이 본격적으로 늘어날 것으로 전망된다. 또한 차량용 반도체는 저사양부터 고사양에 이르기까지 종류가 다양하기에 고사양 반도체 수주 증가가 기업의 질적 성장을 일으킬 것으로 전망되지만 아직은 다루는 칩의 종류가 제한적이고 고사양 반도체의 수주 성과를 확보하는 데도 시간이 걸릴 것으로 보인다. 차량용 반도체 신사업을 한다는 이유만으로 주식을 덜컥 매수하는 우를 범하지 말자. 다만 에이팩트는 기존 사업이 워낙 정체되었던 탓에 차량용 반도체에서 성과가 적게 나오더라도 실적이 두드러지게 증가할 수 있다. 추후 고객 확대나 증설 소식 등을 고루 추적하며 살펴보기 바란다.

모빌아이

이스라엘에 설립된 자율주행 시스템 전문 기업이다. 엄밀하게는 반도체 기업으로 분류되지 않으나 여러 가지 차량용 반도체 설계 사업도 함께하므로 반도체 산업에 발을 걸치고 있다고 보면 된다. 1999년에 설립되어 업력이 길진 않지만 2014년에 미국 증시에 상장되어 막대한 자금 조달에 성공했으며 2017년에는 인텔에 153억 달러에 인수되었다. 모빌아이는 카메라를 이용해 차량 주행 시 차선을 유지하는 시스템을 최초로 개발했다. 이 시스템을 발전시켜 현재는 ADAS 세계 시장에서 점유율 60% 이상을 자랑하는 1위 기업이 되었다. 이처럼 운전을 보조하는 시스템에는 전용 반도체 칩이 필요한데 모빌아이는 자사 시스템에 필요한 전용 반도체 설계 사업도 병행하고 있다. 지금껏 칩의 설계 후 제조는 TSMC, 삼성전자 등에 의뢰해왔으나 추후에는 인텔 파운드리 사업과의 시너지를 위해 인텔 자체 제조도 이루어질 것으로 전망된다. 자동차 업종의 분위기에 민감한 편이라 자동차 업황이 크게 꺾여 주가가 하락했을 때 되려 공부한다는 생각으로 접근하면 유리할 것이다.

삼성전기

삼성전기는 고성능 PC용 PCB 기판 외에도 차량 반도체용 PCB 사업을 꾸준히 확대해왔다. 특히 차량용 반도체 중에서도 고성능 인포테인먼트용 칩과 자율주행용 칩을 실장할 'FC-BGA' 같은 고성능 PCB를 주력 사업으로 삼아왔다. 그 외에 전기차 및 자율주행 시대에 활발히 채용될 카메라 모듈, 수동소자 사업도 함께 영위하고 있다. 특히 삼성전자의 차량용 반도체 사업이 하만까지 수직계열화를 이루는 과정에서 중간 역할을 담당한다.

삼성전자의 차량 카메라용 반도체 사업이 확대될수록 카메라 모듈 사업에서 수혜를 얻을 것으로 보인다. 삼성전자는 메모리 반도체로 발생하는 매출액 규모가 워낙 크고 비메모리 반도체가 사용되는 스마트폰용 제품의 비중도 높다. 따라서 차량용 반도체 사업이 확대되어도 그 성과는 삼성전자 전체 사업 규모의 극히 일부에 불과하며, 삼성전자보다 삼성전기와 같은 기업에서 나타나는 성과가 더 클 수 있다. 특히 삼성전기는 주력 세 사업 부문(PCB, MLCC, 카메라 모듈)이 모두 자동차 사업을 걸치고 있다는 점에 주목할 수 있겠다.

근래 들어 자동차 산업은 전기차라는 방향으로, 에너지 산업은 친환경이라는 방향으로 발전해나가고 있다. 그렇다면 반도체 산업은 어떤 방향으로 나아갈까? 또 어떤 산업에서 점차 확장될까? 몇 가지 사례를 통해 살펴보도록 하자.

PART 7

신사업과
반도체

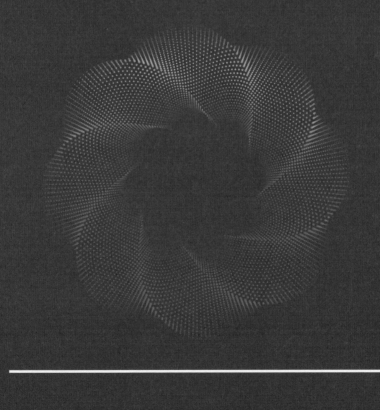

칩을 수직으로 적층하면
그 수혜는 누가 볼까?

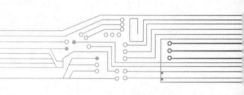

향후 수년간 반도체 산업의 방향은 명확하다. 특히 고성능 칩을 만들 때는 칩 하나를 잘 만드는 것도 중요하지만 여러 개의 칩을 잘 이어 붙이는 것 또한 매우 중요하다. 앞서 살펴본 칩렛이나 HBM은 여러 개별 칩을 완성한 뒤 잘 이어 붙이는 기술이 핵심이다. 꼭 칩렛과 HBM이 아니더라도 여러 칩을 하나의 기판 위에 잘 이어 붙여 하나의 칩으로 완성하는 기술들이 꾸준히 확대될 것이다.

2개 이상의 칩을 하나의 기판 위에 이어 붙이는 과정에서 칩을 붙이는 방법은 크게 두 가지다. 수평으로 붙이는 방법과 수직으로 붙이는 방법이다(물론 세부적으로 기술이 다양해지겠지만 큰 틀에서 보

반도체 투자의 원칙

면 둘로 요약할 수 있다). 앞서 설명한 대로 칩을 수직으로 이어 붙이는 것이 고성능 칩 구현에 유리하다. 최종적으로 칩의 성능을 극대화할 수 있기 때문이다.

칩을 수직으로 이어 붙이면 칩과 칩 사이에 데이터가 오가는 통로를 기판을 이용하지 않고 칩 안팎에 바로 형성할 수 있다. 이를 통해 배선 회로를 더 많이 만들 수 있다. 데이터가 오가는 통로가 많아야 칩 간에 한 번에 데이터를 많이 보낼 수 있고 칩 성능도 전반적으로 향상된다.

칩 외부에서 데이터가 오가는 통로는 어떻게 만들까? 앞서 PART 2에 살펴본 공정이 가장 많이 이용된다. 칩 외부에 범프를 무수히 형성하고 이를 통해 칩들을 이어 붙이면 수많은 데이터가 범프를 통해 흘러 다니며 칩과 칩 사이를 오갈 수 있다.

칩 속의 엘리베이터, TSV

그렇다면 칩 내부에서 데이터가 오가는 통로는 어떻게 형성할까? 그 답은 TSVThrough Silicon Via라는 기술에 있다. TSV는 칩 내부에 수많은 수직 기둥을 뚫은 뒤 기둥 내부에 구리를 채워 배선 통로를 형성하는 방법이다. 건물에 비유하자면 엘리베이터라고 할 수 있다. 다만 엘리베이터와 달리 칩에는 수천에서 수만 개에 달하는 수직 통로가 만들어진다. 회사의 마케팅 부서와 연구 개발 부서가

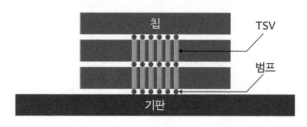

TSV를 이용해 통로를 만드는 방법

칩을 수직으로 이어 붙일 때는 칩 간에 데이터가 오가는 통로가 필요하다. 보통 칩 외부는 범프를 통해 통로를 만들고, 칩 내부는 TSV를 통해 통로를 만든다.

서로 다른 건물에 있다고 가정해보자. 두 부서가 오가며 회의를 진행할 때면 서로 다른 건물을 가로질러야 해서 무척 불편할 것이다. 건물 외부를 오가기 위해 좁은 문도 통과해야 하고 먼 거리를 이용해야 하는 불편함도 있다.

그런데 같은 건물에서 마케팅 부서는 3층에, 연구 개발 부서는 5층에 있다고 해보자. 그럼 오가기 훨씬 편해질 것이다. 우선 엘리베이터만 타면 되니 이동 거리가 크게 줄어든다. 그런데 건물에 엘리베이터가 수천 대 있다면 기다릴 필요도 없고 미팅 참석 인원이 수백 명에 달해도 한 번에 이동할 수 있다. 반도체 칩의 원리도 이와 같다. 수직으로 붙이고 무수히 많은 수직 통로를 만들면 칩 간 고속 동작이 가능하다. TSV는 이처럼 수직 엘리베이터를 수천 개씩 잔뜩 만들어주는 기술이라 볼 수 있다.

한편 엘리베이터는 건물을 지을 때부터 미리 만들어진다. 엘리베이터 통로를 만들어두고 공사 중엔 건설 자재를 운반하는 용도로 쓰다가 건물이 완공되면 일반 엘리베이터로 교체한다. 반면 제조 공정상 TSV는 반도체 칩을 만들기 시작할 때부터 통로를 만들 수 없다. 유일한 방법은 통로 없이 칩을 완성한 다음 수직으로 깊게 파내어 통로를 추가로 만드는 것이다.

이후 공간 내부를 구리로 가득 채우면 구리를 통해 전기 신호가 오가게 된다. 이러한 통로를 '비아'via라 한다. 비아를 만들려면 먼저 칩을 관통하는 수직 기둥을 수백에서 수천 개 뚫어야 한다. 이들 기둥은 매우 가늘고 깊은 구조로 만들어진다. 보통 비아는 지름이 5μm 내외에 불과하다. 그에 비해 칩의 두께는 700μm에 달한다. 지름 대비 무려 140배에 달하는 깊이를 파내야 하는 것이다.

안타깝게도 이처럼 가느다란 기둥을 뚫어내는 것은 불가능하다. 1평 남짓한 작은 방을 100층 높이로 쌓아 올리는 것과 같으며 구조물이 불안정하다 못해 즉각 무너진다. 깊게 파내는 과정에서 중간이 막히거나 비아가 휘는 문제도 생긴다. 수직 기둥을 1개쯤은 쉽게 파낼 수 있을지 몰라도 수천 개의 비아를 동시에 만들어내야 하기에 수율 확보도 사실상 불가능하다. 게다가 칩을 파내는 시간이 오래 걸릴수록 제조 비용도 올라간다. 그렇다면 반도체 기업들은 어떻게 대안을 찾았을까?

정답은 끝까지 뚫지 않고 칩 두께 700μm 중 10~30μm 정도만 뚫는 것이다. 그리고 나서 뚫지 못한 나머지 영역은 모두 갈아 없앤다. 비유를 들자면 커다란 산에 긴 터널을 뚫을 때, 우선 적당한 길이까지만 파내어 미완성의 터널을 만들고 산의 나머지 부분을 통째로 깎아 없애는 것과 같다. 이처럼 칩 뒷면을 갈아내어 전

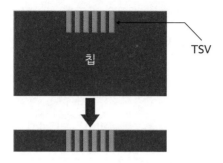

백그라인딩 공정

칩

TSV

칩을 깊게 뚫어 수직 기둥을 만드는 것은 매우 어려운 방법이다. 칩의 두께에 비해 파낼 수 있는 깊이가 제한적이기 때문이다. 이에 따라 최대한 파낼 만큼 파낸 뒤 나머지는 갈아 없애는 백그라인딩 공정을 사용한다.

체 칩 두께를 얇게 만드는 공정을 백그라인딩back grinding 공정이라 부른다. 백그라인딩 공정을 거치면 칩의 두께가 700㎛ 수준에서 10~30㎛ 수준으로 크게 줄어든다.

TSV의 핵심 공정 두 가지

따라서 TSV는 기둥을 뚫어낸 뒤 구리를 채우는 공정과 칩을 극단적으로 얇게 만드는 공정이 핵심이다(실제로 TSV는 칩 1개 단위가 아닌 웨이퍼 레벨에서 진행되지만 여기서는 편의상 칩으로 표현하겠다). 칩이 얇아지면 훨씬 수월하게 기둥을 뚫고 적층 수도 크게 늘릴 수 있다.

반도체 투자의 원칙

한편 백그라인딩 공정을 거쳐 나온 30μm라는 두께는 인체 세포의 지름이 대체로 100μm 내외임을 감안하면 무척 얇다. 즉 TSV 공정은 칩을 인체 세포의 지름보다 훨씬 얇게 갈아버리는 것이다. 이 과정은 결코 쉽지 않다. 따라서 백그라인딩 공정은 또다시 세 가지 이상의 그라인딩 공정으로 나뉘어 진행된다. 그중 가장 마지막 단계에서 70~100μm 두께로 줄어든 칩을 10~30μm 수준으로 갈아버리는 초미세 그라인딩super fine grinding 공정과 이후 칩의 평탄화를 진행하는 CMPChemical Mechanical Polishing 공정이 가장 어려운 공정에 해당한다. 아쉽게도 이러한 백그라인딩 공정이 매우 어렵다 보니 칩을 갈아주는 백그라인딩 장비는 지금껏 일본 기업인 디스코Disco와 도쿄정밀Tokyo Seimitsu이 독식해왔다.

국내에서는 일본 의존도를 낮추고자 백그라인딩 장비 국산화 노력이 이어지고 있다. 백그라인딩 장비는 TSV 형성 시에만 쓰이지 않는다. 꼭 TSV 형성이 아니라도 칩의 두께를 줄여야 할 때가 종종 있는데 TSV처럼 두께를 극단적으로 줄이지 않기 때문에 대체로 난이도가 낮다. 이 과정에서 사용되는 비교적 성능이 낮은 백그라인딩 장비를 국내 소수 기업과 일본 중소기업들이 공급해왔다. 이들 기업은 아직 디스코와 도쿄정밀에 비해 기술력 격차가 커서 TSV 공정용 백그라인딩 장비는 제조하지 못한다. 그러나 이화다이아몬드, 신한다이아몬드 등 일부 국내 기업들은 장비 기술을 꾸준히 발전시키며 기존 건설 및 자동차용 연마 장비에서 나아가 반도체 사업으로 비중을 늘려나가고 있다. 장비 국산화가 만만한 과제는 아니겠지만 백그라인딩 공정 시 필수로 쓰이는 웨이퍼 보호용 테이프 소재는 이미 이녹스첨단소재 등 국내 기업이 국산화를 통해 일본 독점 공급을 깼으며 더욱 성능 높은 제품으로 영역을 확대하고 있다. 추후 전해질 국산화 소식을 기다려 봄직하겠다.

한편 칩 내부에 비아를 완성하면 범프를 형성해 칩들을 수직으로 이어 붙이게 된다. 근래 칩들을 수직으로 이어 붙이는 공정은 급격히 발전하고 있다. 칩을 수직으로 잘 이어 붙이기만 해도 성능히 비약적으로 향상되는 사례가 늘어나면서 더욱 많은 반도체 기업이 칩 수직 적층을 확대하고 있기 때문이다. 또한 새로운 범프 공법도 등장하고 있다. 칩 수직 적층에 범프가 이용되는 건 변함없지만 범프 형성 방식이나 크기 등을 두고 다양한 방법이 나오고 있는 것이다. 또한 칩 내부에 어떻게 더 가는 기둥을 형성하거나 칩을 더 얇게 갈아낼지 등 세부적인 TSV 공법도 꾸준히 등장하고 있다. 이에 따라 칩을 수직으로 이어 붙이는 공법은 매우 빠른 속도로 변할 것으로 보인다.

적층의 어려움을 극복하기 위한 기업들의 행보

HBM도 마찬가지다. D램을 더 많이 적층하는 기술, 칩들 사이 데이터가 오가는 통로를 더욱 많이 만드는 기술이 빠르게 발전하고 있다. 삼성전자는 그동안 HBM 제조 과정에서 오래 쓰여온 공법인 'TC 본딩'Thermo Compression Bonding을 채택했다. TC 본딩은 열과 압력을 이용해 두 칩을 수직으로 붙이는 방법이다. 먼저 하나의 칩 상단 표면에 수백 개의 범프를 형성한다. 이후 칩을 뒤집어 또 다른 칩 위에 가져다 올린 뒤 마치 다리미처럼 넓은 영역에 걸쳐 열과 압력을 가한다. 그러면 열과 압력으로 범프가 녹으며 두 칩이 이어 붙는다. 이후 범프 사이에 생기는 빈틈을 특수 절연 테이프로 메운다. 특수 절연 테이프는 빈틈을 메우는 역할 외에도 칩에 열과 압력을 가하는 과정에서 칩이 휘어지는 현상을 줄여주는 역할을 한다. 그러나 이 공법은 범프가 많아질수록 어렵다. 열과 압력이 조금이라도 고르게 가해지지 못하면 1,000개 이상의 범프 중 일부 버프가 두 칩 사이를 온전히 이어주지 못해 불량이 발생하는 것이다. 삼성전자와 마이크론의 HBM 개발이 느렸던 원인으로 이러한 공정이 먼저 지목되기도 했다.

SK하이닉스는 이러한 어려움을 새로운 소재와 공법으로 극복하고자 했다. 그리고 오븐과 흡사한 장비를 통해 압력 없이 오직 열만으로 범프를 천천히 녹여 두 칩을 이어 붙이는 방법을 고안했다(SK하이닉스는 이를 '어드밴스드 MR-MUF'Advanced MR-MUF 기술이라 부른다). 엄밀히 말하자면 TC 본딩을 통해 열과 압력을 가하기는 하지만 두 칩을 완전히 이어 붙이지 않고 가접합한다. 이후 몇 가지 공정을 거쳐 열만으로 범프를 녹여 칩들을 완전히 이어 붙인다. 이 방법은 균일한 압력이 필요 없으므로 TC 본딩보다 범프 부착 수율이 극대화된다. 그 대신 범프 사이 빈틈을 일본의 나믹스NAMICS사가 공급한 특수한 절연 소재로 채워야 한다.

2022년에 선보인 4세대 HBM에 이 방법을 성공적으로 적용한

SK하이닉스는 이후 엔비디아와 AMD 등에 이를 공급하기 시작했다. 다만 가접합 시 사용되는 장비는 기존 한미반도체의 TC 본더를 그대로 활용했다. 이후 열을 이용해 범프를 완전히 이어 붙이는 공정에는 에스티아이의 장비가 사용되었다. 그러나 이러한 기술 또한 머지않아 한계를 보일 수밖에 없다. 압력 없이 오직 열만으로 범프를 녹인다 하더라도 범프가 많아지면 균일도가 떨어져 수율이 저하되기 때문이다. 결국 새로운 기술로 극복해야 한다.

이러한 문제는 TSMC, 삼성전자, 인텔 등이 고사양 칩을 만들 때 이미 나타났다. 성능이 좋은 칩을 수직으로 이어 붙일수록 칩들을 이어주는 통로가 늘어나며, 더욱 조밀한 통로를 만드는 것이 극도로 어려워지기 때문이다. 이에 따라 반도체 기업들은 범프를 아예 사용하지 않는 하이브리드 본딩을 고안하기 시작했고, 각기 다른 상세 공정을 통해 기술을 완성하고자 했다. 따라서 이러한 공정용 장비를 만드는 기업들은 빠른 기술 발전을 꾸준히 따라가야 한다. 기업마다 기술 편차가 크고 변화가 빠르기 때문이다. 장비를 공급해 현금을 벌어도 또다시 새로운 장비 개발에 현금을 투입해야 해서 현금 축적에 불리하다. 또한 칩을 이어 붙이는 기술이 고도화될수록 새로운 기술 확보와 장비 개발이 더욱 어려워진다. 이는 투자의 기회가 될 수 있으나, 그만큼 잦은 업데이트가 필요하다는 것을 의미한다. 기술을 공부하기 어려운 투자자라면 불리할 수 있는 부분이다.

이로 인해 새로운 장비를 개발하지 못하면 뒤처지는 위험이 있지만, 새로운 장비를 꾸준히 개발해 공급하면 후발 기업의 진입을 어렵게 만들며 공고한 해자를 구축할 수 있다. 네덜란드의 베시와 싱가포르의 ASMPT가 관련 분야에서 가장 앞선 기업들로, 특히 비메모리 반도체 기업이 칩을 수직으로 적층할 때 이들 기업 장비를 활발히 썼다. 이외에도 일본의 신카와Sinkawa와 도레이Toray가 이들 기업을 추격하고 있다.

국내에서 앞서는 기업으로는 삼성전자의 자회사인 세메스가 대표적이며, 이외에도 한미반도체, 인텍플러스, 피에스케이홀딩스가 칩 적층 관련 장비를 공급한다. 이외에도 프로텍, 제우스, 코스텍시스템, 에이엠티 등의 기업도 관련 공정에 필요한 장비를 공급하며 영역을 확대해왔다. 특히 한미반도체는 TC 본딩을 진행하는 과정에서 열 압착을 수행해주는 TC 본더 장비에 강점을 두고 해외 기업들을 뒤따르고 있으며 피에스케이홀딩스는 범프 형성 과정에 발생하는 불순물을 제거하는 장비 제조에 강점이 있다. 인텍플러스는 범프가 올바른 모양으로 형성되었는지 검사하는 장비에서 세계 최고 수준의 강점을 가지고 있다.

투자 관점에서 적층 기술에 주목해야 할 이유

현재 반도체 산업의 가장 중요한 트렌드 중 하나는 고성능 칩을 중심으로 여러 칩을 수직으로 이어 붙이는 방식이다. 향후 수년간 이에 대한 노력이 이어져 기술 변화가 빠르게 이루어질 것이다.

반도체 산업의 거대한 트렌드이므로 장기 투자가 유리해 보일지도 모르나, 원칙적으로는 기술 변화가 빠른 영역일수록 관련 기업의 주식을 그저 묵혀두는 장기 투자보다는 중기 투자가 유리하다.

기업들의 공급 구도 변화도 자주 확인해야 하며 나의 투자 성향과 부합한지 가늠해봐야 한다. 기술 변화를 추적하기 어렵거나, 기업의 경쟁 구도를 파악하기 어렵거나, 분석에 많은 시간을 쏟을 수 없다면 불리하기 때문이다. 후공정이 가파르게 성장하지만 모든 투자자가 이를 통해 수익을 얻을 수는 없다. 또한 반도체 산업은 변화가 느린 영역과 빠른 영역이 동시에 있음을 기억하자.

TSV를 비롯한 칩 수직 적층 공정은 지금껏 TSMC, 삼성전자, 인텔과 같은 최고 사양의 칩을 제조할 수 있는 기업들이 주로 수행했다. 후공정 전문 기업 중에서도 앰코와 같은 선두 기업만 기술을 보유하고 있었다. 애초에 TSV가 주로 고성능 칩 제조에 쓰이기에 선두 기업이 아니고서야 TSV를 적용할 일이 없었기 때문이다. 따라서 TSV가 적용되는 칩은 규모가 작은 후공정 업체보다는 TSMC, 삼성전자와 같은 거대 기업들에서 내재화가 빠르게 일어난다. 향후 몇 년간은 외주 후공정 기업보다 거대 기업에 장비나 소재를 공급하는 기업이 칩 수직 적층이라는 산업 트렌드에서 가장 큰 수혜를 얻을 것이다.

완성된 칩을 수직으로 적층하는 작업은 모두 후공정에서 이루어지며 후공정은 전공정에 비해 기술 변화가 빠른 편이다. 그럼에도 변화 방향성은 단순명료하다. 칩들을 수직으로 붙이면 칩 간에 데이터가 더욱 빠르게 이동해야 하고 칩들이 오랫동안 손상되면 안 된다. 이를 위해 칩과 칩 사이에 전기 신호가 빠르게 흐르도록 통로를 많이 만들어야 하고, 외부 충격과 부식 등으로 칩이 손상되지 않게 칩과 칩 사이의 공간을 빈틈없이 메워야 한다. 결국 어떤 기술이 등장해도 이 두 가지 방향은 이어질 것이다.

인공지능 시장이 성장할수록 함께 성장하는 의외의 산업

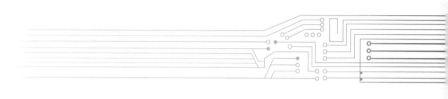

자동차 산업이 내연기관에서 전기차로 전환될 조짐을 보이자 테슬라가 등장해 자동차 산업을 뒤흔들기 시작했다. 이처럼 산업의 패러다임이 변하는 시기에는 새로운 기업이 등장해 시장의 판도를 바꾸는 일이 종종 생긴다. 배터리 산업에서도 충전이 불가능한 건전지 중심에서 충전이 가능한 2차전지로 바뀌는 패러다임이 일어났고 국내 배터리 업체들이 시장을 주도하기 시작했다. 그렇다면 반도체 산업에서도 이러한 패러다임 변화가 있을까?

앞서 설명했지만 메모리 반도체와 비메모리 반도체는 전혀 별개의 반도체다. 메모리 반도체는 정보를 저장하는 역할을 하고 비메모리 반도체는 저장과 무관한 영역을 폭넓게 아우른다. 그런데

이 두 반도체를 한 번에 구현할 수는 없을까? 결론부터 이야기하자면 현재는 불가능하다. 데이터를 저장하려면 저장 공간이 필요한데, 저장 공간을 만들면 공간 소모가 커 칩에 다른 기능을 부여하기 어렵다. 즉 트랜지스터를 더욱 작게 만들거나 복잡하게 연결해 다양한 기능을 구현하는 것이 불가능하다. 따라서 지금껏 반도체 산업은 메모리 반도체와 비메모리 반도체를 따로 만든 다음 각각 기능을 담당하도록 발전해왔다.

CPU나 GPU 등의 비메모리 반도체는 끊임없이 연산 작업을 수행한다. 이 과정에서 비메모리 반도체와 메모리 반도체는 무수히 많은 데이터를 주고받고, 수많은 임시 데이터가 칩 옆에 따로 놓인 D램에 저장된다. 컴퓨터, 서버, 스마트폰 등 모든 전자기기는 이 같은 방식으로 작동하는데, 이를 '폰 노이만 구조'Von Neumann architecture라고 한다.

메모리 반도체와 비메모리 반도체는 왜 통합되어야 할까?

반도체 산업이 발달할수록 폰 노이만 구조에 문제가 생기기 시작했다. 메모리 반도체와 비메모리 반도체 모두 성능이 빠르게 높아졌지만 두 칩 사이에 데이터를 주고받는 과정이 너무 오래 걸리고 정체되기 시작한 것이다. 자동차를 아무리 잘 만들고, 또 딜러의 능력이 백날 좋으면 무엇 하겠는가. 공장에서 딜러에게 차를 빠르게 전달해주지 못한다면 차량 판매는 부진해질 것이다. CPU가 아무리 좋아도 메모리 반도체와 데이터를 빠르게 주고받지 못하면 연산을 빠르게 수행할 수 없다. 폰 노이만 구조는 병목 현상에 발목을 잡힌 셈이다. 향후 수년간 병목 현상 해결이 시급한 문제일 것으로 보이며 기판 기술의 발전으로 일부 해소될 전망이다. 2장에서 언급한 인터포저와 글래스 기판이 대표적인 대안이다.

그러나 향후 10년 이상을 바라보면 아무리 뛰어난 기판이라도 병목 현상이 심해질 수밖에 없다. 이에 따라 반도체 산업은 더욱 장기적으로 메모리 반도체와 비메모리 반도체를 하나의 칩으로 구현하는 방법에 주목하기 시작했다. 하나의 트랜지스터로 정보 저장과 데이터 처리를 모두 이루어내는 것이다. 아쉽게도 현재 반도체 제조 공법으로는 불가능하지만 미래 기술을 연구하는 과학자들은 사람의 두뇌에서 힌트를 찾고 있다. 우리의 뇌는 뉴런과 시냅스라는 작은 단위 안에서 기억(정보 저장)과 생각(연산)이 동시에 이루어진다. 게다가 고차원적인 학습과 인지까지 모두 한 번에 수행된다. 미래에는 이를 반도체로 구현하는 것이다.

그러나 뇌를 정확하게 모방한 반도체는 적게 잡아도 20년은 지나야 양산 방법이 등장할 것으로 예상된다. 지금껏 알려진 소재로는 양산할 기술이 없고 칩의 수명이 하루 단위로 매우 짧거나, 기능이 재현되지 않거나, 1960년대 반도체보다도 적은 용량밖에 구현하지 못하기 때문이다. 따라서 이는 아직은 먼 미래의 이야기다. 그렇다면 단기적으로는 어떤 해결책이 대두되고 있을까?

반도체 투자의 원칙

메모리 반도체 기업과 비메모리 반도체 기업의 서로 다른 전략

반도체 기업들은 우선 기존 기술대로 메모리 반도체와 비메모리 반도체를 별도로 만들되 둘을 하나의 칩과 비슷한 형태로 합치는 방법을 고안했다. 두 칩을 최대한 가까이 놓아서 데이터 이동 효율을 극대화하고 공간도 절약해 더욱 많은 칩을 가까이 붙이는 전략이다. 앞서 살펴본 HBM은 이러한 시도의 초기 형태라 볼 수 있다. 각기 만들어진 GPU와 D램을 하나의 기판에 올려 붙여 두 칩의 거리를 극단적으로 줄이고 한 번에 껍데기를 씌워 하나의 칩으로 완성하는 것이다(그러나 HBM은 여전히 GPU와 D램을 각 업체가 따로 만들기에 진정한 1개의 칩이라 볼 수 없다. 2개의 칩이 1개로 포장되어 있을 뿐이다).

또한 이들 기업은 두 칩을 최대한 가깝게 배치하되 둘 사이에 데이터가 오가는 통로를 무수히 늘려 데이터 전송 속도를 극대화하는 방식을 꾸준히 찾고 있다. 이를 통해 두 칩이 사실상 하나의 칩처럼 빠르게 동작하는 방법을 고안하려는 것이다. 이러한 방식을 'PNM'Processing Near Memory, 인접 메모리 컴퓨팅이라 부른다. PNM을 구현하려면 인터포저 위에 두 칩을 수평으로 나란히 가깝게 붙여야 하나 추후에는 두 칩을 수직으로 이어 붙여 데이터 전송 속도를 극대화하는 방향으로 발전할 것이다. 칩 수직 적층이 늘어날 수밖에 없는 이유다.

반도체 기업들은 이보다 더욱 진보된 형태로 두 기능을 하나의 칩으로 완벽하게 합치고 싶어 한다. 그러나 반도체 산업의 전통 강자인 인텔, AMD, 엔비디아, 퀄컴 등은 이러한 바람을 실현하기가 매우 어렵다. 이들 기업은 지금껏 비메모리 반도체에 주력해왔고 메모리 반도체와 비메모리 반도체를 통합하려면 기존 비메모리 반도체에 메모리 기능을 추가하는 방식으로 칩을 개발해야 한다. 안타깝게도 이들 기업이 만드는 고성능 비메모리 반도체는 작동 과정에서 수많은 임시 데이터가 발생하므로 메모리 반도체의 용량이 매우 커야 한다.

그러나 용량이 무척 큰 메모리 반도체는 데이터 저장을 위해 거대한 공간이 필요하며 이는 아무나 만들지 못한다. 삼성전자, SK하이닉스, 마이크론이 이러한 공간을 극도로 작고 저렴하게 만드는 방법을 사실상 유일하게 구현할 수 있다.

인텔은 이들 3사에 대항하고자 2015년에 '크로스포인트 메모리'Xpoint memory라는 새로운 메모리 반도체를 시장에 들고 나왔지만 실패했다. 가격 대비 성능 경쟁력에서 밀렸기 때문이다. 만약 크로스포인트 메모리가 가격 경쟁력을 갖췄다면 인텔의 CPU와 융합해 막강한 반도체가 될 수 있었을 것이다. 그러나 이 제품은 용량을 늘릴수록 제조 단가도 기하급수적으로 높아졌고 이러한 가격을 지불할 고객이 사실상 없다는 것을 확인한 뒤 시장에서 사라졌다.

이에 비해 삼성전자, SK하이닉스, 마이크론은 기존 메모리 반도체 칩에 비메모리 반도체 기능을 추가하는 방안을 내놓고 있다. 이러한 방식을 PIMProcessing In Memory이라 한다. 즉 두 기능을 하나

반도체 투자의 원칙

의 칩에 완벽히 담아낸다는 계획으로 HBM의 뒤를 이을 차세대 메모리 반도체로 소개되곤 한다. 이에 가장 앞선 기업은 삼성전자다. 그러나 기존 메모리 반도체에 비메모리 기능을 추가한다고는 하지만 현재로서는 기존 CPU나 GPU가 수행하는 수많은 연산 중에서 가장 간단한 수준의 극히 일부 연산 기능만 추가할 수 있다. 즉 인텔이나 AMD가 만드는 고성능 칩을 기존 메모리 반도체와 하나로 만드는 것은 불가능하다. 칩 설계 실력 차이도 크지만 칩 구조상 어렵기 때문이다.

그러나 극히 일부 기능이라도 통합한다면 확장성이 크게 늘어난다. 또한 고성능 비메모리 반도체와 함께 쓰이는 과정에서 전반적인 연산 속도를 극대화할 수 있다. 메모리 반도체에 탑재된 비메모리 기능이 매우 단순한 연산 작업에 불과하다고 해도 기존에 메모리 반도체와 비메모리 반도체 간에 오가는 데이터량이 적잖이 감소해 두 칩 사이에서 발생하는 병목 현상이 줄어들어 전반적인 성능이 2~3배까지 향상되는 것이다. 또한 이처럼 기능이 통합된 메모리 반도체를 저전력 비메모리 반도체와 함께 사용하면 전력 소모도 줄일 수 있다. 데이터가 두 칩을 오가는 과정에서 발생하는 전력 손실이 줄어들고 비메모리 반도체의 연산도 줄어들기 때문이다. 따라서 스마트폰은 물론 CCTV용 센서, 배터리를 사용하는 휴대용 전자기기 등에서 쓰이기 유리하다.

이러한 PIM이 비메모리 반도체 시장을 모두 뺏지는 못하겠지만 메모리 반도체에 크게 의존해오던 삼성전자와 SK하이닉스 입장에서는 반도체 산업 내 영향력을 더욱 확대하는 기폭제가 될 수 있다. HBM이라는 고부가가치 제품을 기존 D램보다 3~4배 비싸게 내다 팔았던 것처럼 또 하나의 고부가가치 제품군을 창출하며 성장 동력을 확보할 것으로 보인다. PIM은 기업 학술 대회 등에서 연구 개발 시제품을 중심으로 소개되고 있으며 본격적인 상용화의 길에는 들어서지 못했다.

향후 5~7년간 PIM 시장이 본격 확대되며 메모리 반도체 시장과 비메모리 반도체 시장의 융합이 꾸준히 일어날 전망이다. 다만 매출 발생까지 시일이 많이 필요하므로 PIM 수혜주를 무리하게 엮으려는 자극적인 정보에 유의해야 한다. 향후 기존의 D램과 HBM 사이에서 새롭게 대두될 중간 성능의 D램인 CXL D램에 더 주목하는 것이 나을 수 있다.

반도체 산업의 향후 트렌드 변화

메모리 반도체 산업은 가격 변화가 월등히 커서 호황과 불황 때 관련 기업의 실적이 극명히 갈린다. 삼성전자의 영업이익이 어느 분기에는 무려 15조 원에 이르고, 특정 분기에는 1조 원 수준까지 급락하는 이유도 여기에 있다. 이로 인해 삼성전자와 SK하이닉스는 메모리 반도체 중심의 불안정한 사업을 하고 있다는 오해를 받곤 한다. 그러나 이는 메모리 반도체 산업이 사이클 산업이고 판매량과 가격에도 민감하다는 점을 전혀 이해하지 못해 발생하는

반도체 투자의 원칙

오해다. 더욱이 반도체 산업이 꾸준히 성장할수록 메모리 반도체야말로 그 수혜를 받으며 성장할 것이고, PIM 같은 새로운 제품이 추가 성장을 이끌 것이라는 점을 전혀 이해하지 못해 생겨나는 오해다.

국내 반도체 산업은 메모리 반도체에 크게 의존하므로 반도체 무역수지 또한 요동칠 수밖에 없다. 그런데 메모리 반도체 산업이 불황 구간으로 들어가 국내 경상수지가 크게 휘청이면 '이제 우리나라 반도체 산업은 끝났다'는 이야기가 자주 나온다. 이런 시기마다 많은 사람이 메모리 반도체에는 비관하지만 비메모리 반도체 산업에는 환상을 품으며 우리나라도 인공지능 반도체를 서둘러 출시해야 한다는 등의 의견을 내놓는다.

그러나 서버 산업이나 인공지능 산업이 발달할수록 메모리 반도체도 더욱 중요해지고 HBM이나 CXL D램과 같은 고부가가치 제품이 확대된다. 이러한 이유로 메모리 반도체 산업은 미래에도 장기적으로 반도체 산업 전체 대비 빠르게 성장할 것으로 보이며 산업 내 비중 또한 기존 20%대에서 30%대 중반까지 꾸준히 높아질 것으로 예상된다. 다만 업황 변동에 따라 하락 사이클이 주기적으로 나타날 뿐이다.

메모리 반도체 산업과 비메모리 반도체 산업의 경계가 부분적으로 흐트러지기 시작하는 점 또한 향후 10년간 반도체 산업에 커다란 트렌드로 자리 잡을 것으로 예측된다. 그러나 PIM 사례에서 보듯 두 영역이 반드시 경쟁하는 관계라 보기 어렵다. 따라서 투자자는 기존의 사이클을 활용하는 투자를 지향하되 새로운 제품을 창출하며 각 영역에서 앞서 나가는 기업을 꾸준히 관찰하고, 이 과정에서 파생되는 수혜 기업을 찾는 것이 옳겠다.

우주 산업에 쓰일 반도체는 어떤 특징이 있을까?

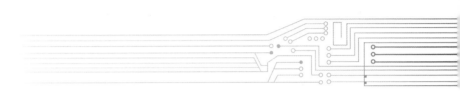

지금껏 우주 산업은 비용만 들어가고 수익성은 거의 없는 산업으로 치부되었다. 미국항공우주국이 아폴로 계획에 쏟아부은 금액을 현재 화폐 가치로 환산하면 무려 200조 원을 뛰어넘는다고 한다. 그 결과 우주 산업은 비용을 절감하는 방향으로 발전하기 시작했다.

일례로 일론 머스크가 스페이스 X Space X를 설립한 뒤 재사용 로켓을 선보이자 우주 산업도 수익을 낼 수 있는 산업이라고 인식되기 시작했다. 추후 비용 절감을 통해 저비용 인공위성 산업, 우주 여행 산업, 우주 광물 산업 등 세부 산업으로 발전될 것으로 예상된다.

그러나 이러한 발전은 당장 수년 이내에 이루어지지 않는다. 따라서 여기서 다룰 내용은 비교적 먼 미래에 재차 언급될 것이다. 일전에도 우주 산업에 어떤 반도체가 쓰이고 수혜를 얻을지 질문을 받곤 했었는데 아쉽게도 아직은 우주 산업에 쓰이는 반도체가 투자자 입장에서 매력적이지 못하다. 우주에서 쓰일 반도체는 안정성이 극도로 중요하다. 칩 하나만 오작동해도 수천억 원의 우주 프로젝트를 좌초시킬 수 있기 때문이다.

그 결과 우주선에 탑재되는 반도체는 성능이 극도로 낮다. 앞서 살펴본 차량용 반도체보다 월등히 낮은 수준으로 근래 우주선에는 1990년대에 출시된 수준의 칩들이 쓰인다. 클럭 스피드가 200MHz에 불과한 CPU도 여전히 쓰이는데, 1999년에 출시된 AMD의 애슬론이 첫 1,000MHz CPU였음을 감안하면 매우 낮은 성능이다.

우주선에 탑재되는 메모리 반도체도 용량이 대체로 낮다. 128~256MB 범위의 제품이 주로 탑재되는데 삼성전자가 1994년에 세계 최초로 256MB D램 개발에 성공했다는 사실을 감안하면 역시나 매우 낮은 성능이다. 최첨단 칩을 사용하고 싶어도 우주 환경 적응을 위한 각종 테스트를 거치고 우주선 탑재 과정까지 끝마치는 데 10년 넘게 걸린다. 따라서 최신 고사양 칩을 탑재하기 어렵다.

우주에서 필요한 반도체 칩은
점점 다양해지고 있다

그렇다고 해서 우주 산업에 쓰이는 반도체가 전혀 발전하지 않는 것은 아니다. 인공위성의 촬영 해상도가 늘어나거나 통신 속도가 빨라지면서 반도체 고사양화가 일부 이루어지고 있긴 하다. 또한 우주 산업이 발달하고 우주로 나가는 인력이 늘어날수록 우주에서 쓰일 새로운 반도체도 반드시 늘어나기 마련이다. 국내 디스플레이 산업이 발전하며 디스플레이에 특화된 반도체 기업들이 생겨났고 차량에 새로운 기능이 늘어날수록 이에 맞춤형으로 제작된 차량용 반도체가 필요하듯, 우주선에 새로운 기능이 늘어날수록 새로운 칩이 꾸준히 늘어날 예정이다.

예컨대 지구 상공 400km에 떠 있는 국제우주정거장ISS은 승무원이 상시 거주하고 있기에 안전이 극도로 중요하다. 그러나 국제우주정거장이 너무 크다 보니 자잘한 이상 현상이 발생해도 승무원이 이를 모두 사전에 감지하기가 어렵다. 이에 따라 미국항공우주국은 인공지능 기술을 융합해 국제우주정거장 내부를 실시간으로 감시하는 기능이 필요했고 '아스트로비'Astrobee란 이름의 로봇을 개발했다.

아스트로비는 실시간으로 음향을 감지하고 인공지능 기반으로 해석해 문제를 인식할 수 있다. 보쉬가 공급한 반도체 칩 덕분에 이러한 기능을 구현할 수 있었다. 보쉬는 차량용 반도체 중에서도 센서 반도체에 강점이 있고 자사의 센서 기술을 응용해 우주에서

나사가 개발한 아스트로비 로봇

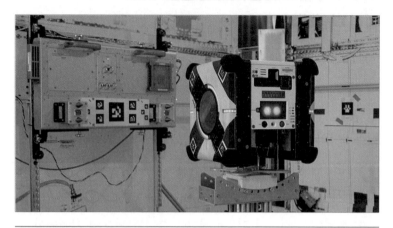

아스트로비는 국제우주정거장 내부를 자유롭게 이동하며 카메라와 로봇 팔 등을 통해 자 잘한 임무를 수행한다.

출처: NASA

쓰일 칩까지 공급하기 시작했다.

이러한 칩은 당연히 미국항공우주국의 요구에 따라 개발되므 로 고성능 반도체를 대량 찍어내는 기업보다는 보쉬처럼 맞춤형 반도체 칩을 개발하는 기업이 유리하다. 다양한 종류의 FPGA를 개발하는 자일링스와 알테라 또한 우주 산업에 특화된 FPGA를 출시하고 있다.

국내 기업 중에는 서버 산업이나 우주 산업 등에 특화된 반도 체를 개발하는 파두가 우주용 반도체 사업을 확대하며 글로벌 우 주항공 기업에 칩을 공급한 바 있다. 한편 반도체 부품 신뢰성 시 험 전문 기업인 큐알티(QRT)는 우주용 반도체가 개발되면 이에 대한 신뢰성을 평가하는 사업을 확대하고 있다.

우주의 극한 환경을 이겨내기 위한
각종 반도체 기술

앞서 설명했지만 우주에서 쓰이는 반도체 칩은 우주의 극악무도한 환경을 견뎌내야 한다. 우주는 텅 빈 공간처럼 보이지만 많은 양의 방사선이 허공을 떠돌아다니며 이를 '우주 방사선'이라 한다.

우주 방사선은 매우 빠른 속도로 움직이기 때문에 사람에게 치명적이다. 총에서 발사된 총알이 총알 자체보다는 매우 빨라서 위험한 것과 같은 이치다. 속도가 빠를수록 높은 에너지를 가지므로 물체를 관통하거나 파괴할 수 있다. 우주 방사선도 빠른 속도로 우리 몸을 휘젓고 다니며 체내 유전자를 망가뜨리고 암을 유발한다.

다행히 지구는 대기와 자기장 덕분에 우주 방사선이 지표면에 잘 도달하지 못한다. 그러나 우주 공간에서는 상시 방사선에 노출되어 방사선 피폭이 급증한다. 지구 궤도를 도는 국제우주정거장만 하더라도 지상보다 최대 100배 많은 방사선에 노출된다. 지구에서 더욱 멀어져 대기권 표면까지 올라가면 방사선 피폭은 1,000~2,000배 급증한다.

반도체 칩 또한 우주 방사선으로 인해 문제가 생긴다. 오작동이 빈번히 일어나고 동작도 금방 멈춘다. 이러한 이유로 우주 산업에 쓰일 반도체는 내방사선 소재로 패키징하는 기술이 꾸준히 연구되었다.

일반적으로 방사선 차폐에 널리 쓰이는 소재는 납이다. 그러나 칩에 납 소재를 두툼하게 적용하면 전자장치가 무거워져 우주선

발사 효율이 떨어진다. 이로 인해 납보다 훨씬 가벼운 알루미늄이 주요 차폐 소재로 쓰여왔다. 그러나 알루미늄 또한 밀도가 낮지 않고 차폐율이 99% 미만이다. 미래 반도체에는 더욱 뛰어난 차폐 성능이 요구됨에 따라 우주항공 연구기관은 더 나은 소재를 찾고자 고군분투했다. 고분자 신소재를 여러 겹으로 활용해 차폐 소재를 개발하되, 가돌리늄과 같은 특수 금속을 활용하는 사례도 있었고 과학계에서 널리 연구되어온 질화붕소 같은 소재도 검토되고 있다.

이처럼 소재 개발이 중요해지자 미국항공우주국과 같은 소수 기관만 소재 개발을 주도해오던 분위기가 민간 기업과의 협업으로 바뀌어갔다. 일본우주항공개발기구JAXA와 손잡고 차폐 소재를 개발 중인 도레이, 캐나다 정부와 국방용 소재를 개발하는 캐나다의 파나시스Panacis사 등이 대표적인 사례다. 국내에서도 2021년 설립된 스페이스앤빈SPACE & BEAN이라는 스타트업을 비롯해 우주 방사선 차폐 소재 개발에 주력하는 민간 기업이 등장했다. 또한 스페이스X는 '스타링크'STARLINK라는 이름의 인공위성 사업을 확대하는 과정에서 전자파를 해결할 차폐 소재 제조 장비를 찾기 위해 전 세계 장비 업체와 접촉했다. 이 과정에서 국내 장비사를 탐색하기도 했다. 우주 방사선 차폐 소재와 같은 새로운 소재가 늘어날수록 소재를 공급하는 기업과 소재 제조 장비를 공급하는 기업이 더욱 늘어날 것으로 보인다.

또한 우주에서 사용되는 반도체 칩은 우주 방사선뿐만 아니라 -100~150℃에 이르는 온도와 2,000G 이상의 중력을 견뎌내야 한다. 이를 위해 일반적으로 칩을 아예 새로 개발하기보다는 기존에 검증된 칩을 활용하되 소재만 특수한 것으로 대체하고 있다. 실리콘의 내열 특성을 강화하기 위해 SiC(탄화실리콘)을 함께 쓰거나 칩 외부를 감싸는 에폭시 소재의 한계를 극복하기 위해 폴리이미드polyimide라는 소재를 함께 쓰기도 한다. 이처럼 우주에서 쓰이는 반도체 칩은 우주 방사선 차폐 소재 외에도 수명을 극단적으로 늘리기 위한 방법들이 동원된다.

이처럼 변형된 형태의 칩을 대량 생산하는 것이 어렵다 보니 우주 산업용 칩의 생산 물량은 연간 수백에서 수천 개에 불과하다. 그 대신 반도체 기업들은 안정성을 무기 삼아 시중의 유사 칩보다 100~300배 이상 높은 가격을 책정한다. 일부 칩은 1,000배에 달하는 것으로 알려져 있다. 턱없이 적은 판매 물량을 높은 단가로 조금이나마 보완하려는 것이다.

그럼에도 기존 사업 규모 대비 우주용 반도체 비중은 매우 미미하다. 근래 우주 산업에 쓰이는 반도체의 비중은 전체 반도체 산업의 0.5% 미만에 불과해 상세한 통계를 찾기도 쉽지 않다. 상기 언급된 대부분 기업들도 우주용 반도체로 커다란 수익을 얻고 있지 못하다. 그러나 국가 차원에서 우주 산업을 키울수록 산업 내 틈새시장이 반드시 생길 수밖에 없다. 실제로 대만 정부가 우주 강국을 꿈꾸며 저렴한 위성을 대거 띄우는 정책을 확대하자 대만의 통신 칩, 이미지 센서 설계 기업들이 인공위성 사업까지 노리는 모습이 나타나기도 했다. 우주 산업에 발을 들이는 기업 중 규모가 작은 기업을 미리 탐색해보거나 우주 산업의 규모가 확대

될수록 쓰임새가 늘어날 반도체가 무엇일지 공부의 기회로 삼아
보자.

양자컴퓨터 산업은
무엇에 주목해야 할까?

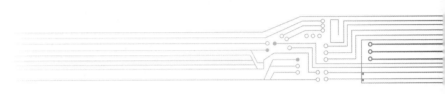

서버 기업과 인공지능 기업은 고성능 컴퓨터 구현을 위해 GPU, CPU, FPGA, 메모리 반도체를 적극적으로 구입하고 있다. 테슬라의 도조처럼 슈퍼컴퓨터라고 할 만한 막강한 성능을 갖춘 새로운 서버가 세계 곳곳에 등장하고 있다. 이러한 고속 컴퓨팅의 발전은 20년 이상 지속될 예정이며 역시나 GPU, CPU, FPGA, 메모리 반도체를 중심으로 고성능 서버가 구축될 예정이다. 그런데 더 멀리 내다보면 현재 컴퓨터 구조도 결국 한계를 보일 가능성이 높다. 아무리 뛰어난 반도체를 쓰더라도 컴퓨터 동작 방식상 성능을 더욱 끌어올리기 불리한 측면이 있고 더 좋은 대안도 꾸준히 나올 것이기 때문이다. 그중 하나가 양자컴퓨터다.

양자컴퓨터가
꿈의 컴퓨터라 불리는 이유

양자컴퓨터는 현재 슈퍼컴퓨터보다 무려 1조 배 이상 빠른 연산을 처리할 수 있어 꿈의 컴퓨터라 불린다. 그렇다면 양자컴퓨터란 무엇일까? 모든 컴퓨터 데이터는 무수히 많은 0과 1이라는 이진법 신호로 이루어지며, 현재 컴퓨터는 이를 반복 처리하며 여러 기능을 수행한다. 앞서 설명했듯이 이처럼 0 또는 1 한 자리의 데이터를 가리켜 비트라고 부른다. 한 비트의 데이터에는 반드시 0과 1 중 하나만 한 자리를 차지할 수 있다.

그런데 양자컴퓨터는 양자역학에 따라 독특한 연산 방법으로 작동한다. 현재 컴퓨터는 0과 1이라는 데이터를 순차적으로 연산한다. 가령 0100이란 데이터가 있다면 맨 앞자리의 0부터 처리하는 방식이다. 반면 양자컴퓨터는 각 데이터 자리에 0과 1이 모두 공존할 수 있으며 0100이란 데이터뿐만 아니라 1111, 0000, 1100, 0001과 같은 네 자릿수 데이터를 모두 한 번에 동시 처리할 수 있다. 양자컴퓨터는 수학계에서 슈퍼컴퓨터를 동원해도 수억 년 동안 연산해야 하는 문제를 단 1초면 풀 수 있고, 수만 가지 약물 후보군을 배합해야 하는 신약 개발 기간도 대폭 단축할 수 있다. 양자컴퓨터가 있다면 세상의 대부분의 비밀번호가 1초도 안 돼 해킹될 수 있다고 한다. 현재 컴퓨터로는 가능한 비밀번호 조합을 하나하나 입력해야 해서 수년이 걸리지만 양자컴퓨터는 단번에 해결하기 때문이다.

반도체 투자의 원칙

양자컴퓨터는 아직 상용화할 만한 기술로 보기엔 이른 편이다. 굳이 시기를 나누자면 첫 시제품이 등장한 수준이다. 양자컴퓨터 개발을 주도하는 기업으로는 구글, IBM, 마이크로소프트, 아마존, 인텔이 대표적이며 미국, 유럽, 중국, 일본은 양자컴퓨터 기술을 선점하고자 정부 차원에서 대규모 연구 개발을 지원하고 있다. 그 결과 현재까지 양자컴퓨터는 오직 소수 기업과 정부 산하의 연구 기관이 선보였다.

이에 비해 우리나라는 양자컴퓨터에 대한 이해가 낮고 관련 인력이 부재했기에 양자컴퓨터 발전 방향에 대한 논의가 매우 늦게 시작되었다. 따라서 선두 국가와 기술 격차가 5년 정도 벌어져 있으며 양자컴퓨터 관련 특허 수도 미국과 중국의 1/3~1/4 수준에 불과하다. 2022년부터 정부 주도로 양자컴퓨터 정책이 구체적으로 마련되기 시작했으며 2030년대에 양자컴퓨터 4대 강국으로 도약하겠다는 장기 목표가 설정되었다. 향후 인력 양성 정책과 연구 개발 정책이 다수 등장할 것으로 보인다.

양자컴퓨터는 어떤 방향으로 발전할까?

현재까지 선보인 양자컴퓨터는 주로 -270℃에 달하는 극저온 냉각이 필수이고 극미량의 우주 방사선까지 완벽하게 차폐하는 방식을 이용해 제작되었다. 이 때문에 컴퓨터가 작은 건물 만한 크기이고 구동에도 수일이 걸린다. 이를 극복할 대안으로 상온 초전도체가 논의되기도 했다. 이러한 이유로 양자컴퓨터 산업은 아직 하나의 산업이라기보다는 연구 개발 초기 단계에 가깝다.

이런 상황인 만큼 현재 뒤처져 있더라도 적극적인 연구 개발과 대규모 비용을 투입하면 충분히 선두 국가로 나아갈 수 있다. 실제로 한국 정부는 2026년에 현재의 구글 및 IBM 수준의 양자컴퓨터를 확보하는 것을 목표로 설정했다. 양자컴퓨터 기술은 아직 성숙한 기술이 아니다. 양자컴퓨터를 어떻게 구현할지 세부 기술이 여러 갈래로 나뉘어 있으며 그중 가능성이 보이는 기술이 동시다발적으로 연구되고 있다. 따라서 반도체 산업과 같이 일관된 제조 공법이 확립되지 않았으며 기업마다 제각각 양자컴퓨터용 프로세서를 만들고 있다. 향후 10년 후에는 기술 로드맵이 더욱 구체화되고 연구 개발 목적의 시제품이 속속 등장할 것으로 보인다.

그러나 실질적인 대량 양산까지는 이보다 훨씬 오랜 시간이 걸릴 것이다. 현재 양자컴퓨터 기술을 지난 반도체 산업에 비유하자면 인텔이 IBM에 CPU를 공급하기 시작한 시점보다 약 20년 앞선 시점에 해당한다. 양자컴퓨터 기술이 발전하는 과정에서 가장 큰 장애물은 양자역학을 충분히 이해하는 인력과 양자컴퓨터 구현을 위한 반도체와 프로그래밍 기술이 현저히 부족하다는 점이다. 즉 양자컴퓨터 기술뿐 아니라 주변 산업이 함께 발전해야 한다.

양자컴퓨터는 기존 컴퓨팅 방식 외에도 반도체 작동 방식도 크게 바꿀 것이다. 최소 20년은 지나야 상용화 가능성을 탐색하는 단계에 들어설 것으로 보이기 때문에 그 반도체를 주도할 기업을

　　　　　　　　　　　　　　　　반도체 투자의 원칙

현 시점에선 예측하기 어렵다. 구글과 IBM은 초전도체 소재를 이용해 양자컴퓨터용 반도체를 개발했으며 인텔은 기존 사업의 장점을 살려 실리콘 소재로 반도체를 개발했다. 인텔의 방식은 구글과 IBM의 방식보다 성능이 수년 이상 뒤처져 있어 기존 반도체 공법이 양자컴퓨터 시대에도 통할지는 불확실하다. 다만 양자컴퓨터에서 가장 앞선 구글과 IBM도 미래에 등장할 양자컴퓨터에 비하면 기술 수준이 현저히 낮다. 굳이 반도체 산업에 비유하자면 1950년대에 등장한, 50여 개의 트랜지스터로 구성된 반도체 정도에 해당한다고 볼 수 있겠다. 이처럼 초기 형태의 기술임에도 불구하고 구글과 IBM이 개발 중인 양자컴퓨터용 반도체는 CPU, GPU, 메모리 반도체 수만 개를 이용해 만든 슈퍼컴퓨터보다 훨씬 뛰어나다.

양자컴퓨터 산업은 앞으로 오랜 시간 여러 기업이 양자컴퓨터 기술을 하나하나 확보해가며 정립될 것으로 보인다. 이 과정에서 현재 반도체 산업처럼 개발, 제조, 장비, 소재 공급 등 기업마다 역할을 분담해나갈 것이다. 또한 양자컴퓨터는 양산이 가능해져 산업이 본격적으로 개화하기 전까지는 연구 개발용 양자컴퓨터를 이용해 부가가치를 창출하는 산업이 먼저 발전할 것으로 전망된다. 이 시기에는 양자컴퓨터 제조 영역은 규모가 매우 제한적일 것이다. 그러나 향후 양산이 본격화되면 제조 기술을 갖춘 기업들이 점차 등장할 것이고 새로운 패러다임의 등장과 함께 기업 간 강점이 여럿 뒤바뀔 수도 있겠다.

양자컴퓨터와 같이 미래 신기술들은 시제품 제작에서 양산까지

족히 10년 이상 걸린다. 즉 양자컴퓨터 관련 매출이 기업들 재무제표에 유의미한 수준으로 찍히기 전까지는 테마에 불과하다. 따라서 미래 신기술이라며 무작정 주식을 매수하기보다는 관련 기술을 천천히 살펴보면서 미래를 공부하는 관점으로 대비하는 것이 좋다.

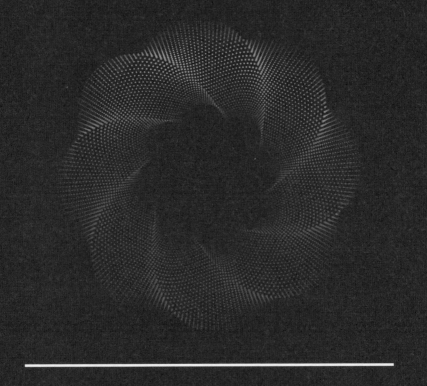

PART 8

반도체 투자자를 위한
투자 원론

삼성전자의 실적을 보고 주식을 매수하면 안 되는 이유

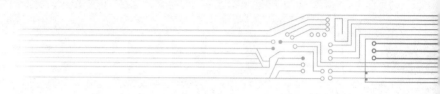

투자자 사이에서 자주 회자되는 이야기 중 하나가 실적이 올라야 만 주가도 따라 오른다는 이야기다. 여기서는 메모리 반도체 비중 이 높은 삼성전자와 SK하이닉스의 주가 흐름 속 원리를 알아보며, 실적이 오르면 주가도 오른다는 게 왜 오해인지 알아보겠다.

반도체에 투자하기 전에 알아야 할 반도체 산업 특성

반도체의 중요한 특징부터 알아보자. 반도체는 중간재다. 중간재는 최종재에 의존적이며 최종재가 팔려야 중간재도 함께 팔린다. 따라서 최종재가 잘 팔릴지 함께 이해하는 것이 중요하다. 메모리 반도체를 주로 사 가는 전방 고객은 서버, 스마트폰, PC 산업의 기업들이다.

또한 반도체는 대개 B2B 거래를 통해 판매된다. 즉 기업과 기업 간 이해관계에 따라 구매가 이루어진다. 메모리 반도체를 사 가는 전방 기업들은 생활용품처럼 잔량이 떨어지면 구입하는 게 아니라 반도체 산업의 호황과 불황 가능성을 주시하며 구입을 결정한다. 만약 반도체 호황이 머지않아 끝날 것이라 판단되면 반도체 구입을 적극적으로 미룬다. 아울러 주변의 비슷한 기업들이 반도체 구입을 미룰 조짐을 보이면 따라서 구입을 미루기도 한다. 반도체는 수요가 조금이라도 줄어들면 가격이 급락하기 때문이다. 수요가 고작 1~2%만 변해도 가격은 10~30% 변동한다. 따라서 수요 감소 조짐이 보이면 다 같이 반도체를 더 싸게 구입하기로 마음먹기라도 한 듯 구매를 일괄 미룬다. 소수 고객사만 이처럼 위축되어도 반도체 가격은 급락하고 본격적인 불황 구간이 나타난다. 반대로 매수 조짐이 보이면 가격이 오르기 전에 구매하려고 매수 경쟁이 일어나면서 반도체 가격이 급등한다.

이러한 특징 때문에 메모리 반도체는 호황과 불황이 명확하다. 그리고 호황이 거듭될수록 불황이 곧 다가올 가능성은 급격하게 늘어난다. 가격이 급등할수록 구입을 머뭇거리는 기업들이 늘어나기 때문이다. 앞서 설명했듯 서버, 스마트폰, PC 산업의 기업들은 반도체 구입을 몰아 진행하기 때문이기도 하다.

반도체 기업 투자자가
취해야 할 기본 투자 전략

많은 투자자가 메모리 반도체 산업이 사이클 산업임을 잘 알면서도 이를 투자에 적용하지 않는다. 특히 호황이 거듭될수록 조만간 불황이 다가올 것이라는 점을 간과한다. 실제로 장기 투자자를 제외한 개인 투자자의 90% 이상이 메모리 반도체 산업이 호황을 기록하며 삼성전자와 SK하이닉스의 실적이 크게 올라 특히 역대 최대치를 기록할 때 주식을 집중적으로 매수한다. 하지만 이때는 이미 주가가 2배쯤 오른 상태다. 이러한 경향은 과거의 거래량과 거래대금 경향에서도 명확하게 나타난다. 20~30년 경력의 노련한 투자자나 운용 금액이 수십억 원인 고액 자산 투자자도 이러한 실수를 자주 저지른다.

삼성전자와 SK하이닉스에 투자하는 전략은 여러 가지이지만 개인 투자자가 활용할 만한 전략은 비교적 제한적이다. 먼저, 장기 투자를 지향한다면 이들 기업에 분할 매수로 접근해야 한다. 이때 10년간 장기 투자한다고 해서 10년 내내 매월 분할 매수를 할 필요는 없다. 특히 실적이 경신될 때가 아닌 본격적으로 악화하는 구간에서는 월별 분할 매수하는 전략이 유리하다. 반대로 호황 구간에 명확히 들어섰거나 역대 최대 실적을 경신할 때는 매수를 1~2년 중단하면 수익률을 극대화할 수 있다. 실적과 거꾸로 투자하는 것이다. 특히 실적이 급등하는 시기라면 이미 주가 상승 후반기나 투자 끝물에 진입했을 가능성을 배제할 수 없다. 최근 실

반도체 투자의 원칙

적 증가가 4~5분기 연속으로 나타났다면 특히 주의해야 한다. 이한 가지만 기억해도 삼성전자와 SK하이닉스 주식을 매수하는 개인 투자자 중 수익률 상위 10%에 손쉽게 자리 잡을 수 있다.

중기 투자를 지향하는 투자자라면 매수 전략은 장기 투자와 같으나 호황 구간에서 융통성 있게 매도 전략을 짜야 한다. 이후 실적 악화가 본격화되는 시기에 매수로 대응하면 주가가 매우 낮은 구간에서 매수할 수 있다. 특히 삼성전자, SK하이닉스는 하락 사이클이 시작되며 실적이 본격 감소하는 첫 분기 때 주가가 최저점을 기록했다. 다만 이 전략은 오직 국내 메모리 반도체 기업들에 한한다. 국내 메모리 반도체 산업은 3사 과점 체제다. 이로 인해 자연적·인위적 감산을 통해 공급이 촘촘하게 제어되므로 실적 악화 구간이 짧게 나타난다. 그래서 실적 악화가 본격화되는 구간에서 매수가 가능했던 것이다. 이 전략을 비메모리 반도체 기업인 퀄컴에 적용하면 최대 10년간 주식이 물릴 수 있으며 유사 산업인 디스플레이 섹터에 적용해도 7년간 손실을 볼 수 있다.

시장의 광기보다는
싼 주식에 주목해야 하는 이유

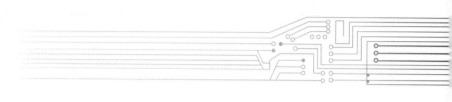

앞서 말했듯이 반도체 산업은 사이클 산업이며, 특히 국내 반도체 산업은 메모리 반도체 의존도가 높아 사이클이 더 명확하게 나타난다. 다행히 국내 메모리 반도체 산업은 과점 체제가 확고해 호황이 주기적으로 빠르게 나타난다. 메모리 반도체 3사가 공급을 적극적으로 줄이기 시작하면 반도체 가격 하락이 빠르게 둔화되고 수요처는 반도체 구입 경쟁에 뛰어들지 고민하게 된다. 그러면 불황 구간이 시장의 우려보다 빠르게 마무리되고 상승 사이클이 다시 나타날 조짐이 보인다.

그렇다면 반도체 산업의 상승 사이클을 앞두고 반도체 기업들의 주가가 반등하기 시작할 때 어떤 반도체 주식을 고르면 좋을

반도체 투자의 원칙

까? 많은 사람이 기술력이 뛰어난 기업을 꼽는다. 그러나 섹터를 불문하고 기술에 집중하는 투자는 개인 투자자가 할 수 있는 투자 전략 중 수익률이 가장 낮다.

주가가 오르지 못한 반도체 기업을 눈여겨보자

반도체 기업들은 실적이 개선되기 전부터, 심지어 아직 불황이라서 실적이 한창 하락하고 있을 때부터 주가가 오르기 시작한다. 여전히 불황이지만 곧 다가올 호황에 대한 기대감 때문이다. 반도체 기업들은 실적을 통상 9~12개월 선행한다. 하지만 모든 반도체 기업의 주가가 똑같은 추이를 보이지는 않는다. 여전히 불황 구간임에도 어떤 기업들은 유독 주가가 크게 뛰어올라 높은 수익률을 자랑하지만, 또 다른 기업들은 뒤늦게야 주가 상승 조짐이 보인다. 또 일부 소수 기업은 반도체 업황에 따라 실적이 오를 것임에도 불구하고 시장의 주목을 받지 못해 주가가 거의 오르지 못한다.

필자가 가장 주목하는 반도체 기업은 바로 후자의 기업들이다. 주식시장에선 흔히 '가는 놈이 더 간다'는 이야기가 있다. 주가가 이미 많이 오른 주식이 앞으로도 더 많이 오를 테니 그 주식을 고르는 것이 낫다는 소리다. 실제로 이러한 전략이 꽤 유효할 때도 있지만 그렇지 못할 때도 있다. 바로 반도체 산업이다. 반도체 산

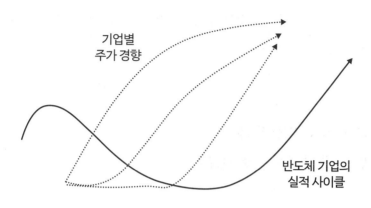

반도체 기업의 사이클과 주가 움직임 비교

기업별
주가 경향

반도체 기업의
실적 사이클

메모리 반도체 상승 사이클을 앞두고 반도체 기업들의 주가는 미리 상승한다. 그런데 어떤 기업은 앞서 급격히 상승했다 사그라드는 반면, 어떤 기업들은 매우 느긋하게 오른다. 상승세가 매우 더디다가 이후 홀로 상승하는 기업들도 자주 목격된다.

업은 사이클 특징이 매우 명확하다. 특히 불황 구간에서 주가가 미리 반등한 이후에는 사이클 투자 전략을 이용하는 것이 월등히 유리하다. 주가 상승 초반에는 테마로 엮이는 기업들의 주가가 먼저 뛰어오르지만 수개월 후부터는 주목받지 못한 기업들의 주가가 상승 조짐을 보인다. 이때부터는 '가는 놈이 더 가는 경우'보다 '못간 놈이 더 가는 경우'가 더 빈번하게 나타난다.

앞서 살펴본 대로 국내 반도체 기업들은 다양하다. 설계, 소재, 장비 기업은 물론이고 전공정과 후공정 관련 기업도 있다. 더 상세하게는 포토 공정, 식각 공정, 증착 공정 관련 기업도 있다. 이렇듯 다양한 유형 중에 특정 유형의 기업들이 불황기일 때 주가가 미리 오른다. 앞서 말했듯이 투자자 사이에서 호황이 곧 오리라는

반도체 투자의 원칙

기대감이 생긴 탓인데 거기에는 나름의 이유가 있다. 정부의 팹립스 지원 정책 발표로 설계 기업들의 주가만 크게 오르거나, EUV 공정이 도입된다는 이유로 포토 공정 관련 기업들의 주가가 크게 뛰거나, HBM이 등장한다는 이유로 후공정 기업들의 주가가 크게 뛰어오르는 식이다.

그런데 이렇게 주가가 미리 오른 기업들은 반도체 섹터에 본격적으로 상승 사이클이 나타날 때는 추가 수익률이 부진할 가능성이 높아진다. 상승 사이클의 수혜를 입긴 하지만 자금이 분산되며 주가 상승 속도가 둔화되는 것이다. 따라서 섹터 전반이 상승 사이클로 본격 들어서는 시기에는 이미 한창 뛰어오른 기업보다 여전히 주가가 바닥에 가까운 기업들의 수익률이 가장 높게 나타나므로 투자에 유리하다. 주가가 크게 오른 기업들은 대체로 실적보다 과하게 주목을 받아 납득하기 어려운 밸류에이션을 얻는다. 반도체 산업은 사이클 산업인 만큼 기술 변화가 빠르다고 해도 주가가 단번에 3~5배 이상 급등하기는 어렵다. 제아무리 좋은 기술이라도 머지않아 다가올 하락 사이클을 피해갈 수 없기 때문이다.

혼란스러운 반도체 주식시장에서 투자 포인트를 잃지 않는 법

앞서 이야기했듯 반도체 기업은 매우 다양하고 불황 구간에서는 특정 유형의 기업이 관심을 몰아서 받지만 섹터 전반에 훈풍이 불면 관심이 분산되기 시작한다. 당연히 주식시장을 움직이는 큰손이나 투자 경험이 풍부한 투자자일수록 주가가 오르지 못한 기업에 더 주목한다. 따라서 테마 광풍이 불었던 기업들은 인기가 줄어들 수밖에 없고 크게 오른 주가를 추가로 부양해줄 매수자를 찾지 못한다. 이미 시장의 관심이 분산되기 시작했기 때문이다. 실제로 지난 메모리 반도체 상승 사이클 때 2019년 말부터 삼성전자 파운드리 사업 확대에 대한 기대감으로 일찍이 주가가 크게 오른 에이디테크놀로지나 2020년 초부터 EUV 펠리클(포토마스크용 보호막) 신사업 기대감으로 테마를 탔던 에프에스티, 에스앤에스텍의 수익률이 그 후 찾아온 하락 사이클 때 상대적으로 소외되었다.

물론 미리 급등했다고 해서 추가로 못 오른다는 뜻은 아니다. 시장의 열기나 유튜브 및 텔레그램의 종목 팔이에 따라서 이미 급등한 주식이 더 오를 수도 있다. 그러나 진정한 투자자라면 수익을 창출할 확률이 높은 곳에 투자하는 것이 지당하고, 지난 사이클이 확대되는 구간에서는 그간 소외된 기업들이 더 높은 수익률을 기록할 가능성이 높으니 싼 주식이나 실적 미반영 주식에도 반드시 관심을 가져야 한다. 테마를 쫓아 추가 수익을 내고 싶더라도 싼 주식을 먼저 찾아둔 다음 어떤 기업이 좋을지 유불리를 따져야 한다.

알다시피 주가가 낮은 기업에 주목하는 전략은 반도체 산업뿐 아니라 여러 산업에도 적용 가능한 전략이다. 필자가 수많은 투자자를 분석해본 바에 따르면 기술에 주목하는 투자자보다 다른 산업에 고루 적용할 수 있는 투자 원칙을 앞세우는 투자자가 반도체 산업에서도 수익률이 월등히 높았다. 즉 기술을 잘 이해하는 투자자보다 그냥 투자를 잘 해왔던 투자자가 승산이 높은 것이다. 투자자는 투자를 공부하고 투자 경험을 쌓아야지, 그 분야의 전문가가 될 필요는 없다. 따라서 여러 번 강조하지만 기술보다는 가격과 시기에 집중하는 투자 전략도 놓치지 않기를 바란다.

퀄 테스트만 통과하면 주가가 오를까?

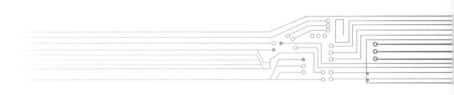

하나머티리얼즈는 반도체 식각 공정에 사용되는 장비 부속품을 공급한다. 식각 공정은 웨이퍼 맨 위쪽에 만든 구조물을 깎아내는 공정이다. 식각 공정에는 비교적 어려운 건식 식각 공정dry etching 이란 것이 있다. 일부 건식 식각 공정에는 '포커스 링'focus ring 이라고 하는 특수한 장비 부속품이 필요하다. 하나머티리얼즈는 포커스 링 사업에 특화되어 있으며 일본의 반도체 장비 기업인 도쿄일 렉트론에 해당 부품을 주요하게 공급한다.

2015년부터 하나머티리얼즈는 SiC란 새로운 소재로 만든 포커스 링의 시제품을 출시하고 반도체 기업에 공급하기 위해 성능 테스트 과정에 들어갔다. 성능 테스트 과정은 흔히 '퀄 테스트'quality test라고도 부르며 쉽게 말해 품질 인증 테스트다. 퀄 테스트는 반도체 장비 기업은 물론이고 반도체 칩 제조사에서도 진행하며, 모든 퀄 테스트를 통과해야 제품 공급을 승인받아 제품을 본격적으로 판매할 수 있다.

이처럼 신제품 퀄 테스트 개시 소식이 들리면 많은 투자자가 퀄 테스트를 통과하면 곧 신제품이 판매될 테니 그 기업의 주가가 오를 것이라 기대한다. 그러나 대부분의 퀄 테스트는 합격 가능성은 물론이고 완료 시기도 예측하기 어렵다. 또한 퀄 테스트를 통과한다고 해서 반드시 주가가 쭉쭉 오르거나 신제품이 바로 판매된다고 볼 수도 없다. 반도체 기업의 공장 운영 정책마다 신제품 도입 시기가 달라지기 때문이다.

게다가 양산 규모도 중요하다. 신제품이라고 해도 적은 판매량을 기록하게 된다면 실적에 도움이 되지 않는다. 따라서 퀄 테스트 통과가 곧 매출 증가를 의미한다고 보기 어렵다. 이외에도 신제품의 생산 단가나 납품 단가에 따라 공급 물량이 미미한 경우도 허다하다. 너무 비싸다면 제품 공급이 빠르게 늘어나지 못해 실적이 예상치에 미달한다.

퀄 테스트 소식을 올바르게 투자 전략에 활용하는 법

퀄 테스트처럼 다소 낮은 예측률로 접근하는 투자법은 여러 투자 전략 중에서도 성공 가능성이 매주 낮다. 요즘은 신제품이 퀄 테스트에 들어간다는 소식이 뉴스 기사는 물론이고 유튜브, 텔레그램 등을 통해 발 빠르게 전해진다. 이를 본 많은 초보 투자자는 퀄 테스트 완료 시기를 예측할 수 없음에도 무리하게 예측하다 나중에는 그 소식들을 사실이라 확신하며 투자를 결정한다.

퀄 테스트가 언제 끝나고 합격 판정이 나올지에 대해서는 아무도 모른다. 애널리스트 등의 전문가는 물론이고 심지어 삼성전자와 SK하이닉스에 근무하는 반도체 업계 내부자조차 알지 못한다. 왜 그러한 정보를 무리하게 맞추려 하는가? 주식시장은 확실시되지 않은 정보를 좋아하지 않는다. 루머는 주가 급등락을 야기할 뿐, 알짜 실적주일수록 숫자가 구체화되는 시기에 주가가 본격적으로 움직이기 시작한다. 신제품이 출시되기 전에 퀄 테스트에 대한 기대감으로 주가가 반짝 오르는 경우가 종종 있지만, 본격적인 주가 상승은 신제품이 공급되며 숫자가 찍힐 조짐이 보이면 이루어진다.

기업 분석을 하다 보면 예측이 매우 어려운 변수와 예측이 비교적 수월한 변수가 있다. 예측이 어려운 변수라면 예측으로 접근해서는 안 되며 투자 변수에서 제외하거나 다른 방식으로 대응해야 한다. 신제품 효과를 아예 배제하고 투자하는 방법도 있겠지만 '예측이 불가능한 것'을 억지로 예측하지 않으면 될 뿐 굳이 신제품 효과를 무시하란 뜻은 아니다.

퀄 테스트를 예측할 수 없고 숫자에 근거해 투자하는 것이 맞다면 우리가 주목해야 할 중요한 숫자는 증설과 같은 변수가 되겠다. 증설은 기업의 공시나 현금 지출을 통해 확인할 수 있다. 이처럼 숫자에 근거한 투자는 막연한 기다림보다 훨씬 효과적이다. 증설은 대개 퀄 테스트 통과나 신제품 양산이 확실시될 때 이루어진다. 다만 퀄 테스트를 더욱 깊게 진행하는 과정에서 시제품 제작을 늘리기 위해 소규모 증설이 이루어지는 경우도 있으니 주의하자. 증설 규모가 매우 적거나 양산 라인 구축이 오래 걸리는 경우에는 기대감으로 주가가 잠시 오른 뒤 양산 전에 쭉 빠질 수 있다. 또한 증설 소식이 나와도 본격적인 주가 상승은 예상보다 늦을 수 있으니 기다리는 자세가 필요하다. 그럼에도 증설 소식조차 아직 없는 이른 시점에 추후 퀄테스트가 통과될 것이란 기대감만으로 투자하는 것은 기회비용도 클 뿐만 아니라 대부분의 투자자가 퀄 테스트 결과 발표 전에 지쳐서 매도하는 결과로 이어질 가능성이 매우 높다.

하나머티리얼즈는 SiC 포커스 링의 시제품을 양산한 뒤 장비 업체와 반도체 업체를 통해 퀄 테스트를 개시했다. 이 과정에서 피드백을 받고 제품 품질을 점차 향상하며 생산 원가를 먼저 절감했다. 이후 제품 판매 가시성이 확보되자 본격적으로 생산 라인을 늘려가기 시작했는데, 하나머티리얼즈가 2018년부터 2019년 내내 아산 공장을 구축한 이유 중 하나가 여기에 있다. 하나머티리얼즈가 SiC 포커스 링 사업을 본격화할 것이라는 이야기는 2017년 상장 이전부터 여럿 나왔지만, SiC 포커스 링의 생산량이 유의미하게 많아지며 실적에 기여하리라는 사실은 증설이 이루어진 2019년부터 점차 확실시되었다. 이후 2020년에 들어 신제품 공급이 본격적으로 늘어나기 시작했으며 2021년에는 실적에 유의미하게 기여하며 주가 상승에 이바지했다.

반도체 기술 수혜주의
진짜 의미

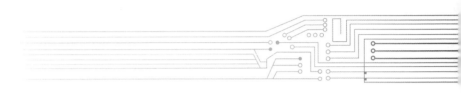

유튜브 주식 채널이나 증권사 리포트 등을 보면 '수혜' '수혜주'라는 단어가 자주 나타난다. 안타깝게도 유튜브에서 수혜라는 말만 나와도 수천 명의 시청자가 관련 주식을 바로 따라 산다. 과거에도 인터넷 카페나 주식 방송에서 이러한 경향이 없지 않았지만 유튜브나 텔레그램은 조회수가 월등히 높아 현재는 주가 변동까지 일으키고 있다. 대부분의 투자자가 주식 투자 초기에 누군가 언급한 주식을 검토 없이 사본 적이 있을 것이다. 다만 수혜라는 말에 담긴 진짜 의미를 파악하는 것이 중요하다.

개인적으로 수혜 기업을 평가할 때 특징에 따라 수혜를 구분한다. 첫째, 강도에 따라 수혜를 구분한다. HBM 기술이 확대되며 후공정이 중요해지고 있는데 후공정용 디스컴 장비를 전문으로 공급하는 피에스케이홀딩스는 HBM에 대한 노출도가 높은 편이다. 그러나 전공정을 중심으로 장비를 활발히 공급하면서 후공정에도 HBM용 장비를 소량 공급하는 제우스는 노출도가 낮은 편이다. 따라서 수혜가 매출에 얼마나 기여하는지 잠정적인 매출 비중을 필히 고려해야 한다. 기업이 아무리 뛰어난 신제품을 개발해도 주가는 매출과 같은 숫자를 따라 움직인다.

둘째, 직접적이냐 간접적이냐에 따라 수혜를 구분한다. 삼성전자가 새로운 공정을 개발해 새로운 소재를 투입하게 되었다고 해보자. 이때 새로운 소재를 공급하는 기업은 직접 수혜를 누린다. 반면 삼성전자가 새로운 공정을 도입한 덕분에 반도체가 전반적으로 잘 팔리게 되었다면 기존에 공급하던 소재들도 공급량이 많아질 테고, 이는 간접 수혜에 해당한다. 즉 HBM이 확대되는 과정에서 HBM용 제조 장비를 공급하는 한미반도체는 직접 수혜를 입고, 전반적인 D램 공급량 증가에 따라 D램용 장비를 공급하는 이오테크닉스는 간접 수혜를 입는다.

이보다 더욱 중요한 점은 수혜가 기업 실적에 언제 영향을 미치는지다. 국내 주식시장에 상장된 대부분의 반도체 기업은 장기적으로 반도체 산업의 성장 수혜를 받지만 주가가 상시 오르진 않는다. 주식시장에서는 주로 수혜가 집중되는 시기에 주가 상승 가능성이 커진다. 당연해 보이지만 이를 실제 투자에 적용하는 투자자는 극소수다. 신제품 양산까지 무려 4~5년이 남았고 아직 퀄테스트를 통과하지 못해 양산 설비조차 없는데도 주가가 4~5배씩 급등하면 진정한 수혜주라는 식의 이야기로 도배된다. 그 어떤 숫자도 기업의 펀더멘털에 기여할지 가시화되지 않았을 때는 주가 상승은 그저 테마에 불과하다. 테마의 문제점은 그저 시장의 열기로 주가가 급등했기 때문에 주가 하락 시기를 알 수 없다는 것이다.

테마에 탑승하는 것이 꼭 나쁜 것은 아니겠지만 주가가 오른다는 이유만으로 수혜를 무리하게 해석하는 것은 문제가 있다. 아울러 증설과 양산을 본격적으로 앞두며 기업의 숫자가 점차 명확해지는 시기에는 테마와 비교할 수 없을 만큼 주가가 크게 오를 수 있다. 따라서 테마성으로 주가가 오를 때 무리하게 탑승하는 것은 아닌지 되짚어봐야 한다. 수혜를 매출 기여도나 직접 수혜, 간접 수혜에 따라 구분하는 습관을 들이면 테마주를 고점에 매수하는 실수를 크게 줄일 수 있다.

테마를 모르고 매수하면 테마가 꺼진 후 주가가 급락할 때 빠져나올 기회를 잡지 못한다. '어차피 성장할 것이다'라는 생각에 빠져 매도하지 못하는 것이다. 그러나 처음부터 테마란 것을 인지한다면 매수 시점부터 '테마가 꺼질 가능성'을 고려해 주가가 급락할 조짐을 보이면 발 빠르게 매도할 수 있다. 수혜의 의미를 남들보다 조금만 더 고민해도 투자 전략이 바뀌는 것이다. 수혜주의 의미를 현명하게 파악하는 투자자가 더욱 많아지기를 희망한다.

빈도체 투자의 원칙

초판 1쇄 발행 2024년 4월 24일

지은이 우황제
브랜드 경이로움
출판 총괄 안대현
책임편집 이제호
편집 김효주, 정은솔
마케팅 김윤성
표지디자인 프롬디자인
본문디자인 김혜림

발행인 김의현
발행처 사이다경제
출판등록 제2021-000224호(2021년 7월 8일)
주소 서울특별시 강남구 테헤란로33길 13-3, 7층(역삼동)
홈페이지 cidermics.com
이메일 gyeongiloumbooks@gmail.com (출간 문의)
전화 02-2088-1804 **팩스** 02-2088-5813
종이 다올페이퍼 **인쇄** 재영피앤비
ISBN 979-11-92445-71-7 (03320)